JN437501

일승법계도원통기

一乘法界圖圓通記

동국대학교 불교기록문화유산아카이브사업단(ABC)
본서는 문화체육관광부 지원으로 동국대학교 불교학술원에서 간행하였습니다.

한글본 한국불교전서 고려 1

일승법계도원통기

2010년 6월 10일 초판 1쇄 발행
2015년 5월 20일 초판 4쇄 발행

지은이 균여
옮긴이 최연식
펴낸이 한태식
펴낸곳 동국대학교출판부

주소 100-715 서울시 중구 필동로 1길 30
전화 02-2260-3483~4
팩스 02-2268-7851
Homepage http://www.dgpress.co.kr
E-mail book@dongguk.edu
출판등록 제2-163(1973. 6. 28)
편집디자인 꽃살무늬
인쇄처 (주)타라티피에스

ISBN 978-89-7801-273-7 93220

값 12,000원

한글본 한국불교전서 고려 1

일승법계도원통기
一乘法界圖圓通記

균여均如
최연식 옮김

동국대학교출판부

한글본 한국불교전서를 펴내며

『한국불교전서韓國佛敎全書』(전14책, 동국대학교출판부)는 1700년 역사를 지닌 한국 불교사상의 정수를 담은 책으로서 한국의 사상과 문화의 보고이다. 전서는 삼국시대부터 1900년대 초에 이르기까지 한국에서 찬술된 불교문헌을 집대성한 것으로서 국내외 연구자들에게 한국의 사상과 역사 및 문화를 연구하는 데 활용도가 매우 큰 것으로 인정받고 있다.

이렇듯 정성 들여 수집하고 간행한 전서의 모든 문헌을 이 시대의 언어감각에 맞게 번역하고 이를 간행하여 일반 독자들에게 제공하는 것은 우리 세대의 시대적 과제라 할 수 있다. 이는 한국 문화의 우수성을 우리 스스로 확인하고 이를 바탕으로 새로운 문화를 창조하는 데 필요한 것으로서 우리 시대에 수행해야 하는 문화적 사명임이 분명하다.

이에 동국대학교 불교문화연구원에서는 『한국불교전서』를 역주하여 『한글본 한국불교전서』를 펴내는 바이다. 이를 통해 오랜 세월 동안 묻혀 왔던 보배와 같은 문헌들과 위대한 사상가들이 새롭게 조명되고 일반 독자들에게도 널리 읽히는 계기가 되기를 기대한다. 또한 이를 통해 한국 문화의 우수성을 재발견하고 우리 시대에 새로운 호흡을 불어넣는 가치관을 제시하는 데 밑거름이 될 것으로 기대한다.

사업의 진행과 역서의 출간에 도움을 준 문화체육관광부와 동국대학교 관계자 여러분께 심심한 감사를 드리며, 전서의 번역과 한글본의 완간이 마무리될 때까지 지속적인 성원이 있기를 당부드린다. 아울러 여러 가지 어려운 상황 속에서도 사명감을 가지고 동참해 주신 역자 여러분께 재삼 감사드린다.

2010. 6.

동국대학교 불교문화연구원장 박인성

일승법계도원통기一乘法界圖圓通記 해제

최 연 식
목포대학교 역사학과

1. 개요

『일승법계도원통기一乘法界圖圓通記』는 고려 초기의 화엄학 승려 균여(均如, 923~973년)가 의상義相의 『법계도法界圖』의 내용을 해설한 강의를 기록한 책이다. 일반적으로 『법계도원통기』로 약칭되기도 한다. 958년 7월에 균여가 개경의 마하갑사摩訶岬寺에서 『법계도』에 대하여 강의한 내용을 정리한 것으로서 여러 차례의 편집 과정을 거쳐 1287년에 현재와 같은 형태로 완성되었다. 『법계도』는 의상이 스승인 지엄智儼의 가르침에 입각하여 화엄 사상을 7언言 30구句의 시詩로 압축하여 표현하고 이를 여러 번의 굴곡을 거쳐 처음과 끝이 이어지게 하는 반시槃詩의 형태로 배치한 후 그에 대해 스스로 설명을 붙여서 1권의 책으로 만든 것이다. 원래는 반시 부분만을 '법계도'라고 하고 설명 부분은 '기記'라고 하며, 양자를 합하여 『법계도기』라고 하지만 일반적으로 도圖와 기記를 합하여 『법계도』라고 부른다. 제목 중의 원통圓通은 균여의 법호인 원통수좌圓通首座를 가리키는 것으로서, 원통기圓通記는 '원통수좌 균여의 강의를 기록한 글'이라는 뜻이다. 본래는 상·중·하 3권으로 구성되어 있었지만 현재 중권은 전하지 않고 상권과 하권 두 권만 전하고 있다.

2. 저자

이 책의 저자인 균여는 후삼국의 항쟁이 한창 치열하게 전개될 때인 923년(태조 6)에 황주黃州 북쪽 형악荊岳 남쪽의 둔대엽촌遁臺葉村에서 태어났다. 속성은 변邊씨인데, 『신증동국여지승람』과 『세종실록지리지』에는 황주 지역의 촌성村姓으로 변씨가 나타나고 있다. 촌성은 읍치邑治 지역이 아닌 외곽의 촌村 지역에 근거를 둔 성씨로 이해되는데, 균여의 집안이 황주 북쪽의 둔대엽촌 지역에 살던 것을 고려할 때 지리지에 나타나는 황주의 촌성 변씨는 균여의 집안과 관계된다고 생각된다. 아버지는 이름이 멸성(㜆性)이고 뜻을 고상하게 가져서 속세에 이름을 드러내지 않았다고 한다. 균여가 어렸을 때에 원만게圓滿偈를 읽어 주었다고 하는데, 불교에 뜻을 두고 살아간 거사형의 인물이었을 가능성이 있다.

균여는 어려서 고아가 되었고, 15세경에 당형堂兄인 선균善均을 따라 부흥사復興寺로 가서 그곳의 식현 화상識賢和尙의 제자로 출가하였다. 그러나 곧 스승의 가르침에 실망하여 "가르치는 사람이 배우는 사람만 못하다.(能訓之器 劣於所訓之機)"고 탄식하고 당시 명성을 얻고 있던 영통사靈通寺의 의순 화상義順和尙에게 나아가 가르침을 청하였다. 처음에는 부흥사에 머물면서 식현이 잠든 후에 몰래 의순에게 다녀왔지만, 나중에는 식현의 허락을 받고 아예 영통사에서 거주하며 의순의 가르침을 받게 되었다.

영통사로 옮긴 이후 균여는 광종光宗 대에 두각을 나타낼 때까지 계속 이곳에 머물며 의순의 문하에서 수학하였다. 후에 균여가 '희랑希朗의 법손法孫'이라고 불린 것으로 보아 스승인 의순은 희랑의 가르침을 계승한 제자였다고 생각된다. 희랑은 의상계의 사찰인 해인사에 거주했던 신라 말 화엄종의 종장宗匠이었으므로 균여는 신라 화엄의 전통을 충실하게 공부할 수 있었다고 생각된다. 실제로 현재 전하는 균여의 저술에는 의상의 『법계도기』와 의상의 강의를 제자들이 기록한 『도신장道身章』, 『지통문답智通問答』, 그리고 표훈表訓·신림神琳 등 신라 화엄승려들의 저술이 많이 인용되고 있으며, 주요한 논거로 활용되는 것을 볼 수 있다. 그의 저술에는 그 밖에도 지엄智儼·법장法藏·징관澄觀·신수神秀 같은 중국의 화엄학 승려와 원효元曉·원측圓測 등의 신라 출신 비非화엄계 승려들의 저술도 많이 인용되고 있는데, 이를 통해 그가 영통사에서 공부한 교학의 범위를 짐작할 수 있다. 균여는 신라 화엄학의 전통을 토대로 하면서 중국 화엄종의 초기 조사인 지엄·법장 등의 가르침과 종합하려고 노력하고 있는데, 이러한 사상 경향은 그가 계승한 희랑의 사상에서 비롯되었을 가능성이 높다고 생각된다.

균여가 불교계에서 두각을 나타내기 시작한 것은 광종 즉위 이후부터였다. 953년(광종 4년)에 중국에서 광종을 책봉하는 사신이 왔는데, 계속 비가 내려 책봉의식을 거행할 수 없었다. 이에 기청법회祈晴法會를 거행하게 되었는데 당시 국사國師이던 겸신謙信의 추천으로 균여가 법회의 설주가 되었고, 그의 설법에 하늘이 맑아져 책봉의식을 무사히 마칠 수 있었다. 이에 광종은 그에게 대덕大德의 직위를 내리고, 황주성 외곽 둔대엽촌에 살던 그의 가족들을 성내로 이주시키고 토지와 노비를 지급하는 특전을 베풀었다. 그후 958년(광종 9년)에는 광종이 돌아가신 어머니 유劉씨를 위해 지은 불일사佛日寺에 벼락이 떨어지자, 광종은 균여를 불러 기양祈禳을 위한 설법을 하게 하였고, 그 직후에는 내도량內道場으로 초청하여 머무르게 하였다. 또한 963년에 자신의 원찰로 귀법사歸法寺를 창건하고서는 균여로 하여금 이곳에 머무르며 교학을 연구하도록 하였다.

균여는 이러한 국왕의 후원에 힘입어 불교계의 중심적 인물로 등장하게 되자, 화엄학에 대한 강의를 통하여 자신의 학문적 식견을 유감없이 발휘하였다. 그는 『수현기搜玄記』, 『탐현기探玄記』, 『공목장孔目章』, 『오십요문답五十要問答』, 『교분기敎分記』, 『지귀장旨歸章』, 『법계도法界圖』, 『십구장十句章』, 『입법계품초入法界品抄』 등 초기 화엄학을 대표하는 10종의 책에 대해 강의록 또는 해설서를 남겼다. 균여가 해설한 책들은 화엄교학을 연구하는 데 가장 중요한 것을 모두 망라한 것으로, 화엄학의 주요 문헌들을 모두 망라하여 해설을 붙인 화엄학자는 고려는 물론 동아시아 불교계 전체에서 균여 이외에는 아무도 없었다. 이러한 학문적 성취가 인정되어서 광종 대의 승과僧科에서는 균여의 견해가 정설로 받아들여지게 되었다.

균여는 일반 대중의 교화에도 관심이 많았다. 그의 전기에는 그가 대중들의 신앙생활을 권면하기 위하여 당시 사람들에게 익숙한 사뇌가詞腦歌의 형태로 「보현행원가普賢行願歌」 11수를 지었고, 이 노래가 당시 널리 퍼져서 담벼락에 쓰일 정도였다고 전하고 있다. 그리고 이 노래를 열심히 부른 지방의 신자가 그 공덕으로 의술로도 고칠 수 없던 고질병을 고치게 되었다는 일화와 이 노래를 번역한 한시漢詩가 중국에까지 소문이 나서 중국 사신이 균여를 만나고자 하였다는 이야기가 같이 전하고 있다. 이것은 그가 보현행普賢行을 수행과 신앙의 방법으로 중요시했음을 보여 준다.

왕실의 후원에 힘입어 불교계의 중심 인물로 등장한 균여는 신라 말 이후 위축되어 있던 화엄종단을 재정비하고 화엄교학을 체계화하기 위하여 많은 노력을 하였다. 당시 남악南岳과 북악北岳으로 분열되어 있던 화엄종단을 통합하기 위하여 여러 사찰을 순회하며 남·북악의 대립을 극복할 것을 주장하였으며, 당시 화엄종 내부의 이론적 차이를 해소하기 위해 기존의 의기義記들을 정리하여 새로운 이해의 틀을 마련하기 위해 노력하였다.

그러나 균여의 화엄종의 통합작업은 광종 말년에 가서 위기에 처하게 되었다. 개보開寶 연간(968~975년)에 균여가 같은 화엄종 승려인 정수正秀

의 참소에 의해 죽음을 당하려다 겨우 면하게 된 사건이 발생한 것이다. 그의 전기에는 국왕의 꿈에 신인神人이 나타나 경고하였기 때문에 균여의 억울함이 풀리고 오히려 무고한 정수가 죽임을 당하였다고 기록되어 있지만, 이 사건 이후 균여의 행적에 대해 전혀 언급이 없는 것으로 보아 균여의 위상은 이전과 같지는 않았던 것으로 보인다. 아마도 숙청은 모면했겠지만 불교계에서의 영향력은 크게 상실한 것이 아닌가 생각된다. 그의 전기에는 고려를 방문한 중국 사신들이 「보현행원가」의 작자인 균여를 만나고자 하였지만 고려의 국왕과 신하들이 균여의 추한 얼굴이 외국에 알려질까 염려하여 만나지 못하게 하였다는 이야기가 전하는데, 광종의 총애를 잃고 세력이 약화되어 있던 균여의 상황을 반영한 것이 아닌가 생각된다.

이후 불교계에서 균여의 위상은 상대적으로 위축되었지만 그는 죽을 때까지 여전히 귀법사歸法寺에 주석하면서 제자들을 지도하였다. 비록 이전과 같은 왕실의 적극적인 지원은 받지 못하였지만 당대 최고의 교학 이론가로서 균여의 위상은 여전하였던 것으로 생각된다. 수좌 담림曇林을 비롯한 많은 제자들을 남기고 균여는 973년 6월 17일 머무르고 있던 귀법사에서 입적하였으며, 절 동남쪽의 팔덕산八德山에 묘소가 만들어졌다. 한편 그의 전기에 의하면 균여가 입적하던 날 김해의 바닷가에 한 신이한 승려가 나타나 고려와의 인연이 다하였으므로 이제 일본으로 가르침을 전하러 간다고 이야기하고 사라졌다는 내용이 보고되었다고 한다. 입적 후에도 균여의 가르침은 고려 화엄종의 기본 교학으로서 널리 선양되었고, 그의 저술들은 필사되어 여러 사찰의 교장敎藏에 편입되었다. 훗날 균여의 사상을 비판하였던 의천義天도 중국에 유학가기 이전에는 해동 화엄학의 전통을 의상과 균여에게서 찾고 있는데, 적어도 화엄교학에서 균여의 영향력은 의천이 중국에 유학한 이후 새로운 학풍을 진작하기 전까지는 독보적이었다고 할 수 있다.

3. 서지사항

『일승법계도원통기』는 현존하는 균여의 저술 중에서 유일하게 목판이 전하지 않는 문헌이다. 본래는 1287년에 목판본으로 간행되었던 것으로 확인되지만 현재는 목판본을 옮겨 적은 후대의 필사본만이 전해지고 있다. 현재 전해지는『일승법계도원통기』의 저본이 되는 1287년의 목판본이 만들어지기까지의 과정은 이 책의 발문에 다음과 같이 자세히 정리되어 있다.

> 옛날에 원통수좌圓通首座 균여均如 대사가 마하갑수摩訶岬藪 백운방白雲房에 거주하면서 광종 무오년(958년, 광종 9년) 7월에『법계도』를 강의하였는데, 당시 부사副師는 영안靈眼 법사, 중부重副는 법응法凝 법사이고 기록한 사람은 국현國賢 법사였다. 그뒤 신축년 7월에 금생사金生寺 주지이던 법진法璡 법사가 그 강의 내용을 베껴서 대장大藏에 편입하였다. 이후에 상주尙州 승장사勝長寺의 현여玄如 법사가 비마라방장毗摩邏方丈의 문장文莊 법사가 가지고 있던 책을 2권으로 번역(譯)하여 혜보기惠保記라고 하였는데, 바로 이 (균여가 강의한) 책으로 흥교사興敎寺 학인 혜보惠保가 옮겨 적은 것일 뿐이었다. 다만 현여 법사가 균여 대사의 광설본廣說本을 보지 못하였기 때문에 잘못 정리한 부분이 있었다. 임인년에 금생사 주지인 인원印元 수좌가 고장古藏에서 방언본方言本 1권으로 된 법진 법사가 베낀 책을 찾아 후진들에게 전하였다. 반룡사盤龍社 비구 일당日幢이 앞의 두 책 — 법진이 베낀 책과 현여가 정리한 책 — 을 상교詳校하여 상·하 2권으로 만들고『법계도원통기』라고 제목을 붙였다. 그 이후 이 책이 법요法要로서 전하여지고 학자들이 다투어 찾았다. 하지만 사본뿐이고 판본板本이 없어 널리 전할 수 없으므로 후대에 오래 전해지지 못할까 걱정되었다. 지금 본강本講 사리闍梨인 흥왕사興王寺 교학敎學

겸 해인사海印寺 주지인 천기天其 승통께서 화엄종의 여러 스님들과 함께 이 책을 상정詳正하여 3권으로 나누고 국왕의 명령(上制)을 받들어 목판에 새겨 널리 배포하며 복이 무궁하기를 빈다. 지원至元 24년(1287년, 충렬왕 13년) 정해년 5월 일에 전前 총랑摠郞 김훤金晅이 끝에 적는다(H4, 38b~39a).

이 발문의 내용에 의하면 이 책은 균여가 958년 7월에 행한 『법계도』 강의 내용을 기록한 것으로서, 기존에 유통되고 있던 균여의 강의록을 토대로 하여 해인사 주지이던 승통 천기天其가 다시 내용을 정리한 것이다. 그런데 천기가 정리한 『법계도원통기』는 그전에 유통되고 있던 반룡사 승려 일당日幢이 편집한 책을 저본으로 삼아 다시 상정詳正하고 편집한 것이다. 저본이 된 일당의 책 역시 그 이전에 전해지던 두 종류의 책을 비교하여 편집한 것인데, 하나는 신축년에 금생사 주지 법진法璡이 필사한 것이고 다른 하나는 승장사의 현여玄如가 번역(譯)한 것이었다(역譯이라는 표현은 방언方言을 삭제하고 순한문식 문장으로 바꾼 것을 가리키는 것으로 생각된다).

현여는 흥교사 승려 혜보惠保가 정리한 것을 번역했다고 하는데, 그 책이 광설본廣說本과 달랐다고 한 것으로 보아 혜보가 정리한 것은 균여의 강의내용을 요약한 축약본이었던 것으로 생각된다. 반면 법진의 필사본은 균여의 강의 당시에 국현國賢 법사가 기록한 것을 그대로 베낀 것으로 생각되는데 이 법진의 필사본이 바로 광설본이었다고 생각된다. 법진이 책을 필사한 신축년이 정확히 언제인지는 알 수 없지만 균여가 강의한 때로부터 멀지 않은 1001년(목종 4년)일 가능성이 높다.

한편 일당이 이 두 책을 비교하여 『법계도원통기』를 편집한 시기는 구체적으로 이야기되고 있지 않지만, 그가 머무르던 반룡사의 건립 연대를 통하여 어느 정도 추정은 할 수 있다. 화엄종의 반룡사는 이인로李仁老의 대숙大叔인 승통 요일寥一이 개창했다고 알려져 있는데, 그 시기는 11세기 후반으로 추정된다. 따라서 일당이 『법계도원통기』를 편집한 시기는 반룡사의 창건 이후부터 천기가 이 책을 편집하기 이전의 어느 때, 구체적으로는 11세기 후반에서 12세기 전반에 해당할 것이다.

그런데 지금과 같은 형태의 『일승법계도원통기』, 즉 천기의 상정본詳正本이 목판으로 간행된 시기에 대해서는 약간의 혼선이 있다. 위에 인용한 이 책 발문의 내용으로 볼 때에는 천기가 직접 간행을 주도한 것으로 생각되지만, 발문의 작성자와 작성 시점은 천기가 활동하던 시기와 큰 차이가 있다. 즉 위의 발문은 충렬왕 대에 활약한 김훤金晅이 1287년 5월에 작성한 것으로 기록되어 있지만, 천기는 그보다 훨씬 전인 1248년 이전에 죽었던 것이다(『지귀장원통초』 발문 "本講(=天其) …… 及示寂 弟子等 以江花京十七年戊申歲(1248년) ……"). 따라서 천기가 주도했다면 1248년 이전에 판각되었어야 하는데, 1287년의 간기를 가지고 있는 것은 어떤 상황에서 연유된 것인지 알 수 없다. 혹시 천기가 1248년 이전에 판각하려다가 이루지 못하고 죽은 후 1287년에 가서야 비로소 판각되었다고도 생각할 수 있지만, 그런 경우라면 발문에 그러한 상황에 대한 설명이 나타나 있어야 할 것이다. 그러나 발문에는 그러한 상황이 전혀 언급되지 않았으므로 이 발문을 1287년에 김훤이 썼다는 사실에 의구심을 갖게 되는 것이다. 발문에서 국왕의 명령을 '상제上制'라고 표현하고 있는 것도 이 글이 고려가 원元의 지배를 받게 되는 1270년 이전에 작성되었음을 보여 주는 것으로 생각된다. '제制' 혹은 '상제上制'는 원의 간섭을 받기 이전에 국왕 명령을 가리키는 용어로 원간섭기 이후에는 사용되지 않았기 때문이다.

또한 다른 균여 저서의 목판들이 해인사에 고려대장경판과 함께 보관되어 있는 것과 달리 이 『법계도원통기』의 목판만이 해인사에 전해지지 않고 있는 것도 이 책이 천기의 입적 이전에 간행되었을 가능성을 높게 한다. 해인사에 보관되어 있는 목판들은 천기가 죽은 이후 1250년을 전후하여 판각되어 대장경과 함께 보관되었는데, 만일 천기가 이 책의 판각을 완료하지 못하고 죽었다면 이 책 역시 균여의 다른 저서들과 함께 비슷한 시기에 판각되어 대장경판과 함께 보관되었을 것이다. 이런 점들로 미루어 볼 때 1248년 이전에 1차 간행한 것을 1287년에 중간하면서 그에 관여한 김훤의 이름이 기록되었을 가능성이 높다고 생각되지만, 현재는 필사본만 전하여 정확한 상황을 밝히기 어렵다. 앞으로 목판본을 비롯한 새로운 자료가 발굴되면 보다 정확한 상황을 알게 될 것으로 기대한다. 천기의 상정본은 발문에서 이야기하는 것처럼 본래 3권으로 편집되어 있었지만 현재는 그중 제2권에 해당하는 중권은 전해지지 않고 상권과 하권 2권만이 필사본의 형태로 전해지고 있다. 현존하는 균여의 저술 중에서 유일하게 불완전하게 전해지는 책이다. 현재까지 동국대학교 소장본과 규장각 소장본, 『균여대사화엄학전서均如大師華嚴學全書』 수록본 등이 알려져 있는데 내용상의 차이는 거의 없다. 『한국불교전서』에서는 동국대학교 소장본을 저본으로 하고 나머지 필사본들을 대조하여 교감하였다.

4. 내용과 성격

『일승법계도원통기』는 내용상 「제일정조자第一定造者」, 「제이석제목第二釋題目」, 「제삼입문해석第三入文解釋」의 세 단락으로 구성되어 있다. 첫 번째의 「정조자」는 『법계도』의 작자를 밝히는 부분인데, 여기에서는 먼저 기존의 설로서 도시圖詩는 지엄이 짓고 그 시의 설명문인 기記 부분만 의상이 지었다는 설과 도시와 기 모두 의상이 지었다는 설을 제시하고 있다. 전자는 『원상록元常錄』에 의한 것으로, 지엄이 7언 30구의 시를 지어 의상에게 주자 의상이 이것을 도인圖印의 형태로 배치하고 다시 지엄의 권유에 의해 시를 설명한 기를 지었다는 것이고, 후자는 최치원의 의상 전기에 의한 것으로 의상이 꿈에 신인神人의 권유를 받고 『대승장大乘章』 10권을 지었고, 이를 다시 정리하여 4통通으로 간략화한 『입의숭현立義崇玄』을 지은 후 이를 최종적으로 불에 태워 마지막으로 남은 210자를 가지고 시를 짓고 그에 대한 해석을 했다는 것이다. 균여는 후자의 견해를 지지하여 의상이 시와 기를 모두 지었다고 주장하는데, 그 근거로는 『법계도』의 서문에서 "이치에 의거하고 가르침에 근거하여 간략히 반시를 지었다.(依理據敎 略制槃詩)"라고 하여 기의 작자인 의상이 스스로 반시 즉 도시를 지었음을 밝히고 있고, 지엄의 행장에 이 도시를 지었다는 언급이 없다는 것을 들고 있다.

두 번째의 「석제목」은 『법계도』의 제목을 설명한 것인데 균여는 "일승법계도합시일인오십사각이백일십자一乘法界圖合詩一印五十四角二百一十字" 전체를 제목으로 간주하고 그중 "일승법계도합시일인"을 정제正題, "오십사각이백일십자"를 제각題脚으로 구분하여 설명하고 있다. 먼저 "일승"에 대해서는 소의본교所依本敎로 보는 견해와 능석能釋에 포함시키는 견해를 제시한 후, 후자를 지지하고 있다. 『법계도』의 소의본교는 『화엄경』과 『십지론』인데 경·논의 제목에 일승이라는 말이 없으므로 포함시킬 수 없다는 것이다. 제목에 제시된 일승의 의미에 대해서는 5교五敎 모두를 포함하는 선교무이善巧無二의 일승이나 별교別敎와 동교同敎를 포함하는 일승이 아니라 5교 중 다섯 번째의 원교圓敎에 해당하는 별교일승別敎一乘이라고 하였다. "법계法界"는 두순杜順이나 징관澄觀이 말하는 3관觀 중 세 번째의 주변함용관周遍含容觀에 해당하는 사사무애법계事事無碍法界라고 밝히고 있다. 화엄경의 핵심 주제는 법계法界와 인과因果인데 왜 법계만 드러냈냐는 질문에 대해서는 인과의 관점에서는 법계와 인과가 모두 인과이고, 법계의 관점에서는 법계와 인과가 모두 법계이므로 법계라는 말에 법계와 인과가 모두 포함되어 있다고 대답하였다. "도圖"는 흰 종이에 검은 글씨로 시를 쓰고, 글씨 사이를 붉은 줄로 이은 도시를 가리키는데, 이 도시에서 검은 글씨는 중생세간衆生世間, 글씨를 이어 주는 붉은 선은 부처의 지정각세간智正覺世間, 흰 바탕은 기세간器世間을 가리키는 것으로서 이 도圖 자체가 해인법계를 드러낸 것이라고 하였다. "합시일인"에 대해서는 글씨와 붉은 줄이 합하였다는 견해와 7언 30구의 시가 합하였다는 견해 등 기존의 견해만을 제시하고(이 두 가지 견해는 각기 『법계도기총수록』 중의 「법기法記」와 「진기眞記」에 나오는 견해와 일치하고 있다.) 균여 자신의 견해는 밝히지 않았다. "오십사각이백일십자"에 대해서는 기존의 견해로서 54선지식과 「이세간품」의 200가지 질문과 10가지 대답을 상징한 것이라는 주장과(이 주장은 『법계도기총수록』 중 「진기」의 견해와 일치한다.) 후대의 사람들이 마음대로 글자 수를 늘리는 것을 막기 위해 써놓은 것이라는 주장을 소개한 후, 다음과 같이 자기의 의견을 제시하고 있다.

> 만일 관심觀心하여 억지로 얘기하자면 다음과 같다. 아래에서 "인印으로 여래의 일음一音을 표현한다."고 하였는데 그 일음에 10가지 음성이 갖추어져 있고, 여래는 이 10가지 음성으로 5승乘의 근기에 응하므로 50이 된다. 중생을 교화하시는 부처님은 4섭攝·4무량無量으로 교화의 대상인 중생에 응하시므로 4각角이다(그래서 합하여 54角이다; 번역자). 이 도인에서 드러내는 3세간법은 10현玄과 10법法인데 아래에서 "연기실상緣起實相의 다라니법陀羅尼法을 보려는 사람은 먼저 수십전법數十錢法을 배워야 한다." "(수십전법에서; 번역자) 첫 번째 전錢부터 열 번째 전錢까지 서로 같지 않지만 상즉상입相卽相入 무애상성無碍相成하는 것처럼 (보법의; 번역자) 인과因果·이사理事·인법人法·해행解行·교의敎義·주반主伴 등의 많은 문門이 서로 다르지만 하나의 문門에 의거하여 일체를 모두 포괄할 수 있다."고 하였으므로 10전錢의 비유와 10보법普法을 합하면 20이 된다. 10현玄의 하나하나가 모두 (위의) 20을 가지고 있으므로 200이 되고, 10현을 더하면 10이다(그래서 합하여 210이다; 번역자). 10전의 비유와 10보법에 10현을 더하면 30인데, 이 30은 대방광불화엄경大方廣佛

華嚴經의 일곱 글자를 벗어나지 않는다. 그래서 일곱 글자(字)로 시를 지었다. 법문法門이 아무리 많아도 210자를 벗어나지 않고, 210자는 30구를 벗어나지 않고, 30구는 일곱 글자의 제목을 벗어나지 않는다. 또 일곱 글자의 제목은 청정법계(最淸淨法界)를 벗어나지 않는다. 그래서 '법계도'라고 한다. 이러한 설명의 옳고 그름은 오직 부처님만 아신다. 다만 법을 사모하는 지극한 마음으로 억지로 이처럼 해석해 보았을 뿐이다(H4, 4a).

이와 같이 숫자에 특정한 의미를 부여하는 해석은 균여 자신의 말처럼 억지로 얘기하는(强說) 것인데, 이는 다른 곳에서 보이는 균여의 설명 태도와는 차이가 있다. 아마도 당시 『법계도』의 제목에 나타나는 숫자에 대해 특별한 의미를 부여하려는 해석들이 많이 있었기 때문에 균여가 기존의 여러 해석들을 종합하면서 억지임을 전제하고 이러한 설명을 붙인 것이 아닌가 한다. 한편 여기에 제시된 설명 중 많은 부분은 『법계도기총수록』 중의 「대기大記」의 설명과 일치하고 있어 주목된다.

세 번째의 「입문해석」은 『법계도』의 본문 내용을 구체적으로 설명하는 부분이다. 전통적인 불교학의 단락 구분에 따라 본문을 「서분」, 「정종분」, 「유통분」으로 나누었는데, 균여는 이러한 구분법이 중국 남북조시대의 불교학자 도안道安에게서 비롯된 것이라고 이야기하고 있다. 「서분」은 도시 앞에 나오는 서문, 「정종분」은 도시와 그에 대한 의상의 석문, 즉 기記 부분, 「유통분」은 본문 마지막의 서원 부분을 각기 가리킨다. 「서분」에 대한 설명에서는 본문의 "대성大聖"은 오직 제5 원교의 부처만을 가리키고 "집명지도執名之徒"는 나머지 4교의 가르침을 받는 사람들이라고 하여 제5 원교인 화엄과 나머지 가르침과의 차이를 강조하고 있다. 아울러 화엄을 받아들이는 원기圓機의 사람은 명목名目에 집착하지 않지만 하근기의 사람들은 명목名目에 집착한다고 하였다.

「정종분」의 도시에 대한 해석에서는 30구를 의상의 구분에 따라 '자리행自利行', '이타행利他行', '수행방편급이익修行方便及利益'으로 나누어 설명하고 있다. 해석 내용 중 주목할 부분 몇 가지를 소개하면 다음과 같다. 먼저 자리행 부분에서는 『양원화상기良圓和尙記』를 인용하여 증분證分의 법성法性과 연기분緣起分의 진성眞性을 구분하여, 법성은 진眞과 망妄에 두루 통하지만 진성은 진법眞法에만 해당한다고 하였다. 또 『도신장』을 인용하여 원효와 법장의 대소무애의大小無碍義를 소개한 후 의상의 뜻은 소小와 대大가 무주無住하여 동일하다는 것으로서 법장의 견해와 상통한다고 하였다. 이타행 부분에서는 "능인해인能人海印"의 능인能人에 대해 석가모니를 가리키는 능인能仁을 잘못 쓴 것이라는 견해와 능화지인能化之人의 약칭이라는 견해를 제시한 후 능화지인이 곧 석가모니이므로 차이가 없다고 두 견해를 조화하고 있다. 수행방편급이익에서는 "파식망상叵息妄想"에 대해 "망상을 쉬지 말라."는 해석과 "망상을 그치라."는 해석이 있다고 소개한 후 수행자의 대치수증對治修證에 관한 설명이므로 후자가 옳다고 하였다. 시에 대한 해석을 마친 후 독시법讀詩法에 대하여 설명하고 있는데, 탑이나 불상을 오른쪽으로 도는 것처럼 오른쪽으로 회전하는 것은 정도를 따르는 것을 의미하기 때문에 이 시도 오른쪽으로 읽는 것이라고 얘기하고 있다.

'석문' 부분에 대한 설명에서는 법계도가 삼세간을 모두 반영하는 것에 대하여 구체적으로 설명하고 있는 것이 주목되는데, 부처가 태양 같은 광명으로 중생들을 비추기 때문에 붉은 선이 지정각세간을 의미하고, 중생은 번뇌에 덮여 어둡기 때문에 검은 글씨가 중생세간을 의미한다고 하였다. 또 기세간은 분별이 없어 중생이 머물면 더럽혀지고 부처가 머물면 깨끗해지기 때문에 흰 종이에 비유한다고 하였다. 한편 『화엄경』만이 정내설定內說, 즉 부처의 해인정에서 얘기된 것이라고 강조하고 있고, 이에 대해 삼승의 경전인 『대집경大集經』에서도 해인삼매를 얘기하고 있다고 반박하자 지엄이 얘기했다는 5종의 해인설을 근거로 같은 해인이라도 삼승의 해인과 일승의 해인은 다르다고 얘기하고 있다. 그 밖에 여래의 일음一音, 6상六相, 수전법數錢法 등 『법계도』 본문에 나오는 내용에 대하여 자세한 설명을 하면서 화엄의 원교일승을 선양하고 있는데, 여래의 일음은 모든 소리를 다 갖추고 있고, 모든 사람에게 평등하게 들려주고, 자성이 없는 특징을 갖추고 있다고 하였다. 6상에 대해서는 총상總相-별상別相을 중심으로 자세하게 설명하고 있는데, 6상은 화엄경만의 가르침으로 삼승에는 없다고 하였다. 또 모든 존재는 6상으로 구성되어 있지만 스스로는 그것을 알지 못하고 오직 무주연기無住緣起를 깨달은 사람만 그렇게 볼 수 있다고 하였다. 구래성불舊來成佛에 대해서는 성불에 단斷과 부단不斷의 양면이 있기 때문에 본유本有와 수생修生을 갖추고 있다고 하였다. 한편 본문에서 연기실상의 다라니법을 알려면 수전법을 공부해야 한다고 한 데 대해서는 원효의 『보법기普法記』와 『(화엄)종요』를 인용하여 수전법이 지엄에게서 비롯되었음을 밝히고, 연기緣起 법사의 『개종기開宗記』를 인용하여 수전법이 생사의 집착을 치료하고 열반무애를 성취하는 가르침이므로 연기관을 배우고 보현행을 닦으려면 수전법에 의지해야 한다고 강조하였다. 또 6상이 법성가法性家에 들어가는 열쇠라는 구절에 대한 설명에서는 6상이 해행인解行因이고 그것을 통해 들어가는 법성가法性家가 증과해證果海의 법이라고 하였다. 그리고 법계도가 드러내는 원교일승은 점漸·돈頓·원圓 3교 중의 돈교와 원교를 포괄한다고 하였다.

「유통분」에 대해서는 「유통분」에 서원誓願유통과 결속結屬유통이 있는데 이 책의 「유통분」은 그중 서원유통에 해당한다고 얘기하였다. 「유통분」의 구체적 내용에 대해서는 별다른 설명이 없다.

5. 가치

『일승법계도원통기』는 한국 화엄학의 시조인 의상의 『법계도』에 대한 가장 체계적인 해설서로서, 의상의 화엄사상이 통일신라와 고려 초기의 불교 사상가들에게 어떻게 이해되고 있었는지를 보여 주는 중요한 문헌이다. 신라와 고려 초기 화엄사상가들의 『법계도』에 대한 이해는 고려 후기에 편찬된 『법계도기총수록』에도 정리되어 있지만, 인용되고 있는 승려들의 사상적 폭에 있어서는 『법계도원통기』에 미치지 못하고 있다. 즉 『법계도기총수록』에는 의상의 사상을 직접 계승한 직계 승려들의 견해만 인용되고 있는 데 반하여 『법계도원통기』에는 의상계는 물론 의상계가 아닌 승려들의 견해도 인용되고 있어서 『법계도』의 내용에 대한 당시 불교계의 다양한 이해 방식을 보여 주고 있는 것이다. 또한 『법계도기총수록』의 경우 기존의 『법계도』 해설서인 「대기」·「법기」·「진기」 등으로부터 중요한 내용만을 발췌하여 정리하고 있는 것과 달리 『법계도원통기』는 『법계도』의 내용 전체에 대해 축자적逐字的 설명을 하면서 여러 다양한 견해들을 보여 주고 있는데, 이런 점에서 보다 더 자세한 『법계도』 해설서로 볼 수 있다. 다만 전체 3권 중에서 중권이 전하지 않으므로 그 온전한 모습을 이해하는 데에는 적지 않은 한계가 있다.

『일승법계도원통기』는 이러한 『법계도』에 대한 해설서로서의 가치 이외에 균여의 화엄사상, 특히 그의 초기 사상의 내용을 보여 주는 자료로서도 중요한 의미를 갖는 문헌이다. 이 책은 현존하는 균여의 여러 저술 중에서 시기적으로 가장 앞설 뿐 아니라 사상적으로도 이후의 저서들과 다른 모습을 보여 주고 있기 때문이다.

현존하는 균여의 저서는 모두 그의 강의록인데, 강의된 시기가 알려진 것은 이 책(959년 7월)과 『교분기원통초』(959년 8월·960년 여름·962년 여름)뿐이다. 나머지 책들의 경우 강의 시기가 명시되어 있지 않지만 각 저서의 내용을 비교해 보면 강의의 선후를 알 수 있는 단서들이 보이고 있다. 먼저 『십구장원통기』는 『법계도원통기』와 『교분기원통초』 사이의 저서로 파악된다. 『십구장원통기』의 내용 중에 『법계도원통기』와 다르면서 『교분기원통초』와 일치하는 것이 보이는 한편 『교분기원통초』에서 『십구장원통기』를 인용하고 있기 때문이다. 한편 『삼보장원통기』와 『지귀장원통초』는 내용상 『십구장원통기』 이후의 저서로 확인된다. 화엄교학에서 시간을 설명할 때에는 (과거, 현재, 미래에 각기 과거·현재·미래가 포함되는) 9개의 시간과 함께 별도의 총일념總一念을 두어 10세世를 이야기하는 것과 달리 수전법에서는 10개의 전錢 이외에 별도의 총일전總一錢을 두지 않는 이유에 대한 설명에 있어서, 『십구장원통기』에서는 "① 전법錢法에서도 처음의 1전錢이 총總이다. ② 총별문總別門인 시법時法과 달리 전법錢法은 능성能成·소성所成의 문門이므로 총일전總一錢이 필요하지 않다."는 두 가지 설명을 제시한 뒤, 두 가지 설명이 모두 문제가 있으므로 "더 생각해야 한다.(應可思也)"고 얘기한 데 반하여 『지귀장원통초』와 『삼보장원통기』에서는 위의 두 가지 견해 외에 『화엄경』은 10을 중시하는 법문이므로 10을 맞추기 위해 시법時法에만 총일념을 두었다는 제3의 견해를 제시하고, 이것이 타당하다고 얘기하고 있기 때문이다. 내용상 『십구장원통기』를 강의한 이후에 균여가 이 문제에 대하여 새로운 해답을 찾아내어 『지귀장원통초』와 『삼보장원통기』를 강의할 때에 추가하여 설명한 것이라고 생각된다.

이상과 같이 『법계도원통기』는 균여의 저술 중 가장 시기가 앞선 것으로 확인되는데, 이 책에는 그의 다른 저술과 차이가 나는 내용이 여럿 보이고 있다. 먼저 입정 상태에서 부처의 경지를 경험하였던 보현보살이 정定에서 깨어나 부처의 경지를 설한 가르침을 가리키는 소목所目에 대한 인식에 있어서, 『법계도원통기』에서는 소목을 일승인 화엄보다 한 단계 낮은 삼승으로 보고 있는 데 반해 다른 저서들에서는 소목을 『화엄경』의 가르침으로서 일승에 해당한다고 이야기하고 있다. 또 다른 주제인 "일명

一名·자명구허의自名口許義"에 관한 설명에 있어서도 『법계도원통기』의 설명은 다른 저서의 내용과 적지 않은 차이가 있다. "일명·자명구허의"라는 것은 수전법에서의 진盡·부진不盡에 대한 의상과 법장의 설명을 비교하는 내용인데, 다른 저서들에서는 의상과 법장 두 사람의 설명이 처음은 다르지만 최후의 결론은 같으므로 시별종동始別終同이라고 하였는데 『법계도원통기』에서는 이와 달리 두 사람의 하고자 하는 말은 같지만 설명방식은 다르므로 전별의동詮別意同이라고 하고 있는 것이다.

그 밖에 다중多重의 해인에 관한 설명에 있어서도 『법계도원통기』는 다른 저서와 차이를 보여 주고 있다. 다중의 해인은 일승과 삼승에 각기 여러 종류의 해인이 있으므로 해인 중에도 차이가 있다는 내용으로 신라의 화엄종에서 지엄의 가르침으로 전해진 것인데, 이에 대해 『법계도원통기』에서는 지엄이 얘기한 5중해인에 일승의 인因해인 하나를 더하면 6중의 해인이 된다고 얘기하는 데 그치고 있다. 반면 다른 저서들에서는 일승의 인因해인과 과果해인 두 가지를 『십구장』에 나오는 6중의 해인으로 대치한 후 여기에 『화엄경』에 나오는 세 가지의 해인을 합하여 9중의 해인을 만들고, 여기에 다시 소승의 해인이나 불가설불가설해인不可說不可說海印을 추가하면 총 10중해인이 된다고 얘기하고 있다.

이처럼 『법계도원통기』는 균여의 저서 중 가장 시기가 앞서면서 일부 내용에 있어서 그의 다른 저서들과 차이를 보여 주고 있다. 이는 균여의 화엄학 이론에 대한 이해 중 일부는 시간의 경과에 따라 변화하였음을 보여 주는 것으로 볼 수 있다. 그런데 이와 관련하여 문제가 되고 있는 "소목의"와 "일명·자명구허의", 그리고 다중의 해인 등은 본래 신라 시기의 화엄학 문헌인 『십구장』의 내용에서 비롯된 것이라는 사실이 주목된다. 균여가 『십구장』의 내용에 대한 본격적 연구를 하는 과정에서 초기의 견해를 수정하였을 가능성이 있다고 생각되기 때문이다. 실제로 균여의 『십구장』에 대한 해설서인 『십구장원통기』는 현존하는 균여의 저서 중 『법계도원통기』 다음으로 빠른 시기의 것으로 확인되고 있다. 균여가 『법계도원통기』를 강의할 때에는 『십구장』의 내용을 충분히 검토하지 못하여 제대로 이해하지 못하였다가 이후 『십구장』을 강의하면서 이 책의 내용을 자세히 검토하는 과정에서 기존과 다른 이해를 갖게 되었던 것이 아닌가 생각된다.

균여의 저서들은 기본적으로 공통된 사상 내용을 제시하고 있지만 일부 내용에 있어서는 저서들 사이에 차이가 나타나고 있다. 특히 이 『법계도원통기』에는 다른 저술과 차이가 나는 내용이 여럿 보이며 그것은 이 책이 다른 저서들에 비하여 시기적으로 앞서는 것과 관련이 있는 것으로 생각된다. 이런 점에서 이 책의 내용을 균여의 다른 저서들과 비교하여 살펴보면 그의 화엄학 이론의 기본 구조를 잘 알 수 있을 뿐 아니라 그의 화엄학에 대한 이해가 어떻게 변화하였는지, 그의 화엄사상이 어떻게 형성되어 갔는지도 이해할 수 있을 것이다.

6. 참고문헌

金知見, 「校註法界圖圓通記」, 『新羅佛教研究』, 山喜房佛書林, 1973.

金知見, 「法界圖圓通記의 텍스트 再考 — 中卷 落帙의 문제를 중심으로」, 『東洋學』 19, 檀國大 東洋學研究所, 1989.

佐藤厚, 「新羅高麗華嚴教學の研究 — 均如『一乘法界圖圓通記』を中心として」, 東洋大學 博士學位論文, 1997.

최연식, 「均如 華嚴思想 研究 — 教判論을 중심으로」, 서울대학교 박사학위논문, 1999.

김천학, 『균여 화엄사상 연구 — 根機論을 중심으로』, 은정불교문화진흥원, 2006.

차례

일러두기

1 '한글본 한국불교전서'는 문화체육관광부의 지원을 받아 동국대학교 불교문화연구원에서 수행하고 있는 '한국불교전서역주' 사업의 결과물을 출간한 것이다.

2 이 책의 번역은 『한국불교전서』(동국대학교출판부 간행) 제4책의 『일승법계도원통기一乘法界圖圓通記』를 저본으로 하였다.

3 주석에서 소개한 출전은 약자로 표기하였다. T는 『대정신수대장경大正新脩大藏經』, H는 『한국불교전서韓國佛教全書』의 약자이다.

4 이 책은 본래 상·중·하 3권으로 구성되어 있지만, 현재 중권이 산실되었으므로, 상권과 하권만 번역하였다. 단 차례에는 중권에 해당하는 내용을 밝혀두었다.

일승법계도원통기 上

| 一乘法界圖圓通記 |

고려국高麗國 귀법사歸法寺* 원통圓通 수좌首座**
균여均如가 이야기한 것(을 기록함)***

* 귀법사歸法寺 : 고려의 수도 개경開京 외곽 송악산 기슭에 있던 사찰. 고려 4대 왕 광종光宗 14년(963년)에 창건되었다. 귀법사 창건 직후 균여가 주지로 초빙되었으며 이후 입적할 때까지 이곳에 머물렀다.

** 수좌首座 : 고려시대 교종敎宗 승려의 승계僧階로, 최고 승계인 승통僧統 다음이다.

*** 현존現存하는 균여의 저술들은 균여 스스로 기록한 것이 아니라, 그가 이야기한 것, 즉 그의 강의를 문도들이 기록한 것이다.

제1장 서론 : 작자와 제목 해설

이 글을 해석함에 있어서 3문門의 구별이 있다. 첫째는 지은 사람을 확정하는 것이고, 둘째는 제목을 해석하는 것이고, 셋째는 글의 내용을 따라가면서 해석하는 것이다.

1. 저자에 대한 설명

첫째, 지은 사람을 확정하는 문

어떤 사람은 7언言 30구句의 시詩는 지엄智儼이 지은 것이고, 해석 부분은 의상義相이 서술하였다고 한다. 즉 원상元常은 다음과 같이 기록하고 있다.[1] "의상이 지엄 문하에서 화엄花嚴을 배울 때 지엄이 7언 30구의 시를 지어 의상에게 주자 의상은 검은 글씨 위에 붉은 색의 도인圖印을 그려

1 원문은 원상록元常錄으로 되어 있다. 이에 대해 '원상이 의상의 강의를 기록한 책'의 이름으로 해석하는 견해와 '원상이 다음과 같이 기록하였다'고 해석하는 견해가 있는데, 여기에서는 일단 후자를 따랐다.

서 바쳤다. 지엄이 이것을 보고 찬탄하면서 '너는 법성法性을 완전히 깨닫고 부처님의 뜻에 통달하였으니 이에 대한 해석을 지어야 할 것이다'라고 하셨다. 의상이 처음에 40여 장의 해석을 지어 지엄에게 바쳤는데, 지엄은 부처님의 뜻에 부합하는지 알아보기 위하여 그것을 가지고 부처님 앞에 나아가 서원을 세우고 불을 붙였다. 그러자 모두 불타고 남지 않았다. 다시 60여 장의 해석을 지어 바쳤는데, 역시 불을 붙이자 모두 타서 없어졌다. 다시 80여 장의 해석을 지어 지엄에게 바치자 지엄은 의상과 함께 앞서와 마찬가지로 불을 붙였다. 이번에는 종이들 중에 타버린 것과 타지 않는 것이 있었다. 그때 타지 않은 내용이 지금 세상에 전해지는 것이다."

어떤 사람은 최치원崔致遠이 지은『(의상의) 전기』[2] 가운데에서 "의상이 지엄 문하에서 화엄을 배울 때에 매우 크고 훌륭한 모습을 한 신인神人이 나타나 의상에게 '스스로 깨달은 바를 기록하여 사람들에게 베푸는 것이 마땅하다'고 이야기하는 꿈을 꾸었다. 또 선재 동자善財童子가 총명약聰明藥 10여 제劑를 주는 꿈을 꾸었다. 또 푸른 옷을 입은 동자를 만나 세 차례 비결(秘訣 : 비밀스런 가르침)을 받는 꿈을 꾸었다. 지엄이 이와 같은 이야기를 듣고서 '신인으로부터 신령스런 선물을 받은 것이 나는 한 차례였지만 너는 세 차례이구나. 멀리 바다를 건너와 부지런히 수행하니 그 보답이 이와 같이 나타난 것이다'라 하시고 이를 계기로 그동안 공부하여 깨달은 바를 글로 짓게 하였다. 이에 곧바로 붓을 잡고『대승장(大乘章 : 大乘에 대해 해설한 글)』10권을 엮은 후 지엄에게 잘못을 고쳐 달라고 청하였다. 지엄은 '뜻은 매우 아름답지만 문장이 조금 답답하다'고 하였다. 이에 의상은 물러나 나와 번잡한 내용을 빼고서 4통(通 : 卷과 같음)으로 만든 후『입의숭

2 최치원은 신라 말 화엄종 승려의 의뢰를 받고 신라와 중국 화엄종 조사인 의상과 법장의 전기를 지은 것으로 전해지고 있다. 이중 법장의 전기인『당대천복사고주번경대덕법장화상전唐大薦福寺故主翻經大德法藏和尙傳』이 전해지고 있다.

현立義崇玄』[3]이라고 이름 붙였다. 대개 지엄이 지은 『수현분제搜玄分齊』[4]의 뜻을 높이고자 한 것이었다. 지엄은 곧 의상과 함께 부처님 앞에 나아가 서원을 올리고 불사르면서 '이 책의 말이 성스러운 뜻에 부합하는 것이 있으면 타지 않기를 바랍니다'라고 하였다. 얼마 지나서 잿더미 가운데에서 210글자를 얻을 수 있었는데, 지엄은 의상에게 그것을 주워 모으게 한 후, 다시 간절히 서원하면서 활활 타는 불 속에 던져 넣었다. 끝내 그 글자들이 타지 않자 지엄은 눈물을 머금으면서 찬탄하시고 그 글자들을 모아서 게송(偈)을 짓도록 하였다. 의상이 방문을 걸어 잠그고 여러 날을 새운 후 30구句를 완성하였는데, 3관三觀[5]의 깊은 뜻을 모두 담았고 10현十玄[6]의 빼어난 아름다움을 모두 드러내었다."고 이야기하고 있으므로 7언 30구 또한 의상이 지은 것이라고 한다. 두 번째 견해가 옳다고 생각되지만 반드시 최치원의 전기에 의거하여 결정할 필요는 없다.

---

3 『입의숭현立義崇玄』: 뜻을 세워 현玄을 높인다는 뜻으로 현은 본문에서 이야기하는 것처럼 지엄의 『수현기搜玄記』를 의미한다. 즉 의상이 스승인 지엄의 저술을 보완하기 위한 내용을 지었다는 의미로 해석될 수 있다.

4 『수현분제搜玄分齊』: 중국 화엄종 제2조 지엄智儼 스님이 찬술한 60권본 『화엄경』의 주석서. 정식 제목은 『대방광불화엄경수현분제통지방궤大方廣佛華嚴經搜玄分齊通智方軌』이다. 일반적으로는 『수현기搜玄記』로 약칭되고 있다.

5 3관三觀 : 화엄교학에서 이야기하는 세 가지 관법觀法. 진공관眞空觀 · 이사무애관理事無礙觀 · 주변함용관周遍含容觀 등이며, 각기 화엄교학의 이법계理法界 · 이사무애법계理事無礙法界 · 사사무애법계事事無礙法界를 깨닫는 관행으로 이야기되고 있다.

6 10현十玄 : 화엄교학에서 법계연기法界緣起를 해명하는 열 가지 설명 방식. 법장의 초기 저술인 『화엄일승교의분제장華嚴一乘教義分齊章』과 후기 저술인 『탐현기探玄記』에 언급된 내용에 약간의 차이가 있으며, 전자를 고십현古十玄 후자를 신십현新十玄이라고 부른다. 고십현은 '동시구족상응문同時具足相應門 · 일다상용부동문一多相容不同門 · 제법상즉자재문諸法相卽自在門 · 인다라망법계문因陀羅網法界門 · 미세상용안립문微細相容安立門 · 비밀은현구성문秘密隱顯俱成門 · 제장순잡구덕문諸藏純雜俱德門 · 십세격법이성문十世隔法異成門 · 유심회전선성문唯心廻轉善成門 · 탁사현법생해문託事顯法生解門'이고, 신십현은 '동시구족상응문同時具足相應門 · 광협자재무애문廣狹自在無礙門 · 일다상용부동문一多相容不同門 · 제법상즉자재문諸法相卽自在門 · 은밀현료구성문隱密顯了俱成門 · 미세상용안립문微細相容安立門 · 인다라망법계문因陀羅網法界門 · 탁사현법생해문託事顯法生解門 · 십세격법이성문十世隔法異成門 · 주반원명구덕문主伴圓明具德門'이다.

지금 해석해 보건대 이미 스스로 "이치에 의거하고 가르침을 따라서 반시槃詩[7]를 짓는다."고 하였으므로 해석 대상이 되는 반시 역시 도주(圖主 : 법계도를 지은 사람, 즉 의상)가 스스로 지었다고 단정할 수 있다. 어찌 여러 증거들을 제시할 필요가 있겠는가. 더욱이 지상(至相 : 지엄을 가리킴)의 행장行狀 중에 이 7언 30구를 지었다는 내용이 실려 있지 않은데 더 무슨 이야기를 하겠는가.

2. 제목에 대한 설명

둘째, 제목을 해석하는 문

처음의 아홉 글자(一乘法界圖合詩一印)는 정식 제목이고 뒤에 제시한 54꺾임의 숫자와 210글자의 숫자(五十四角二百一十字)는 제목에 첨가된 것이다. **어떤 사람**은 '일승一乘' 두 글자는 의거하는 바(所依)인 근본 가르침이고, '법계도法界圖'는 그것을 해석하는(能釋) 책의 이름이라고 한다. **어떤 사람**은 아홉 글자가 다 같이 해석하는(能釋) 책의 이름이라고 한다. 앞의 입장은『교분기敎分記』[8]의 경우에 '화엄일승(花嚴一乘 :『화엄경』에 제시된 일승의 가르침)'은 의거하는 바(所依)인 근본 가르침이고, '교분기敎分記'는 해석하는(能釋) 책의 이름이라고 구분하는 것에 준한 것으로서, 이 책도 마찬가

7 반시槃詩 : 글자들의 순서를 일정하지 않게 배치하여 상하 좌우로 회전하며 읽게 지은 시.

8『교분기敎分記』: 중국 화엄종 제3조 법장法藏 스님이 찬술한『화엄일승교의분제장華嚴一乘敎義分齊章』을 가리킨다.『화엄일승교분기華嚴一乘敎分記』라고도 하며, 화엄교학의 기본 개념을 설명하고 있는 개론서로서 중국은 물론 한국, 일본의 불교계에서 널리 이용되었다.

지라고 한다. 즉 '화엄일승'이라고 한 것은 아래로 '법화일승(法花一乘 : 『법화경』에 제시된 일승의 가르침)'이나 '심밀일승(深密一乘 : 『해심밀경』에 제시된 일승의 가르침)'과 구별하고, '교분기'라고 한 것은 위로 증분(證分 : 깨달음의 경지 그 자체)과 구별한 것이다. 지금 이 책은 그것(=『교분기』)을 따른 것이다.

지금 해석해 보건대 뒤의 입장에 의거하고자 한다. 생각건대 해석하는(能釋) 책 제목에 해석 대상이 되는 경전의 이름을 붙일 경우에는 반드시 경전의 제목과 같아야 하는데, 『화엄경』의 제목에는 '일승'이라는 말이 없기 때문이다. 그러므로 아홉 글자 모두 해석하는(能釋) 책의 이름이다. 『법계도』의 아랫부분에서 "일승법계도합시일인一乘法界圖合詩一印은 『화엄경』과 『십지론十地論』에 의거하여 원교圓敎의 핵심 내용(宗要)을 드러냈다."고 이야기하고 있으므로 오직 『화엄경』과 『십지론』만이 의거하는 바(所依)가 되기 때문이다.

문 | 만일 그렇다고 한다면 『교분기』의 제목에 대해서는 어떻게 설명할 수 있는가?

답 | 그 책의 경우도 '화엄'의 두 글자만으로 의거하는 바(所依)를 삼았고 '일승' 이하는 해석하는(能釋) 책의 이름으로 삼았다. 중권中卷의 제목은 '화엄경중일승입교분제의華嚴經中一乘立敎分齊義'라고 하였는데, 이것은 '중中'이라는 글자를 가지고 해설하는 내용(能依)과 의거하는 바(所依)를 나눈 것이다.

문 | 그렇다면 이 책에는 의거하는 바를 제시하고 있지 않은데 왜 그런 것인가?

답 | 책을 짓는 사람의 좋고 교묘한 방편(善巧)이 같지 않기 때문이다. 또한 『화엄교분기』는 책 이름을 부를 때, 단지 '교분기'라고만 부르기도 하는데 이처럼 한 책의 제목을 늘이기도 하고 줄이기도 하는 것이 동일하지 않다. 또한 지엄은 『대방광불화엄경중수현분제통지방궤大方廣佛華嚴經中搜玄分齊通智方軌』라고 하고, 법장은 『화엄경탐현기華嚴經探玄記』라고 하고, 징

관[9]은 『대방광불화엄경소大方廣佛華嚴經疏』라고 이름한 것처럼 이와 같이 서로 동일하지가 않다. 지금 이 책은 또한 그중 한 뜻으로서 '일승법계도'라고 이름 한 것이다.

('일승'에 대한 설명)

일一은 다른 것이 없다는 뜻이고, 승乘은 움직여 간다는 뜻이다.

문 | 일승이란 어떤 일승인가?

답 | **어떤 사람**은 부처님의 좋고 교묘한 방편에 차이가 없다(善巧無二)는 의미의 일승이라고 하고, **어떤 사람**은 동교同敎와 별교別敎를 포괄하는 일승이라고 하고, **어떤 사람**은 오직 별교일승이라고 한다.

첫 번째 입장은 『법계도』의 아랫부분에서 말하기를,

(질문) : 어째서 인문(印文 : 법계도에 그려진 붉은색 줄)은 오직 하나의 길인가?

(대답) : 여래의 한 목소리(一音)를 나타낸 것이다. 이른바 동일한 좋고 교묘한 가르침(善巧)의 방편方便이라는 것이다.

라고 한 것과 같이 5교五敎[10]의 가르침은 단지 여래의 동일한 뛰어난 가르침의 방편이라는 것이다.

문 | 자서自序에 이르기를, "큰 성인(大聖 : 부처님)의 훌륭한 가르침은 일정한 틀이 없어서 적합한 근기에 응하고 질병에 따르는 것이니 하나가

---

9 징관澄觀 : 중국 화엄종의 제4조로 일컬어지며, 80권본 『화엄경』의 주석서인 『화엄경소華嚴經疏』와 그것에 대해 다시 자세히 설명한 『화엄경수소연의초華嚴經隨疏演義鈔』(줄여서 『연의초』라고 함) 등의 저술이 있다.

10 5교五敎 : 화엄종에서 이야기하는 불교의 모든 가르침. 소승교小乘敎·대승시교大乘始敎·대승종교大乘終敎·돈교頓敎·원교圓敎 등으로 구분된다.

아니다."[11]라고 하였다. 큰 성인께서 이미 5교에 적합한 근기와 질병에 부응하여 말씀하신 것으로서 승乘과 교敎가 하나가 아닌데 어째서 일승이라고 할 수 있는가?

답 | 5교가 비록 다르지만 여래께서 중생을 교화하는 가르침의 뜻은 하나로서 다름이 없기 때문이다. 그러므로 이 책에서는 "좋은 가르침의 방편(善巧方便)"이라고 하였고, (『교분기』 중의) 「5교장五敎章」[12]에서는 "근본과 지엽이 서로 녹아서 오직 하나의 위대한 좋은 가르침의 법을 이룬다."[13]거나 "혹은 5교를 모두 갖추었다. 방편을 모두 포섭하였기 때문이다."[14]라고 하였다. 또한 (『탐현기』 중의) 「십유식장十唯識章」[15]에서 "10가지 문을 모두 갖추었다고 하는 것은 동교同敎에 의거하여 이야기하는 것이다."[16]고 하였고, (『공목장』 중의) 「융회장融會章」[17]에서 "일승과 삼승의 동일한 좋은 가르침"[18]이라고 한 것 등은 모두 같은 뜻이다.

두 번째 입장은 『법계도』의 아랫부분에서 "그러므로 행자行者는 ……"[19]의 부분을 별교일승 및 방편일승에 의거하여 해석하고 있는 것[20]에 기초

---

11 의상, 『화엄일승법계도華嚴一乘法界圖』(H2, 1a), "夫大聖善敎無方 應機隨病非一."

12 「5교장五敎章」: 법장의 『화엄일승교의분제장』 즉 『교분기』는 建立一乘, 敎義攝益, 古今立敎, 分敎開宗, 乘敎開合, 起敎前後, 決擇其意, 施設異相, 所詮差別, 義理分齊 등 10장으로 구성되어 있는데, 이중 5교의 차이에 대하여 논의하고 있는 建立一乘부터 施設異相까지의 8개의 장을 합하여 「5교장」이라고 부른다.

13 『화엄일승교의분제장』 중의 「乘敎開合」 부분에 나오는 말이다(T45, 482a).

14 『화엄일승교의분제장』 중의 「乘敎開合」 부분에 나오는 말이다(T45, 482b).

15 「십유식장十唯識章」: 『탐현기』에서 『화엄경』의 "三界虛妄但一心作"을 설명하는 과정에서 유식의 의미에 대하여 10가지로 나누어 설명하는 부분을 가리킨다.

16 『화엄경탐현기』(T35, 346c).

17 「융회장融會章」: 화엄종 제2조인 지엄智儼 스님이 화엄경의 주요 용어나 개념들에 대하여 설명한 『공목장』 중의 「융회삼승결현명일승지묘취融會三乘決顯明一乘之妙趣」(줄여서 「융회일승의融會一乘義」라고도 함)를 가리킨다.

18 『공목장』(T45, 586c).

19 시고행자지문是故行者之文 : 『법계도』 반시槃詩 중의 수행방편修行方便 단락에 해당하는 "是故行者還本際 叵息妄想必不得 無緣善巧捉如意 歸家隨分得資糧"을 가리킨다.

20 『법계도』의 반시에 대한 해석 부분에서는 수행방편修行方便 부분의 행자行者에 대하여

한 것이다.

지금 해석해 보건대 오직 다섯 번째인 원교圓敎의 일승이다. 『법계도』의 아랫부분에서 "일승법계도는 『화엄경』과 『십지론』에 의거하여 원교의 핵심 내용을 드러낸다."고 하였는데 원교의 핵심 내용과 일승법계도는 같은 뜻으로서 모두 다섯 번째인 원교이기 때문이다.

문 | 그렇다면 어째서 아랫부분에서는 굴곡이 있는 삼승의 가르침에 대해서도 아울러 설명하고 있는가?

답 | 비록 아랫부분에서 삼승에 대하여도 아울러 이야기하고 있지만 그러나 근본 주장(宗)으로 삼는 바에 의거한다면 오직 별교일승을 드러내는 것이다. 지금은 근본 주장으로 삼는 바를 따를 뿐이다.

문 | "그러므로 행자行者는 ……" 이하의 부분을 해석하면서 동교와 별교를 모두 이야기하고 있으므로 동교와 별교를 모두 갖춘 일승이라고 할 수 있는데, 어찌하여 그렇지 않다고 하는가?

답 | 정확하게는 별교일승에 의거한 것인데, "그러므로 행자行者는 ……" 이하의 부분에 대한 해석에서 부수적인 의미(伴眷屬義)를 겸하여 해석하는 과정에서 방편일승을 아울러 설명한 것일 뿐이다.

문 | 『법계도』의 아랫부분에서 "여래의 한 목소리(一音)를 나타낸 것이다. 이른바 동일한 좋고 교묘한 가르침(善巧)의 방편方便이라는 것이다."라고 하고 있는데, 이것은 5교를 모두 가리켜 한 목소리(一音)라고 이름하고 또한 동일한 좋고 교묘한 가르침이라고 한 것이므로 단지 부처님의 좋고 교묘한 가르침에 차이가 없다는 의미(善巧無二)의 일승이어야 한다. 어째서 다섯 번째인 원교의 일승이라고 하는가?

답 | 『법계도』의 아랫부분에서 "좋고 교묘한 가르침(善巧)은 일정한 틀이 없어서(无方) 법계 전체에 두루 응하고 십세十世에 상응하여 원융하여

별교일승과 방편일승의 입장으로 나누어 해석하고 있다(H2, 4a).

만족시킨다고 하는데, 이 뜻은 원교에 해당한다."고 하였으므로 하나의 위대한 좋은 가르침의 방편을 이루는 때는 결국 다섯 번째 원교에 해당하기 때문이다. 또한 근본과 지엽이 서로 녹아서 하나의 위대한 좋은 가르침이 되는 때에도 그러하다.

문 | 「오교장」에서 "혹은 나누어 둘이 된다. 첫째는 근본 가르침이다. 별교일승이 여러 가르침의 근본이 되는 것을 말한다. 둘째는 지엽 가르침이다. 삼승과 소승 등이 그것(일승)으로부터 흘러나오는 것이기 때문이다."라고 하였으므로 근본과 지엽이 서로 녹은 것에는 5교가 모두 갖추어져 있어야 하는데 어째서 오직 원교의 일승이라고 하는가?

답 | 근본은 『화엄경』의 근본 가르침이고, 지엽은 하4교(下四敎 : 화엄교학의 5교판에서 원교를 제외한 나머지 네 가지 가르침)이다. 그런데 이 근본과 지엽을 서로 녹여 합하면 다시 다섯 번째의 원교가 되기 때문이다.

문 | 「오교장」에서 "혹은 5교를 모두 갖추었다. 방편을 모두 포섭하였기 때문이다."라고 하였는데, 원교에 5교가 모두 갖추어져 있다는 것인가?

답 | 원교는 근본 가르침이고 이것의 방편이 하4교이다. 원교와 네 가지 가르침을 함께 이야기하기 때문에 5교를 모두 갖추었다고 이야기한 것이지 방편을 포섭한 것에 5교가 갖추어져 있다고 한 것은 아니다. 또한 「십유식장」에서 "10가지 문을 모두 갖추었다고 하는 것은 동교同敎에 의거하여 이야기하는 것이다."라고 한 것은 『화엄경』 중의 "삼계三界가 허망하니, 단지 한 마음이 만든 것이다."라는 내용에 10가지 해석을 하였는데, 마지막 세 가지 해석은 정확하게 별교에 해당하지만 마지막 세 가지 해석의 부수적인 의미(伴眷屬義)로서 앞부분의 일곱 가지 해석을 밝혔다. 그러므로 앞의 일곱 가지 해석이 동교에 해당한다는 의미이지 마지막의 세 가지 해석도 동교라는 의미는 아니다. 『공목장』 중의 「융회장融會章」에서 "일과 삼승의 동일한 좋은 가르침이므로 동교가 된다."고 한 것은 앞부분에서 별교일승과 동교삼승의 차이에 대해 이미 설명하고서 다시 별교에서

동교와 별교를 논하고 난 후에 이어서 동교에서 동교와 별교를 논할 때에 "근기에 따르기 때문에 별교라고 이름하고, 동일한 좋은 가르침이므로 동교라고 이름한다."고 한 것이다. 그러므로 "동일한 좋은 가르침"의 동교는 하4교이다(『공목장』 중에서 그것을 볼 수 있다).[21]

문 | 원교의 종요(宗要 : 핵심 내용)는 일승법계도와 같은데 어째서 '법계'만을 들어서 제목으로 하였는가?

답 | 이 화엄경의 근본 주장(宗趣)에 대하여 대원 법사大遠法師[22]는 화엄삼매花嚴三昧가 근본 주장이라고 하고, 유 법사裕法師[23] 등은 깊은 법계의 마음(心)과 경계(境)를 근본 주장이라고 하며, 장공(藏公 : 법장을 가리킴)은 인과·연기因果緣起와 이실·법계理實法界를 근본 주장이라고 하였다. 이와 같이 과거의 여러 스님들이 모두 이 화엄경은 법계를 근본 주장으로 한다고 이야기하였다. 그러므로 도주(圖主 : 『법계도』의 저자 의상) 또한 이 경의 근본 주장에서 뜻을 취하여 법계를 제목에 넣은 것이다. 징관澄觀이 제목에 대해 이야기하는 첫머리에서 "여러 오묘함을 포함하고서도 남음이 있고 언어를 초월하여서 멀리 나아간 것은 아마도 오직 법계일 것이다."[24] 라고 하였고, 『연의초』에서 이 문장을 해석하면서 "첫 부분에서 법계에 대해 이야기한 것과 관련하여 여러 스님들의 해설서와 주석서에서 대부분 처음에 여래께서 중생을 위하여 이 세상에 태어나 처음에 소승을, 나중에 대승을 가르치신 것을 이야기하거나 혹은 형상이 없는 것으로서 형상을

---

21 이 부분은 원문의 세주이다.

22 대원 법사大遠法師 : 수나라 때의 지론학자地論學者인 혜원(慧遠, 523~592년)을 가리킨다. 같은 이름을 가진 동진시대의 여산廬山 혜원慧遠과 구별하기 위하여 대원大遠이라 하였고, 또 정영사淨影寺에 머물렀으므로 정영사 혜원으로 불리기도 한다. 『화엄경소』 7권의 저술이 있었던 것으로 전해지고 있다.

23 유 법사裕法師 : 중국 남북조시대의 지론학자인 영유(靈裕, 518~605년)를 가리키는 것으로 생각된다. 영유는 북제北齊의 수도 업鄴에서 지론학을 수학하였으며 『화엄경』에 대하여도 많은 연구를 하여 『화엄경소』와 『지귀』 등의 저술을 남겼다고 전해진다.

24 징관의 『화엄경소』 첫 부분에 나오는 말이다(T35, 503a).

보이고 말이 없는 것으로 말을 보인 것을 이야기하는데, 지금은 어찌하여 처음에 곧바로 법계에 대하여 이야기하는가라는 질문이 있을 것이다. 그러므로 지금 그에 대답한다. 이것이 이 화엄경의 근본 주장이기 때문이다. 또한 이것이 여러 경전들 전체의 근본(體)이기 때문이다. 또한 이것이 모든 존재들 전체의 의지하는 바이기 때문이다. 일체 중생의 미혹과 깨달음의 근본이기 때문이다. 일체 부처님들이 완전하게 깨달은 바이기 때문이다. 여러 보살들의 수행이 여기에서 생겨나기 때문이다. 처음 깨달음을 이루시고 곧바로 말씀하신 것으로서 다른 경전들이 점차적으로 이야기한 것과는 다르기 때문이다."[25]고 한 것도 같은 뜻일 것이다.

문 | 법계를 근본 주장(宗)으로 한다면 부처가 이루는 수행의 공덕을 잃게 되고, 인과를 근본 주장으로 한다면 의거하는 바의 법계를 잃게 된다. 이와 같이 잘못을 밝힌다면 지금 다만 법계만을 이야기하는 것은 뜻이 완전하지 못하므로 또한 잘못된 것이 아닌가.

답 | 잘못을 밝힌다고 한 까닭은 법계를 이야기할 때에는 다만 참된 법계만을 이야기하고, 인과를 얻는 것을 말할 때에는 수생修生[26]에만 국한되기 때문에 잘못이 있는 것이다. 그러므로 광통光統[27]은 인과因果와 이실理實을 근본 주장이라고 하여 의거해야 할 진리(所依)와 의거하여 수행하는 수행자(能依)를 갖추어서 뜻과 이치가 두루 원만하였고, 법장은 광통의 설에다가 연기와 법계를 더하였다. 징관은 말을 간략히 하면서 완전하게

---

25 『연의초』(T35, 2c).

26 수생修生은 본유本有 즉 본래부터 존재하는 것과 대비되는 것으로서 수행을 통하여 새롭게 얻는 것 혹은 생겨나는 것을 의미한다.

27 광통光統 : 북위北魏시대의 지론학자인 혜광(慧光, 468~537년)을 가리킨다. 보리류지와 함께 『십지경론』을 번역한 늑나마제의 제자로서 스승의 영향을 받아 『화엄경』을 연구하였고, 제자들 중에도 다수의 화엄학자를 배출하였다. 의천의 『신편제종교장총록』에는 『화엄경소』 10권과 『약소』 4권의 저술이 있었던 것으로 기록하고 있다. 승통僧統을 역임하였으므로 광통光統이라고 불린다.

포섭한다면 법계연기를 근본 주장으로 한다고 하였다. 이것은 인과를 법계에 합한 것으로서 법계와 인과가 모두 법계가 되는 것이고, 또한 법계를 포섭하여 인과를 이룬 것으로서 인과와 법계가 모두 인과가 된다. 앞의 입장을 따르면 법계를 근본 주장으로 하여도 인과를 잃지 않고, 뒤의 입장을 따르면 인과가 근본 주장이 되어도 법계를 잃지 않게 된다. 이와 같은 도리에 의거한다면 다만 법계라고 이야기하여도 한쪽 편에 국한되지 않는다.

문 | 두순杜順[28] 화상의 3관三觀 중에서 진공관眞空觀은 이법계理法界이고, 이사무애관理事無礙觀은 이사무애법계理事無礙法界이며, 주변함용관周遍含容觀은 사사무애법계事事無礙法界이다. 지금 여기에서 말하는 법계는 어느 법계에 해당하는가?

답 | 앞의 두 가지는 동교에 해당하고, 뒤의 하나가 별교에 해당한다. 청량 징관淸涼澄觀이 이야기한 삼관의 경우도 마찬가지이다. 지금 이 법계는 오직 사사무애법계이다.

문 | 『법계도』의 아랫부분에서 말하기를,

(질문) : 삼승의 가르침에서도 또한 '고요하면서도 항상 쓰임이 있고, 쓰임이 있으면서도 항상 고요하다(寂而常用 用而常寂)' 등과 같은 뜻이 있는데, 어째서 앞에서는 (삼승의 가르침에 대해) 이치(理)의 측면으로만 그러하다고 하고 현상(事)의 측면에서는 그렇게 이야기하지 않는가? (현상의 측면에서는) 자재自在하지 못하다는 것인가?

(대답) : (삼승의 가르침에도) 이치(理)와 현상(事)이 상즉하는 것이 있으

28 두순杜順 : 중국 화엄종의 초조初祖로 일컬어지는 인물로, 법순法順이라고도 불린다. 『화엄경』에 의거하여 관행觀行을 이야기한 『화엄법계관문華嚴法界觀門』이 그의 저술로 전해지고 있지만, 이 책은 후대에 그의 이름에 가탁된 것이라고 생각되고 있다(木村淸孝, 「『法界觀門』撰者考」, 『宗教硏究』 195, 1968 참조).

므로 그러한 뜻이 있다고 한 것이지 사사상즉(事事相卽 : 구체적 현상들이 서로 상즉하는 것)의 가르침이라고 한 것은 아니다. (중략)[29] 별교일승에 의한다면 이이상즉(理理相卽 : 이치들이 서로 상즉함)도 타당하고, 사사상즉도 타당하다. (중략)[30] 또한 이理인다라와 사事인다라 등의 가르침을 모두 갖추고 있기 때문이며, 10불十佛과 보현보살의 법계의 집에서는 이와 같은 막힘이 없는 법계법문이 지극히 자재하기 때문이다.[31]

라고 하였으니, 그 세 가지 법계에 해당하지 않음이 없을 것이다. 어찌하여 오직 사사무애법계에만 해당한다고 하는가.

답 | 이이상즉理理相卽 등과 이理인다라, 사事인다라 등은 모두 (두순 화상이 말한 것) 중의 주변함용관의 사사무애법계에 해당한다. (두순 화상이 말한 것) 중의 이법계는 여기(『법계도』)에서 말하는 삼승의 이치에 해당하고, (두순 화상이 말한 것) 중의 이사무애법계는 여기(『법계도』)에서의 '이치(理)와 현상(事)이 상즉하는 것이 있으므로 그러한 뜻이 있다고 한 것이지 사사상즉(事事相卽)의 가르침이라고 한 것은 아니다'에 해당한다.

문 | 별교일승에서는 이이상즉과 사사상즉 등의 4구四句[32]를 갖추고 있으므로 이인다라·사인다라 등이 모두 갖추어져 있고, 그러므로 이법계와 이사무애법계를 모두 이야기할 수 있다. 그런데 어째서 일승에서 오직 사사무애법계만을 이야기하는가.

답 | 10현十玄·10문十門[33]의 법을 모두 갖추어 두루 포괄하는 것을 사사무애라고 한다. 삼승의 가르침에서는 이치의 차원에서만 무애를 이야

29 『법계도』의 "何以故 三乘教中 欲治分別病 會事入理爲宗故"가 생략되어 있다.

30 『법계도』의 "理事相卽亦得 各各不相卽亦得 何以故 中卽不同故"가 생략되어 있다.

31 『법계도』(H2, 6a).

32 4구四句 : 내용상 理相卽, 事相卽, 理事相卽, 理理相卽, 事事相卽 등의 5구五句가 되어야 할 것 같다.

33 십현十玄·십문十門 : 주석 6 참조.

기하거나 이치와 현상 사이의 무애를 이야기하지만 현상과 현상 사이의 무애를 이야기하지 못한다. 그러므로 삼승과 구별하기 위하여 사사무애라고 이야기한 것일 뿐이다. 실제로는 10현·10문의 법에는 이치와 현상 등 모든 존재들의 무애자재함이 모두 갖추어져 있다. 그러므로 이이무애나 이사무애 등도 모두 이야기할 수 있다. 청량淸涼은 '소의체사所依體事'[34]에서 10법을 제시하고 있는데,[35] 이 법 위에서 이법계를 드러내기도 하고, 이사무애법계를 드러내기도 한다. 그러므로 사사무애법계의 10현·10문의 법에는 이치와 현상 등의 여러 존재가 모두 갖추어져 있다. 그렇지만 단지 삼승과 구별하기 위하여 일승은 사사무애라고 이야기한 것이다.

('법계도'에 대한 설명)

법法에는 자성自性을 가지고 있다는 뜻, 법칙이라는 뜻, 생각(意)의 대상이라는 뜻 등이 있다.

계界에는 원인(因)이라는 뜻, 성질(性)이라는 뜻, 분제分齊의 뜻 등이 있다. 즉 해인정海印定에서 가르침의 법보法寶가 생겨나므로 이것이 원인의 뜻이다. (해인정은) 이렇게 생겨난 여러 존재들이 의지하는 성질이므로 이것이 성질의 뜻이다. 여러 존재를 모두 갖추어 해인법계를 이루지만 이 여러 존재들이 서로 섞여 어지럽지 않으므로 이것이 분제의 뜻이다.

도圖는 선을 그린 것이다. 붉은 선은 지정각세간智正覺世間[36]을 상징한 것이고, 검은 글씨는 중생세간衆生世間[37]을 상징한 것이며, 종이는 기세간

34 징관의 『화엄경소』에서는 별교일승別敎一乘의 내용을 明所依體事, 攝歸眞實, 彰其無礙, 周遍含容 등의 네 가지로 나누어 설명하고 있는데, 그 중의 첫 번째 明所依體事 부분을 가리킨다.

35 『화엄경소』(T35, 514a).

36 지정각세간智正覺世間 : 깨달은 존재로서 중생들을 교화하는 부처를 가리킨다.

37 중생세간衆生世間 : 부처의 교화를 받는 중생들을 가리킨다.

器世間[38]을 상징한 것이다. 이와 같이 세 가지 세간을 모두 갖춘 해인법계를 상징하고 있으므로 법계도라고 일컫는다.

('합시일인'에 대한 설명)

합시일인合詩一印의 의미에 대하여 **어떤 사람**은 글씨와 붉은 선이 서로 합하여 된 시詩로 만들어진 하나의 인印이라고 한다. **어떤 사람**은 7언 30구의 시를 합한 하나의 인印이라고 한다.

(제목 각 부분의 대응에 대한 설명)

제목의 각 부분을 대응시키는 것에 대하여 **어떤 사람**은 앞의 9자(一乘法界圖合詩一印)는 『화엄경』의 9회會에 해당하고, 54꺾임(五十四角)은 『화엄경』 입법계품에 등장하는 55선지식에 해당하며(처음과 마지막의 문수는 한 사람이므로 54가 된다), 210글자二百一十字는 제7회 이세간품離世間品에서 200가지 질문의 숫자 200 및 그 하나하나의 질문에 모두 10가지의 대답이 있으므로 10을 합한 것이다. 그런데 이 견해는 이 도인圖印이 진본경(晉本經 : 동진東晋시대에 번역된 60권본의 『화엄경』)에 의거하여 서술된 것이므로 9회에 해당한다고 한 것은 잘못된 것이다.[39] 54와 210이라는 꺾임(角)의 숫자와 글자의 숫자도 우연히 이와 같이 된 것일 뿐으로 특별히 무엇을 나타내고자 한 것이 아니다. 또한 무슨 이유로 오직 마지막 회會의 55선지식과 제7회會의 200가지 질문 및 10가지 답을 상징하고 나머지 사항들은 드러내지 않겠는가. 그러므로 그렇지 않다는 것을 알 수 있다. 또 어떤 사람은 다음과 같이 해석한다. 글자의 숫자는 대경(大經 : 『화엄경』을 가리킴)의 뜻을 드러

38 기세간器世間 : 부처와 중생들이 살아가는 세계를 가리킨다.

39 60권본인 진본晉本 『화엄경』은 7처 8회, 80권본인 주본周本 『화엄경』은 8처 9회로 구성되어 있다. 이 「법계도인」은 8회로 구성된 진본 『화엄경』에 의거하였으므로 '일승법계도합시일인'의 9자가 『화엄경』의 9회에 해당한다는 주장은 잘못이라는 것.

내거나 상징하는 것이 아니다. 후인이 자신의 뜻으로 이 도인圖印의 글자를 늘리거나 줄일까 염려하여 써놓은 것일 뿐이다. 즉 옛날에 법상학인(法相學人 : 법상유식法相唯識을 공부하던 사람)이 『화엄경』의 처음 보리심을 낼 때에 곧바로(便) 정각正覺을 이룬다는 말을 믿지 않고서 '곧바로(便)'라는 글자를 고친 적이 있는데, 이와 같은 일이 있을까 염려한 것이다. 세속에서 『도경道經』과 『덕경德經』[40]을 전하는 사람들이 "이 글은 5천 글자로 되어 있다."고 이야기하는데 아마도 늘이거나 줄이는 것을 염려한 때문일 것이다. 과거의 해석들은 이와 같다.

지금 해석해 보건대 만약에 마음으로 해석하는 방법(觀心)[41]으로 억지로 이야기한다면 『법계도』의 아랫부분에서 "인印은 여래의 일음一音을 나타낸 것이다.(印表如來一音故)" 하였는데, 일음一音은 어업語業의 성기性起로서 그 일음 속에 10가지 음성을 갖추어 이야기하고 있다. 여래는 이 10가지 음성으로 5승(五乘 : 성문승·연각승·보살승·인승·천승)의 근기에 맞추어 설법하므로 50이라고 한다. 그리고 이것은 중생들에 응하시는 부처님께서 4섭四攝[42]과 4무량四無量[43]을 갖추어 교화의 대상인 중생들에게 응하는 것이므로 4꺾임(四角)이라고 한다. 이 인印에서 드러내는 (지정각세간·중생세간·기세간) 세 가지 세간의 법法은 10현과 10법이다. 『법계도』의 아랫부분

---

40 도경道經·덕경德經 : 노자老子의 사상을 전하는 것으로 전해지는 『도덕경道德經』을 가리킨다. 현행본에는 『도경道經』이 상권이고, 『덕경德經』이 하권이지만 한漢나라 때의 고분에서 발견된 고대의 필사본에는 『덕경』이 상권, 『도경』이 하권으로 편집되어 있었다.

41 관심觀心 : 문장의 표면적인 내용에 관계없이 그 문장이 본래 의미하는 바를 자신의 마음에 비추어 해석하는 주관적 해석 방법. 관심석觀心釋이라고도 한다.

42 4섭四攝 : 부처와 보살이 중생을 교화할 때 사용하는 네 가지 방편. 중생에게 필요한 것을 주는 보시布施, 중생이 따르는 마음을 내도록 친근하게 이야기해 주는 애어愛語, 중생들에게 이익되는 일을 해 주는 이행利行, 중생들이 받아들일 수 있는 모습으로 교화하는 동사同事 등이다.

43 4무량四無量 : 부처와 보살이 중생을 교화할 때 갖는 네 가지 마음. 자무량심慈無量心·비무량심悲無量心·희무량심喜無量心·사무량심捨無量心 등이다.

에서는 "연기실상다라니법을 보려고 하면 먼저 수십전법數十錢法[44]을 배워야 한다."고 하고 그 아래에서 "동전(錢)의 첫 번째부터 열 번째의 것이 같지 않지만 상즉하고 상입하여 막힘이 없이 서로 이루어 주는 것(相成)과 같이 비록 인因·과果, 이理·사事, 인人·법法, 해解·행行, 교敎·의義, 주主·반伴 등으로 수많은 문門으로 구별되어 있지만 하나의 문에 의하여 일체의 것을 모두 다 포섭할 수 있다."고 하였다. 비유 10가지(喩十 : 십전유十錢喩를 가리킴)와 법 10가지(法十 : 10법十法을 가리킴)를 합하여 20이 되는데, 10현의 각각에 이 20가지를 포함하고 있으므로 200이 된다. 여기에 본래의 10현을 더하므로 10을 더하여 210이 된다. 법과 비유를 합한 20에 본래의 10현을 더하므로 30이 된다. 이 30을 총괄하면 '대방광불화엄경'의 일곱 글자를 벗어나지 않는다. 그러므로 7자의 시를 지었다. 이와 같이 법문이 비록 넓지만 210자를 벗어나지 않으며, 이 210자를 요약하면 30구를 벗어나지 않는다. 또 이 30구를 요약하면 일곱 글자의 제목을 벗어나지 않으며, 다시 이 일곱 글자는 가장 청정한 법계를 벗어나지 않는다. 그러므로 법계도라고 한다. 이와 같은 설명의 옳고 그름은 오직 부처님만이 아시는 바일 것이다. 다만 가르침을 사모하는 마음이 지극하여서 억지로 이와 같이 해석하여 본 것이다.[45] 또 옛 스님(古德)은 "이 인印은 총상인總相印이고 73인印[46]은 별상인別相印이며, 이 별상인 73개 중에서 3제(三際 : 과거·현재·

44 수십전법數十錢法 : 화엄교학에서 법계연기法界緣起를 해명하는 설명방식 중의 하나로서, 10전錢을 이루는 열 개의 동전들이 각기 서로 독립적이면서도 동시에 10전의 일부를 구성하는 동질적 존재임을 깨닫는 것.

45 여기에 제시된 『법계도』의 제목이 갖는 의미에 대한 설명은 『법계도기총수록法界圖記叢髓錄』 권1에 수록된 「대기大記」의 설명과 대단히 유사하다(H6, 771ab).

46 73인七十三印 : 73개의 인印에 대해서는 이 책의 아랫부분 및 『법계도기총수록』에 수록된 「법융대덕기法融大德記」와 「대기大記」 등에도 언급되고 있다. 이 책 아랫부분에서는 『화엄경』 전체에서 이야기되고 있는 해인海印 73곳에 의거하여 73개의 해인을 만들었다고 이야기하고 있고, 『법계도기총수록』에는 지엄이 73개의 인印을 만든 뒤에 의상이 그들을 종합하는 근본인으로서의 「법계도인」을 만들었다는 것(「법융대덕기」)과 삼제三

미래)가 총摠이 되고 이 3제 중에 각기 70개를 갖추고 있으므로 210이 된다. 그래서 210자라고 한 것이다."[47]라고 하였다. 이제 이 3제의 인에 갖추어진 210개의 인을 합하여 드러내기 위하여 하나의 해인海印을 만들었으니 총상인이 그러하다.

際에 각기 70개씩의 인印을 있게 하여 모두 210개가 되었다(「대기」)는 내용이 수록되어 있다.

47 이 고덕古德의 설명과 거의 같은 내용이 『법계도기총수록』 권1에 수록된 「대기大記」에 수록되어 있는데, 여기에서는 별인別印 70개를 3제際에 찍으면 1제마다 70이 되고, 이를 모두 합하면 210이 된다(就別印中 將七十印 歷三際印 一際各七十故 合爲二百一十也)고 하였다(H6, 771b). 한편 『법계도기총수록』 권1에 수록된 「법융대덕기法融大德記」에서는 지엄이 73印을 만들고, 의상이 그것을 총괄하는 하나의 근본인을 만들었다고 한다(H6, 771a).

제2장 본론 : 본문 내용 해설

셋째, 글의 내용을 따라가면서 해석하는 문

세 부분으로 구성되어 있다. 처음은 「서분序分」이고, 다음으로 도인圖印부터 "실상이 없는 것에 의거하여 실상을 드러낸 것이다.(卽虛現實)"[48]까지가 「정종분正宗分」이며, 그 뒤의 "서원하건대 ……" 이하가 「유통분流通分」이다. 이와 같이 셋으로 나누어 경론을 해석하는 것은 모두 미천彌天[49]의 구분법에서 비롯한 것으로 인도에서의 구분법과 일치한다. 이후의 여러 스님들이 주석서를 만들고 글을 지을 때에 모두 이것을 계승하여 활용하였다. 지금 이 글도 그러하다.

---

48 즉허현실卽虛現實 : 원문에는 "卽靈現實"이지만 『법계도』의 원문과 비교할 때 靈은 虛의 오자誤字이다.

49 미천彌天 : 중국 남북조시대 초기에 활약한 도안道安을 가리킨다.

1. 「서분」에 대한 해설

「서분」은 네 단락으로 이루어져 있다. 첫 번째 단락에서는 대성大聖의 가르침을 베푸는 방법이 하나가 아님을 드러내었다. "그것을 알지 못하여(迷之) ……" 이하의 두 번째 단락은 교화를 받는 중생들이 미혹되어 있음을 드러내었다. "이치에 의거하여(依理) ……" 이하의 세 번째 단락은 법계도를 만드는 목적을 드러내었다. "시詩를 읽는 것은(讀詩) ……" 이하의 네 번째 단락은 『법계도』의 반시를 읽는 방법을 드러내었다.

첫 번째 단락에 대한 해석

"무릇(夫)"은 '이것', '저것', '이에' 등의 의미인데, 여기에서는 '이에'의 의미를 따랐다. '대개(若夫)', '살피건대(觀夫)', '생각컨대(詳夫)', '무릇(夫以)' 등은 모두 같은 뜻으로서 곧 말을 처음 시작할 때의 표현이다. 대성大聖에 대하여 **어떤 사람**은 5교五敎의 대성 모두를 가리킨다고 이야기하고, **어떤 사람**은 오직 원교圓敎의 대성만을 가리킨다고 하며, **어떤 사람**은 두 가지를 모두 포괄한다고 한다. 첫 번째 견해는 좋고 교묘한 가르침은 일정한 틀이 없어서 5교의 근기에 응하는 것이니 같지 않기 때문에 그렇다고 한다.

문 | 일승의 10불十佛은 대성이라고 할 수 있지만 소승과 삼승의 2신불(二身佛 : 法身과 應身)이나 3신불(三身佛 : 自性身·受用身·應化身 혹은 法身·報身·應身) 등을 어떻게 대성이라고 할 수 있는가.

답 | 비록 10불이 아니지만 교화의 대상이 되는 중생을 대할 때에는 또한 대성이라고 할 수 있다.

세 번째 견해는 『지통문답智通問答』[50]에서 말하기를,

---

50 『지통문답智通問答』: 의상의 제자인 지통智通이 소백산小白山 추동錐洞에서 의상과 제

(질문) : 이와 같은 삼승과 일승의 가르침은 모두 이 『화엄경』 안에 있으니 모두 10불이 말씀하신 것입니까?

(대답) : 또한 모두 10불이 이야기한 것이라고 할 수 있다. 10불 이외에 별도의 3신불이 없기 때문이다. 3신불은 10불이 작용한 것(用)이니, 삼승이 곧 일승이기 때문이다. 이것은 일승에 입각하여 설한 것이다. 또한 가르침의 종지에 의거하여 설할 수도 있으니, 삼승의 가르침은 3신불이 이야기한 것이고 일승의 가르침은 10불이 이야기한 것이라고 할 수도 있다. 중생의 근기와 보는 바가 같지 않고, 같은 때 같은 곳에 있어도 부처님은 좋고 교묘한 가르침(善巧)으로 응하지 못하는 바가 없기 때문이다. 3도(三途 : 3악도를 가리킴)의 중생이 듣는 가르침은 3도의 부처님이 이야기하신 것이고, 인승人乘과 천승天乘의 중생이 듣는 가르침은 인천승의 부처님이 이야기하신 것이고, (중략) 일승 근기의 중생이 듣는 가르침은 일승의 부처님이 이야기하신 것이다. 각각 교화하는 부처님과 교화되는 중생이 서로 상응하기 때문이다.

라고 하였는데, 이중 앞의 이야기에 의하면 오직 원교의 대성만이라는 입장이 맞고, 뒤의 이야기에 의하면 5교의 대성 모두를 가리킨다는 입장이 맞다.

지금 해석해 보건대 오직 원교의 대성을 가리킨 것이다.

문 | 5교의 근기에 응하는 것이니 같지 않다는 것은 5교의 대성 모두를 가리킨다고 할 수 있는데, 왜 그렇지 않다고 하는가.

자들이 주고받은 문답問答을 정리한 책. 『추동기錐洞記』라고도 불리며, 현재는 전해지지 않고 있다. 후대의 화엄학 문헌들에 그 내용 중 일부가 인용되고 있는데, 일본에 법장法藏의 저술로 전해져 온 『화엄경문답華嚴經問答』의 내용과 일치하는 부분이 적지 않아서 두 책이 같은 책이라는 견해가 제시되기도 하였다(石井公成, 「『華嚴經問答』의 諸問題」, 『華嚴思想の硏究』, 春秋社, 1996 ; 金相鉉, 「『錐洞記』와 그 異本 『華嚴經問答』」, 『韓國學報』 84, 一志社, 1996 참조).

답 | 비록 근기에 응하는 것이니 같지 않다지만 대성이라고 이야기할 때에는 오직 하나 원교의 대성만을 가리킨다. 왜 그런가 하면 『도신장道身章』[51]에서 다음과 같이 말하고 있기 때문이다.

(질문) : (중생을) 교화하는 3신불과 (부처님으로부터) 교화를 받는 3신불이 어떻게 다른가.

(대답) : (중생을) 교화하는 10신불은 소승의 부처님, (중략) 돈교의 형상이 끊어진 부처님(絶相佛), (중략) 일체의 부처님 등을 이야기하는데, 이는 모두 10불이 다른 모습으로 작용한 것으로서 10불이 아님이 없다. (중략) 교화를 하는 3신불은 곧 본래의 10불에 철저한 3신불이고, 교화를 받는 3신불은 단지 방편의 모습을 하고 있는 3신불이다.

이와 같이 비록 2가지 혹은 3가지의 다른 모습을 드러내지만, 그 근본을 파고들면 오직 제5인 원교의 10불의 대성이기 때문이다.

좋은 가르침(善教)은 어떤 본에는 좋고 교묘한 가르침(善巧)이라고 하였는데 모두 같은 뜻이다.

문 | 『법계도』의 아랫부분에서 "좋고 교묘한 가르침은 일정한 틀이 없어서 법계 전체에 모두 해당한다.(善巧無方 應稱法界)"고 하였으니 "좋고 교묘한 가르침(善巧)"이 맞을 것이다. 어째서 같은 뜻이라고 하는가.

답 | 좋고 교묘한 가르침을 가진 사람이 이야기하는 가르침이기 때문에 좋고 교묘한 가르침(善巧)과 좋은 가르침(善教)은 모두 같은 뜻이다.

일정한 틀이 없다(无方)는 것은 큰 틀(大方)을 가리킨다. 큰 틀(大方)에는 귀퉁이(隅)가 없고, 큰 모습(大像)은 형상(形)이 없으며 큰 음성(大音)은 소

---

51 『도신장道身章』: 의상의 제자인 도신道身이 의상과 제자들이 주고받은 문답을 정리한 책. 현재 전해지지 않고 있지만 후대의 화엄학 문헌들에 그 내용 중 일부가 인용되고 있다.

리가 없고 큰 지혜(大智)는 앎(知)이 없다는 뜻이다. 어느 곳이든 이르지 않음이 없고 어느 것이든 포섭하지 않는 것이 없으므로 좋은 가르침은 일정한 틀이 없는 것이다.

문 | "좋은 가르침은 일정한 틀이 없다."는 것과 "근기에 맞추고 질병에 따른다."는 것 두 가지는 모두 5교五教를 갖추고 있는가, 그렇지 않은가.

답 | **어떤 사람**은 처음에 말한 것과 같다고 한다. 이것은 큰 성인의 좋은 가르침은 사사로움이 없으므로 5교의 근기에 따라서 각기 달리하기 때문이다. 『수현기』에서 "큰 자비를 가지신 분(부처님)이 가르침을 내리심에 사사롭게 숨기면서 말씀하시지 않으므로 인연에 따른 말씀의 법문法門은 하나가 아니다."[52]라고 하였다. 두루 3교(三教 : 점교·돈교·원교)의 근기에 따라 가르침을 펴므로 법문이 하나가 아닌 것이며, 여기의 문장도 또한 마찬가지이다.

문 | 원교에서 부처의 경지를 부분적으로 터득한 대산왕(大山王 : 10地 보살을 뜻함)의 근기를 어찌 "근기에 맞추고 질병에 따르는" 것으로 볼 수 있는가.

답 | **어떤 사람**은 "근기에 맞추는 것"으로는 5교에 통하고, "질병에 따르는 것"은 다만 하4교라고 한다. **어떤 사람**은 "질병에 따르는 것"에도 5교가 다 갖추어져 있다고 한다. 일승의 수행자에게도 치료해야 할 질병이 있는 것이다. 이 때문에 『수현기』에서는 "일승요의一乘了義의 참된 말씀 중에는 상대하여 다스리는 방편(對治方便)에 여러 가지 차이[53]가 있는데, 요약하면 세 가지이다. 순서대로 설명한다."[54]고 하였다. 상대하여 다스리는 방편이라는 것은 병에 맞는 약으로 치료하는 것이다. 그러므로 점

52 『수현기』(T35, 13c).

53 여러 가지 차이 : 이 책 본문에는 "行別差殊"인데, 『수현기』 원문에는 해당 부분이 "行門"으로 되어 있다.

54 『수현기』(T35, 15c).

교 근기의 병은 점교의 가르침으로 상대하여 다스리고, 돈교와 원교 근기의 병은 돈교와 원교의 가르침으로 상대하여 다스린다. 이런 입장에서는 일승의 행자도 또한 병이 있는 근기이다.

지금 해석해 보건대 "좋고 교묘한 가르침은 일정한 틀이 없다."는 것은 오직 이 『화엄경』에만 해당하고, "근기에 맞추고 질병에 따르는 것"은 하4교(의 경전들)에 해당한다. 『법계도』의 아랫부분에서 "(도인圖印의 모습이) 어찌하여 여러 차례 빙빙 돌고 꺾이었는가. 같지 않은 중생의 근기와 하고자 하는 바를 따랐기 때문이다. 이 뜻은 삼승의 가르침에 해당한다. 어찌하여 한 줄로 시작과 마침이 없는가. 좋고 교묘한 가르침은 일정한 틀이 없어서 법계 전체에 모두 해당하는 것을 드러내 보인 것이다. 이러한 뜻은 원교에 해당한다."고 하였는데, "좋고 교묘한 가르침은 일정한 틀이 없어서 법계 전체에 모두 해당한다."는 것은 "좋은 가르침은 일정한 틀이 없다."는 것이고, "같지 않은 중생의 근기와 하고자 하는 바를 따랐기 때문"은 "근기에 맞추고 질병에 따르는 것이니 하나가 아니기 때문이다."는 것이다.

문 | 원교 또한 원교의 근기에 맞추어 이야기한 것인데 어째서 근기에 맞추는 것은 오직 하4교라고 하는가.

답 | 그렇다면 "어찌하여 여러 차례 빙빙 돌고 꺾이었는가. 같지 않은 중생의 근기와 하고자 하는 바를 따랐기 때문이다."는 내용에도 일승의 행자가 포함되어야 할 것이다. 하지만 그렇지 않은 것은 서로 대비하여 차이를 구별한 것이어서 장소에 따라 각기 다르기 때문이다. 그래서 지금 여기에서 "좋고 교묘한 가르침은 일정한 틀이 없다."는 것을 원교라 하고 "근기에 맞추고 질병에 따르는 것이니 같지 않은" 것을 하4교라고 하는 것은 이와 같이 서로 대비하여 구별하는 것이다. 「오교장」의 칭법본교稱法本敎[55]에도 어찌 근기가 없겠는가. 그러나 이 『화엄경』을 칭법본교(稱法本敎

55 칭법본교稱法本敎 : 『화엄일승교의분제장』의 여섯 번째 단락으로 일승과 삼승의 시간

: 법에 일치하는 근본 가르침)라고 하여 삼승의 축기말교(逐機末敎 : 근기에 따라 말씀하신 지엽의 가르침)와 대비하였는데, 지금 이것도 마찬가지이다.

문 | 그렇다면 (앞에서 인용한 『수현기』의) "인연에 따른 말씀의 법문法門은 하나가 아니다."는 것도 또한 하4교에만 해당하는가.

답 | 필요한 곳에 따랐기 때문이다. 『수현기』의 내용은 (점교·돈교·원교) 3교의 교화 대상인 중생의 근기와 인연에 따른 것이므로 3교의 법문이 같지 않게 된 것이다. 지금 이 책(『법계도』)에서는 (근기에 맞추는 것이) 오직 하4교에만 해당하기 때문에 다른 것이다.

문 | "같지 않다.(非一)"라는 것에 있어서, 좋은 가르침은 일정한 틀이 없다는 것과 근기에 맞추고 질병에 따른다는 것에 모두 하나가 아니라는 뜻이 있는가.

답 | **어떤 사람**은 그렇다고 이야기한다. **지금 해석**해 보건대 단지 근기에 맞추고 질병에 따른다는 것에만 해당한다. 아랫부분에서 "어찌하여 여러 차례 빙빙 돌고 꺾이었는가. 같지 않은 중생의 근기와 하고자 하는 바를 따랐기 때문이다."고 하였다. (좋은 가르침이) 근기와 병이 같지 않음을 따랐기 때문에 하나가 아니라는 것이다. 그러므로 (일승) 보법普法[56]의 행자는 어떤 질병에도, 어떤 근기에도 속하지 않는다.

두 번째 단락에 대한 해석

어떤 사람은 "자취(迹)에 매달려 본질(體)을 잃은 것을 모른다."고 끊고, **어떤 사람**은 "자취에 매달려 잃어버린 것을 모른다."고 끊는 등 두 가

적 선후관계를 논하는 교기전후敎起前後 중 본교本敎인 별교일승의 발생에 대하여 이야기하는 부분이다. 부처님이 깨달음의 내용을 그대로 말씀하신 『화엄경』의 가르침을 칭법본교稱法本敎라 하고, 그 후에 말씀하신 나머지 경전의 가르침들을 축기말교逐機末敎라고 한다.

56 보법普法 : 화엄교학에서 법계연기를 표현하는 용어 중 하나. 일체의 존재(法)들이 서로서로를 포섭하고 서로서로 동일하다는 의미이다.

지 해석이 있다.[57] "미혹된 사람(迷之者)"이라고 한 것은, 부처님이 하4교의 가르침을 이야기하신 것은 중생들로 하여금 그 네 가지 가르침에 그치게 하려고 하신 것이 아니고, 모두 마음을 떠나 화엄 보법의 경계로 돌아가게 하려는 것이다. 그런데 미혹된 사람은 이 뜻을 깨닫지 못하고서 방편인 자취의 가르침을 굳게 지키고 있(음을 이야기한 것이)다. 그러므로 『법계도』의 아랫부분에서 "부처님이 가르치신 7종의 고제苦諦 이외에 별도의 깨달음이 있으니 3무수겁(無數劫 : 아승기겁) 동안 가르침대로 수행하여야 비로소 얻을 수 있다. 미혹한 사람을 위해서는 많은 법문으로 이야기하여야 한다."고 하였다. 이와 같은 방편의 뜻을 알지 못하므로 (방편의 자취를) 고집하면서 버리지 않는다.

"자취를 지키며 ……(守迹等)"라는 것은 옛날 (춘추시대의) 송나라에서 어떤 사람이 밭에서 토끼를 보고서 쟁기로 잡은 일이 있었는데 다시 토끼가 올 것이라고 생각하여 종일토록 토끼의 자취를 지키면서 기다린 것과 같은 것이다.

"근본에 돌아갈 날이 없다.(歸宗末日)"는 것은 근본으로 돌아갈 기약이 없다는 것이다.

세 번째 단락에 대한 해석

"이치와 가르침에 의거한다.(依理據敎)"는 것은, 일승의 법계는 10불十佛이 깨달은 바이고, 보현 행자가 수행하는 바로서 범부들이 헤아릴 수 있는 것이 아니지만 여러 부처님과 보살들이 말씀하신 이치와 가르침에 의거하여서[58] 이 『법계도』의 시를 지었다는 것이다. 이는 "번뇌에 묶여 있

57 『법계도』 서문 중의 "守跡不知失體勤而歸宗末日"을 "守跡 不知失體 勤而 歸宗末日"로 끊을 것인지 "守跡 不知失 體勤而 歸宗末日"로 끊을 것인지의 이견이 있었음을 이야기한 것이다.

58 여러 부처와 보살들이 말씀하신 이치와 가르침에 의거하여서 : 이 부분이 원문에는 "依

는 범부(具縛凡夫)가 가르침과 이치의 힘에 의지하여 능히 여래의 비밀스런 진리를 알 수 있다."[59]고 말한 것과 같다. 또한 『대경』에서는 "눈이 있고 햇빛이 있으니 미세한 색을 볼 수 있도다. 가장 뛰어난 신비한 힘이므로 맑은 마음으로 여러 부처님을 볼 수 있다."[60]고 하였고, 또 "햇빛이 비춤으로 인해 다시 해를 볼 수 있듯이, 나는 부처님의 지혜의 빛으로 부처님이 행하신 도리를 본다."[61]고 하였으니, 바로 이 뜻이다.

문 | 서序에는 증신서證信序와 발기서發起序[62]의 두 가지가 있는데, 이 책의 경우는 어디에 해당하는가?

답 | 두 가지 서를 모두 갖추고 있다. 법상 스님(法常公)[63]의 『양섭론소梁攝論疏』[64]에서는 "논論을 지을 때 먼저 귀의하고 공경하는 것에는 두 가지가 있다. 첫째는 삼보에 귀의하고 공경함으로써 (삼보와) 함께 생각하고 말함으로써 글을 짓는 실마리를 삼는 것으로서 곧 발기서이다. 둘째는 삼

諸佛菩薩所說理之與敎"이지만 내용상 理와 之의 순서가 바뀐 것으로 생각된다.

59 『수소연의초』 권6(T36, 39a).

60 60권본 『화엄경』 권14(T09, 486a).

61 80권본 『화엄경』 권11(T10, 56a).

62 증신서證信序와 발기서發起序 : 증신서는 통서通序라고도 한다. 여러 경經이 시작할 때 항상 "如是我聞 一時佛在" 등의 말로서 문聞·신信·시時·주主·처處·중衆의 여섯 가지를 설명하여, 경에서 설하는 내용이 진실하여 믿을 만하다는 것을 증명하는 것이다. 시간과 장소, 그리고 인물 등을 분명히 보여 주어서 중생들에게 믿음을 일으키게 하므로 증신서라고 부르며, 모든 경의 서분에 다 있으므로 통서라고도 부른다. 이에 대하여 발기서는 여러 경의 서분 중에서 단지 그 경이 설해진 이유를 기록한 서문을 말하며, 별서別序라고도 한다.

63 법상(法常, 567~645년) : 당나라의 섭론학자. 19세에 담연曇延의 문하에 출가한 후 22세에 『섭대승론』을 처음 듣고 이후 5년 동안 그에 대해 깊이 연구하였다. 수나라가 건국된 이후 황제의 요청으로 장안의 대선정사大禪定寺에 주석하였고, 당나라 때에는 역경譯經에 참여하기도 하였다. 『화엄경』·『성실론』·『아비담론』·『섭대승론』·『십지경론』 등을 강설하였으며, 『섭대승론의소』·『관무량수경소』·『열반경소』·『유마경소』·『승만경소』 등의 저술을 남겼다.

64 『양섭론소梁攝論疏』 : 남북조시대의 양梁나라 때에 진제眞諦 삼장이 번역한 『섭대승론』에 대한 주석서.

보에 귀의하고 공경하는 것을 논論의 첫머리에 둠으로써 (先聖들이) 이미 지어 놓은 논論의 뛰어남을 드러내어 사람들로 하여금 닦아 배우게 하는 것이니 곧 증신서이다."라고 하였다. 이에 의거한다면 여러 부처와 보살께서 말씀하신 바를 받들어 부처님의 뜻을 알고서 글을 지었으므로 서술한 바가 부처님의 뜻에 부합한다고 밝힘으로써 사람들로 하여금 깨달아 믿게 한 것이므로 '증신서'라고 한다. 그리고 이 서문으로써 「정종분」을 시작하게 한 것이므로 '발기서'라고 한다.

문 | "이름에 집착하는 무리(執名之徒)"와 "이름이 없는 참된 근원(無名眞源)"이라는 것은 무엇인가?

답 | **어떤 사람**은 외화(外化 : 부처님이 중생들을 교화하는 것)할 때는 모두 "이름에 집착하는 무리"라고 하고, 오직 내증(內證 : 부처님이 안으로 깨달은 경지)에 의거할 때는 "참된 근원"이라고 한다. 『십구장』에서 "보현보살께서 정定으로부터 나오시어 생겨남이 없고 이름이 없는 곳(无生无名處)에서 여러 가지 이름(名)으로 이름(目)을 붙인다. 그러므로 소목(所目 : 이름 붙여진 것)이라고 부른다. 소목 중에서 (중생의) 근기와 인연, 마음의 뛰어나고 못남에 따라 높고 낮은 차별을 두므로 지위를 붙여 오르고 내린다. 중생은 소목을 실제로 있는 것으로 생각하고 집착하므로 "이름에 집착하는 무리"라고 한다. 부처는 이름에 따르지 않고 이름이 정해진 것이 아니라는 뜻을 깨달으므로 "이름 없는 참된 근원"이라고 이야기하니 곧 이것이 법성法性이 원융한 증분(證分 : 깨달음의 상태)이다."[65]고 한 것으로 알 수 있다. **지금 해석**해 보건대 이름에 집착하는 무리는 다만 하4교(의 가르침의 대상)이고, 이름이 없는 참된 근원은 (부처님의) 내증이다.

문 | 왜 이름에 집착하는 무리에 원교 근기의 사람은 보이지 않는가?

답 | 이 경전(『화엄경』)의 가르침에 이른 사람은 본래 이름에 집착하지

65 인용된 내용은 『십구장원통기』에 수록되어 있는 『십구장』의 내용이다(H4, 73c~74a).

않기 때문이다.

문 | 그렇다면『십구장』의 내용에 대해서는 어떻게 회통할 것인가?

답 | 그 내용 역시 하4교(의 가르침의 대상)를 소목이라고 하였다.『화엄경』은 정定에 들어 있을 때 말씀하신 것인데, "보현보살께서 생겨남이 없고 이름이 없는 곳(无生无名處)에서 정定으로부터 나오시어 여러 가지 이름으로 이름을 붙인다."고 하였으므로 소목에『화엄경』이 해당하지 않음을 알 수 있다.

문 | 그렇다면 이 경전(『화엄경』)도 또한 이름이 없는 참된 근원에 해당하는데 어째서 오직 내증만을 이야기하는가?

답 |『화엄경』 또한 돌아가야 할 바이지만 궁극의 경지만을 이야기하였기 때문이다. 그러므로 앞에서 "근본에 돌아갈 날이 없다(歸宗未日)"고 할 때의 근본(宗)은 곧 이 경전이다. 하4교(의 대상인) 이름에 집착하는 무리들로 하여금 가깝게는 화엄의 보법으로 돌아가고 멀리는 내증에 돌아가게 하는 것이므로 잘못된 것이 아니다.

문 | 화상(和尙 : 의상을 가리킴) 이후의 이름에 집착하는 무리들을 참된 근원에 돌아가게 하고자 한 것이라면, 어째서 모든 하4교의 (대상이 되는) 사람들이라고 전체적으로 말할 수 있는가?

답 | 여래께서 하4교를 가르치신 까닭은 중생들로 하여금 근성根性을 기르고 키워서 참된 근원에 돌아가게 하고자 한 것이다. 미혹된 사람은 이름에 집착하여 자취를 지키지만 지금 여기에서는 그들을 버리지 않기 때문에 잘못된 것이 아니다.

문 | 그렇다면 삼승의 가르침으로 3아승기겁 동안 수행하여 극과(極果 : 최고의 경지)에 오른 사람도 또한 도주圖主가 지은「법계도인」에 의거하여야 비로소 이름이 없는 참된 근원에 돌아갈 수 있다고 한 것인가?

답 | 이 (서문은) 그렇게 되기를 바라는 서원이기 때문에 그렇게 이야기한 것이다. 무슨 말인가 하면, 비록 범부가 하나의 작고 착한 일을 한다

할지라도 '여러 지옥에서 고통을 받고 있는 중생들이 고통에서 벗어나 즐거움을 얻고 나아가 보리심을 일으키며 이미 보리심을 일으켜 수행하는 사람들은 속히 보처보살의 경지에 이르고 더 나아가 부처의 경지에 이르기 바란다'고 발원하여 말하는데, 이는 모든 경전에서 인정하는 바이다. 그러므로 삼승의 극과에 도달한 사람이 이 '법계도인'에 의거하여 보법으로 돌아가고 나아가 참된 근원에 돌아가기를 바란다고 회향하는 것에 무슨 문제가 있는가?

2. 「정종분」에 대한 해설

두 번째의 「정종분」에서는 먼저 해석 대상이 되는 「법계도인(所釋印)」에 대하여 이야기하고, 뒤에 해석하는 내용(能釋文)에 대하여 이야기한다. 첫 번째와 관련해서는 뒤에 해석하는 내용을 설명하면 해석 대상이 되는 '법계도인'의 뜻도 저절로 드러날 것이다. 그러므로 여기에서는 간략하게 해석한다.

1) 「법계도인」에 대한 해설

(1) 도인의 형태에 대한 해설

문 | 이 도인과 73인印[66]은 어떻게 다른가?

---

66 73인七十三印 : 지엄智儼이 화엄의 법계연기法界緣起를 드러내기 위하여 만들었다

답 | 이 도인은 총괄하는 것(摠)이고 그것은 개별적인 것(別)이다. 그 글(彼文)[67]에서는 "50권의 『화엄경』[68] 중에서 해인海印 73곳을 가리켜 보였다."고 하였지만 지금 이 글(『법계도』)은 『화엄경』 전체의 뜻을 모은 것으로 구체적으로 의거하는 부분이 따로 없다. 또한 그 글에서는 원융무애圓融无碍, 본말상성本末相成 등과 같은 개별적인 이름을 지었지만 지금 이 글에는 개별적인 이름이 없는 것으로도 알 수 있다. 또한 이 도인에서는 붉은 줄로 지정각세간을 상징하고, 검은 글씨로 중생세간을 상징하며, 종이로 기세간을 상징하였으니, 세 가지 세간이 해인삼매로부터 전부 나와 드러나는 것을 종합적으로 나타내고자 한 것이다. 그러므로 이 도인은 만약에 관심석(觀心釋 : 글자의 뜻에 얽매이지 않고 마음으로 숨은 진짜 의미를 헤아리는 것)에 의거한다면 한 꺾임(角) 한 글자마다 네 가지 문門이 있게 된다. 첫 번째는 만약에 법(法 : 「법계도인」의 첫 번째 글자로 「법계도인」에 적힌 글자 전체를 의미함)이라는 글자를 없애면 종이와 붉은 줄도 모두 없어진다. 즉 종이와 붉은 줄은 법이라는 글자와 떨어진 것이 아니다. 그러므로 법이라는 글자에 종이와 붉은 줄이 다 들어 있는 것이다. 이와 같이 중생세간을 떠나서는 기세간과 부처가 모두 있을 수 없다. 그러므로 기세간과 부처는 중생과 떨어진 것이 아니며 중생에게 부처와 기세간이 갖추어져 있는 것이다. 그래서 경에서 이르기를 "보살은 자기 몸에 여래의 깨달음이 있고, 일체 중생들

는 73개의 도인圖印. 『법계도기총수록』에 인용된 「법기法記」에서는 의상의 「법계도인法界圖印」이 지엄의 73인의 총인總印으로서 만들어진 것이라고 이야기되고 있다(H6, 771a). 이 73인에 대한 이야기는 지엄 관련 자료들에는 보이지 않고 「법계도기총수록」과 『일승법계도원통기』에만 보이고 있는데, 신라 화엄학에서 만들어진 전승으로 생각된다. 주 46 참조.

67 그 글(彼文) : 73인印에 대하여 이야기하는 책으로 생각되지만 구체적으로 어떤 책을 가리키는지는 알 수 없다.

68 50권 화엄경五十卷華嚴經 : 현재 『화엄경』은 60권본, 80권본, 40권본 등으로 알려져 있지만, 이중 60권본은 50권본으로 편집되기도 하였다(이승재, 『50권본 화엄경 연구』, 서울대학교출판부, 2006 참조).

도 그와 같음을 스스로 알고 계신다.(菩薩自知 身中有如來菩提 一切衆生 亦復如是)"[69]고 하였다. 두 번째는 만약에 붉은 줄을 없애면 종이와 법이라는 글자가 모두 없어진다. 즉 종이와 법이라는 글자가 붉은 줄과 떨어진 것이 아니므로 붉은 줄에 종이와 법이라는 글자가 다 들어 있다. 이와 같이 지정각세간을 떠나서는 기세간과 중생세간도 모두 있을 수 없다. 그러므로 기세간과 중생세간은 지정각세간과 떨어진 것이 아니며 지정각세간에는 기세간과 중생세간이 갖추어져 있다. 그래서 경전에서 이르기를 "과거·현재·미래 모든 시간(一切劫)의 부처세계(佛刹)와 온갖 존재(諸法), 모든 감각기관(諸根), 심왕心王, 심법心法, 일체의 허망한 존재들, 이 모든 것들이 한 부처님의 몸에 모두 다 나타난다.(三世一切劫 佛刹及諸法 諸根心王心法 一切虛妄法 於一佛身中 此法皆悉現)"[70]고 하였다. 세 번째는 만약에 종이를 없애면 법이라는 글자와 붉은 줄이 모두 없어진다. 즉 법이라는 글자와 붉은 줄은 종이와 떨어진 것이 아니므로 종이에 법이라는 글자와 붉은 줄이 갖추어져 있다. 이와 같이 기세간을 떠나서는 중생과 부처가 모두 있을 수 없다. 그러므로 중생과 부처는 기세간과 떨어진 것이 아니며 기세간에는 중생과 부처가 갖추어져 있다. 그래서 경에서 이르기를 "화장세계에 있는 티끌에는 하나의 티끌마다 법계가 드러나고, 보배의 빛이 부처가 구름처럼 모인 것을 비추니 이것이 여래 세계의 자재自在함이다.(華藏世界所有塵 一一塵中見法界 寶光現佛如雲集 此是如來刹自在)"[71]라고 하였다. 네 번째는 이 세 가지가 서로 뚜렷하여서 종이 위에 글자를 써도 종이가 찢어지지 않고, 글자 위에 줄을 그어도 글자가 지워지지 않는다. 세 가지가 서로 떨어지지 않고 또한 세 가지가 섞임 없이 뚜렷하게 드러난다. 이와 같이 세 가지 세간이 막힘없이 온전하게 화합하면서 또한 서로 어지럽게 섞여 있지 않

69 60권본『화엄경』권35(T09, 627b).
70 60권본『화엄경』권35(T09, 627c).
71 80권본『화엄경』권8(T10, 39b28).

다. 그러므로 앞의 세 가지 문은 막힘없이 통하여 원만한 것을 드러내고 뒤의 한 문은 뚜렷하게 섞이지 않는 것이다. 이 네 가지 문이 서로 막힘없고 같은 연기법이므로 비로소 법계의 참된 모습을 드러내는 도인이 되는 것이다. 한 꺾임, 한 글자에 네 가지 보는 문門이 갖춰져 있고, 나머지 꺾임과 글자들도 또한 그러하다는 것을 알아야 한다. 만약 중생의 문을 택하면 중생해인衆生海印이 아닌 것이 없으므로 모두 다 중생해인이다. 만약 부처의 문을 택하면 불해인佛海印이 아닌 것이 없으므로 모두 다 불해인이다. 그러므로 중생의 마음속에 있는 부처가 부처의 마음속에 있는 중생을 교화하며 부처의 마음속에 있는 중생이 자기 마음속에 있는 부처의 설법과 교화를 받는다. 만약 기세간을 택하면 기계해인器界海印이 아닌 것이 없으므로 티끌 티끌마다 부처님 세계가 넓게 펼쳐져 있고 부처님들이 편안히 머무르신다.[72]

문 | 만일 그렇다면 중생해인이라고 말할 수도 있을 텐데 어찌해서 석가불해인釋迦佛海印이라고 말하는가?

답 | 사실대로 말한다면 그렇지만 허망함이 사라지고 마음이 맑게 된다는 뜻에서 이야기했기 때문이다. 『망진환원관妄盡還源觀』[73]에서 "해인삼라상주용海印森羅常住用[74]에서 '해인'이라는 것은 진여로서 본래 깨달은 상태에 있는 것이다. 허망함이 사라지고 마음이 맑게 되어 모든 모습이 가지런히 드러나는 것이 큰 바다가 바람 때문에 물결이 일어나다가 바람이

72 이 대답의 내용은 『법계도기총수록』에 수록된 「대기大記」의 내용과 비슷하다(T45, 730bc).

73 『망진환원관妄盡還源觀』: 당대唐代 법장法藏 찬撰. 전체 제목은 『수화엄오지망진환원관修華嚴奧旨妄盡還源觀』이다. 본서는 6문門으로 나누어져 있는데, 앞의 3문에서는 원돈圓頓의 묘해妙解를 설하고 있고, 뒤의 3문에서는 관법觀法을 밝히고 있다. 주요한 내용은 화엄의 관법을 닦아 일심의 본원으로 돌아가는 것이다.

74 해인삼라상주용海印森羅常住用 : 『망진환원관』에서 이야기하는 진여의 두 가지 작용(二用) 중의 첫 번째. 다른 하나의 작용은 법계원명자재용法界圓明自在用이다(T45, 637a 참조).

그치면 바닷물이 맑고 깨끗해져 드러나지 않는 모습이 없는 것과 같다. 『기신론』에서 '한량없는 공덕의 창고(无量功德藏), 법성 진여의 바다(法性眞如海)'[75]라고 하였다. 그러므로 해인삼매라고 이름한다."[76]고 하였으므로, 허망함이 사라지고 마음이 맑게 된다는 뜻에서 불해인佛海印이라고 하였다. 모든 마음이 있는 존재는 다 같이 부처의 지혜를 품고 있다. 다만 허망하고 전도된 생각으로 가리워져 자기의 해인삼매가 본래 스스로 원만하고 밝아 부처와 다름이 없다는 것을 알지 못하므로 끊임없이 윤회하면서 쓸데없이 많은 괴로움을 받는 것이다. 부처는 그렇지 않아서 허망한 생각의 바람을 그치고 번뇌의 물결을 맑게 하여 세 가지 세간이 분명하게 드러나게 한다. 비유컨대 사람과 귀신이 같은 강물을 보지만 사람에게는 물로 보이고 귀신에게는 불이 흐르는 것처럼 보이는 것과 같다. 이와 같이 중생과 부처가 다 같이 하나의 법계를 포함하고 마음이 평등하여 차별이 없지만 중생은 허망한 생각에 얽매여 자신의 법계를 알지 못하니 단지 고통이라는 것만 보고, 부처는 허망한 구별하는 마음을 그치고 세 가지 세간이 해인海印으로 드러난 것이 바로 자기라는 것을 본다. (중생해인이 아니라 불해인을 이야기한 것은) 이런 까닭이다.

(2) 도인의 반시槃詩 내용에 대한 해설

(『법계도』의 반시의) 내용 중에서 처음은 증분證分 네 구절[77]인데,[78] 서로 번

---

75 한량없는 공덕의 창고, 법성 진여의 바다 : 『대승기신론』 서두 귀경게歸敬偈 중에 나오는 말이다(T32, 575b).

76 『망진환원관』(T45, 637b).

77 증분證分 네 구절 : 「법계도인」 처음의 "法性圓融無二相 諸法不動本來寂 無名無相絶一切 證智所知非餘境"을 가리킨다.

78 이 책에서의 「법계도인」의 단락 구분은 의상의 『화엄일승법계도』의 단락 구분을 그대로 따른 것이다.

갈아 가면서 의심을 없애고 있다. 즉 '법성은 어떤 모습을 하고 있는가' 라는 의심이 일어날 수 있다. 그래서 원융하여 두 가지 모습이 없다고 하였다. 그렇다면 '거북이의 털이나 토기의 뿔과 같은가'라는 의심이 일어날 수 있다. 그래서 모든 존재는 움직이지 않고 본래 고요하다고 하였다. '왜 모든 존재가 본래 고요하다고 하는가'라는 의심이 일어날 수 있다. 그래서 이름이 없고 모습이 없어 모든 것을 끊었다고 하였다. '만약 이름이 없고 모습이 없어서 모든 것을 끊었으므로 본래 고요하다고 한다면 어떻게 이러한 경계를 알 수 있는가'라는 의심이 일어날 수 있다. 그래서 깨달음의 지혜가 알 수 있는 경지이고 그 밖의 사람들이 알 수 있는 경지가 아니라고 한다. 이와 같이 이어가면서 의심을 없애고 있다. 또 해석하건대 첫 구절은 두 극단(二邊)을 그치게 하고, 다음 구절은 움직임을 없애고, 그 다음 구절은 이름과 모습을 없애며, 마지막 구절은 깨닫지 못한 것을 없앤다. 처음에 두 극단을 그치게 하는 것은 만약 진眞과 속俗의 두 가지 모습을 고집한다면 법성에서는 끝내 이룰 수가 없다. 이와 같이 법성은 본래 진과 속, 염染과 정淨 등의 모든 상대되는 모습을 떠나 있기 때문이다.

문 | 법성과 진성眞性은 어떻게 다른가?

답 | 『양원화상기良圓和尙記』[79]에서는 "법성은 참됨(眞)과 허망함(妄)에 두루 통하여 원융을 취하고, 진성은 다만 참된 존재에만 해당한다. 왜냐하면 참된 존재는 자유롭게 있으므로 인연에 따라 움직일 수 있지만 허망한 존재는 자유롭게 있지 않으므로 인연에 따라 움직일 수 없다. 그러므로 증분에서는 참됨과 허망함에 두루 통하는 법성을 드러내고 연기분에서는 마음대로 있을 수 있는 진성의 뜻만을 드러낸다. 그렇지만 깨달음의

79 양원화상기良圓和尙記 : 양원良圓은 의상의 제자이므로 『양원화상기良圓和尙記』는 양원이 의상의 강의를 기록한 책이었던 것으로 추정된다.

지혜에 입각하여 사실대로 이야기한다면 차별이 없다."[80]고 한 것을 가히 볼 수 있다.

"진성眞性은 깊고 깊어서(眞性甚深) ……" 이하의 두 구절[81]은 연기의 자체(自體 : 본질)이고 "하나 속에 모든 것이 들어 있고(一中一切) ……" 이하는 연기의 의문(義門 : 구체적인 내용)을 이야기한 것이다.

문 | 『료간料簡』[82]에서 (연기의) 본법本法과 용문用門이라고 한 것과는 어떻게 다른가?

답 | **어떤 사람**은 (『탐현기』의 연기에 대한 설명에서) 세 가지 문門으로 본법을 설명한 후 마지막에 "연기의 본법을 밝히는 것을 마친다."[83]고 하였으므로 (『탐현기』에서 이야기한) 연기의 본법과 (『법계도』에서 이야기한) 연기의 자체는 같은 뜻이라고 한다. 그러므로 본법이 곧 연기의 자체이고, 용문은 연기의 의문이라고 한다. **지금 해석**해 보건대 동체同體와 이체異體의 본법과 용문이 모두 연기의 의문 중에서 논의되고 있으므로 같지 않다.

문 | 중中과 즉卽의 용문은 의문에 해당하는 것이 마땅하지만 본법은 자체에 해당하는 것이 마땅하다. 어째서 그렇지 않은가.

답 | 하나의 연기의 의문에 동체와 이체의 법을 만들어 낸 것은 본법이며, 이렇게 만들어진 동체와 이체에서 중과 즉의 인다라를 논하는 것은 용문이다. 이들은 모두 하나의 연기의 의문에서 두 가지 문으로 나눈

80 여기에 인용된 『양원화상기』의 설명과 비슷한 내용이 『법계도기총수록』에 인용된 「진기眞記」에서도 보이고 있다(H6, 777bc).

81 두 구절: 「법계도인」 중의 "眞性甚深極微妙 不守自性隨緣成"을 가리킨다.

82 『료간料簡』: 법장의 『탐현기』 중의 서론 부분을 가리킨다. 『탐현기』는 教起所由, 藏部所攝, 立教差別, 教所被機, 能詮教體, 所詮宗趣, 釋經題目. 部類傳譯, 義理分齊, 隨文解釋 등 10문으로 구성되어 있는데, 이중 아홉 번째의 義理分齊까지가 서론의 「료간」에 해당한다. 『대료간大料簡』이라고도 한다.

83 『탐현기』(T35, 124b).

것이다.

다음의 두 구절[84]은 다라니의 이치(理)와 작용(用)의 입장에서 존재들의 관계(攝法分齊)를 설명한 것이다. "하나 속에 전체가 있고, 전체 속에 하나가 있다.(一中一切多中一)"는 것은 이치이고, "하나가 곧 전체이고, 전체가 곧 하나이다.(一卽一切多卽一)"라는 것은 작용이다. 중문(中門 : 모든 존재들이 서로를 포함하고 있는 것)은 인과도리문(因果道理門 : 인과의 이치를 설명한 문)이고 즉문(卽門 : 모든 존재들이 곧바로 서로 다른 존재와 일치되는 것)은 덕용자재문(德用自在門 : 인과의 공덕의 작용이 자유롭게 있는 것을 설명하는 문)이기 때문이다. 인과도리문에 입각하면 이치이고, 덕용자재문에 입각하면 작용이다. 왜 그런가 하면 중문은 만드는 주체인 원인(因)의 바깥에 만들어지는 결과(果)가 있으므로 인과도리문이다. 즉문은 인연당체因緣當體가 곧 공空하여, 그대로 원인이면서 결과이므로 만드는 주체인 원인의 바깥에 만들어지는 결과가 없으므로 덕용자재문이다. 옛말(古辭)에는 "중문(상입문)은 법중원문(法中遠門 : 존재들이 멀리 있는 것)이고, 즉문(상즉문)은 법중근문(法中近門 : 존재들이 가까이 있는 것)이며, 주반문(主伴門 : 존재들이 서로 중심적 존재主와 보조적 존재伴가 되는 것)은 법중즉문(法中卽門 : 존재들이 일치하는 것)이다."고 하였다. 이것은 연기의 자체의 존재를 바라보는 방식을 세 가지로 구별한 것이다. 중문은 작용에 대한 것으로서 만드는 것과 만들어지는 것이 다르므로 법중원문이라고 한다. 즉문은 본체에 입각한 것으로서 인과의 당체가 곧 공空이어서 원인과 결과가 다르지 않으므로 법중근문이라고 한다. 주반문은 일어남이 없이 일어나는 별상법계別相法界에서 앞의 것을 중심적 존재(主)로 삼고 뒤의 것을 보조적 존재(伴)로 삼아서 일어남이 없는 자체自體의 자리에서 일치하고 있으므로 법중즉문이라고 한다.

---

84 다음의 두 구절 : 「법계도인」 중의 "一中一切多中一 一卽一切多卽一"을 가리킨다.

다음의 두 구절[85]은 구체적 현상(事)에 의거하여 존재들의 관계(攝法分齊)를 밝히고 있다.

문 | 한 티끌에 시방 세계가 들어 있다는 것 또한 다라니인데 어째서 앞의 두 구절은 다라니라고 해석하고 이 구절은 구체적 현상에 의거하여 존재들의 관계를 구분한 것이라고 하는가.

답 | 지금의 이 구절도 또한 다라니의 뜻이다. 하지만 앞의 구절은 모든 존재들을 다 대상으로 하여 곧바로 다라니를 드러낸 것이고, 이 구절의 경우는 티끌도 구체적 현상이고 시방세계도 구체적 현상이다. 이 두 가지 구체적 현상에 입각하고 있기 때문이다. 이것은 큰 것과 작은 것에 막힘이 없다는 의미이다. 『도신장』에서 "원효 법사는 '작은 것 속의 큰 것이 큰 것을 포함할 수 있고, 큰 것 속의 작은 것이 작은 것 속에 들어갈 수 있다'고 말씀하셨고, 법장은 '작은 것 속의 큰 모습이거나 큰 것 속의 작은 모습이라야 비로소 포함하거나 들어갈 수 있는 것이 아니다. 곧바로 작은 것의 작은 모습이 (큰 것을) 포함할 수 있고, 큰 것의 큰 모습이 (작은 것 속에) 들어갈 수 있다'고 말씀하셨다."고 하였는데, 법장의 뜻은 큰 것과 작은 것이 본래 하나이므로 작은 것은 작다는 성질을 없애지 않고도 큰 것을 포함할 수 있고, 큰 것은 크다는 성질을 없애지 않고도 작은 것 속에 들어갈 수 있다는 것이다.[86] 지엄이 입적하시기 열흘 전에 학도들이 와서 안부를 묻는데, 스님께서 대중들에게 "경전에서 한 티끌에 시방세계가 들어 있다는 것과 한량없이 긴 시간이 한순간과 같다는 글에 대하여 너희들은 어떻게 생각하느냐."고 물으셨다. 여러 사람들이 말하기를 "연기하는 모든 존재는 자성(自性 : 고정된 성질)이 없으므로 작은 것은 작은 것으로 머물러 있지 않고, 큰 것은 큰 것으로 머물러 있지 않으며, 짧은 것은 짧은

---

85 두 구절 : 「법계도인」 중의 "一微塵中含十方 一切塵中亦如是"를 가리킨다.

86 대大·소小의 상즉에 관한 원효와 법장의 견해를 설명하는 비슷한 내용이 『화엄경문의요결문답華嚴經文義要決問答』의 「보법의普法義」에도 보인다(H2, 366b~367a).

것으로 머물러 있지 않고, 긴 것은 긴 것으로 머물러 있지 않기 때문입니다."라고 하며 의견이 분분하였다. 스님께서는 "맞기는 맞지만 아직 설익은 견해이다."라고 하셨다. 대중들이 "어떤 말씀이십니까?"라고 묻자 스님은 "많은 것을 이야기할 필요가 없다. 단지 하나라고 말하면 된다."고 말씀하셨다. 단지 하나라고 말하면 된다는 것은 큰 것과 작은 것이 본래 하나로서 둘이 아니기 때문이다.

문 | 큰 것과 작은 것이 본래 하나라는 것을 어떻게 아는가.

답 | 의상 화상께서 말씀하시기를 "큰 것과 작은 것이 막힘이 없는 것은 꿈에서 보는 것에 비유할 수 있다. 나를 잊어버린 마음이 잠자는 인연을 따라서 전체가 티끌이 되고 전체가 산이 되는 것이지, 일부가 티끌이 되고 전체가 산이 되는 것은 아니다. 꿈을 깬 마음에서는 티끌과 산이 막힘없이 드러난다."고 하셨다. 이 비유를 사물에 대입하면 정해진 것이 없는(無住) 허공을 가리켜서 티끌이라고 하고, 정해진 것이 없는 허공을 가리켜서 시방세계라고 하는 것이다. 하나의 정해진 것이 없는 것일 뿐이므로 티끌은 자신의 작은 자리를 잃지 않으면서 큰 것을 포함할 수 있고 시방세계는 자신의 큰 자리를 잃지 않으면서 작은 것에 들어갈 수 있다. 그러므로 큰 것과 작은 것이 막힘이 없는 것이다.

문 | 『화엄경』 「십주품」에서 "보살은 지극히 큰 것에 작은 모습이 있다는 것을 알고자 하여 처음 발심하였다."고 하였으니 작은 것에 있는 큰 뜻이 큰 것[87]을 포용할 수 있고, 큰 것에 있는 작은 뜻이 작은 것에 들어갈 수 있다고 말할 수 있다. 어찌하여 큰 것과 작은 것이 변하지 않고서 (작은 것이 큰 것을) 포용하고 (큰 것이 작은 것에) 들어갈 수 있다고 하는가.

답 | 큰 뜻일 때에도 작은 모습을 잃지 않고, 작은 뜻일 때에도 큰 모습을 잃지 않기 때문에 지극히 큰 것에 작은 모습이 있다고 이야기한

---

87 큰 것 : 원문에는 "小之大義能容"이라고 하여 목적어가 되는 "큰 것(大)"이 결락되어 있다.

것이지 시방세계가 티끌에 들어가기 때문에 작다고 하고, 티끌이 시방세계를 포용하기 때문에 크다고 한 것이 아니다. 의상 화상께서 "한 티끌에 시방세계가 포함되어 있다는 것은 (티끌과 시방이) 다 같이 정해진 것이 없기 때문이다."고 말씀하셨을 때, 원員[88] 스님이 "티끌은 일정함이 없는 작은 것이고, 시방세계는 일정함이 없는 큰 것입니까?"라고 물었다. 의상께서 "같은 크기이다."라고 말씀하셨다. "그렇다면 어째서 특별히 티끌은 작고 시방세계는 크다고 말하는 것입니까?"라고 묻자 "티끌과 시방세계는 각기 자성이 없고 정해진 바가 없다. 티끌이 작고 시방세계가 크다고 말하는 것은 상황에 따라서 그에 맞게 한 것일 뿐이지 언제나 작기 때문에 작다고 하고 언제나 크기 때문에 크다고 한 것이 아니다. 티끌이 작고 세계가 크다는 것을 모르는 근기의 사람들에게 티끌이 작고 세계가 크다는 것을 알게 하고자 한 것일 뿐이지 늘상 티끌이 작은 자성을 가지고 있고 세계가 큰 자성을 가지고 있는 것은 아니다. 티끌이 크고 시방세계가 작다고도 이야기할 수 있다. 도리는 한결같으며 정해진 바가 없는 것이 참된 모습이다."라고 대답하셨다. 만일 큰 것과 작은 것이 동일하게 정해진 바가 없다는 것을 깨달으면 티끌이 크고 시방세계가 작다고 말할 수 있다. 이와 같이 시방세계가 스스로 작은 모습을 갖추고 있고, 티끌이 스스로 큰 모습을 갖추고 있으므로 시방세계가 티끌에 들어가려고 할 때 일부러 작은 모습으로 바꾸고 티끌이 시방세계를 포용하려고 할 때 일부러 큰 모습으로 바뀌는 것이 아니라 곧바로 작은 것이 작은 모습을 바꾸지 않고서 큰 것을 포용할 수 있고, 큰 것이 큰 모습을 줄이지 않고서 작은 것에 들어갈 수 있는 것이다.

88 원員 스님 : 내용상 의상 스님의 제자이지만 누구인지 확인되지 않는다. 같은 내용을 기록한 『총수록』에는 "元"으로 되어 있다(T45, 724b).

다음의 네 구절[89]은 시간(世時)에 의거하여 존재들의 관계(攝法分齊)를 드러낸 것이다.

문 | 9세(九世 : 과거 · 현재 · 미래 각각에 다시 과거 · 현재 · 미래를 상정한 아홉 가지의 시간)가 상즉상입하여 10세(十世 : 9세와 9세의 시간들을 아우르는 종합적인 시간을 포함한 열 가지의 시간)가 되었는데 다시 그 10세들이 또 서로 상즉상입하는가.

답 | 그렇다. 「의리장義理章」[90]에서 "이 9세가 서로 상즉상입하여 하나의 종합적인 시간을 이룬다. 종합적인 시간과 개별적인 시간을 합하여 10세가 된다. 이 10세는 서로 다른 것을 갖추고 있으면서도 동시에 드러나서 연기를 이룬다. 그러므로 (상즉)상입할 수 있다."[91]고 하였는데,[92] 앞에서는 9세가 상즉상입하여 10세를 이루는 것을 이야기하고 뒤에서는 그 10세가 다시 상즉상입함을 이야기하였다. 티끌과 시방세계, 9세와 10세는 모두 상즉상입의 뜻을 갖추고 있다. 그렇지만 티끌과 시방세계에는 서로 포함하는 (상입의) 뜻이 많고, 9세와 10세에는 상즉의 뜻이 많다. 그러므로 구체적인 현상에 의거하여 상입을 이야기하고 시간에 의거하여 상즉을 이야기하였다.

문 | "그러면서도 서로 뒤섞이지 않고 떨어져 따로 이룬다.(仍不雜亂隔別成)"는 것은 앞의 구체적 현상(事)에 의거한 것과 시간(世時)에 의거한 것 두 가지에 다 해당하는 것인가.

---

89 네 구절 : 「법계도인」의 "無量遠劫卽一念 一念卽是無量劫 九世十世互相卽 仍不雜亂隔別成"을 가리킨다.

90 법장의 『화엄일승교의분제장』 중의 별교일승의 독자적인 이론들에 대하여 설명하고 있는 「의리분제義理分齊」 부분으로, 삼성동이의三性同異義 · 연기인문육의법緣起因門六義法 · 십현연기무애법十玄緣起無礙法 · 육상원융의六相圓融義 등 네 부분으로 구성되어 있다.

91 『화엄일승교의분제장』(T45, 506c). 인용문과 원문에 약간의 글자 차이가 있다.

92 이와 비슷한 내용이 『법계도기총수록』 중의 「대기大記」에도 나오고 있으며, 인용된 『교분기』 문장의 글자도 동일하다(H6, 781c).

답 | 이미 (의상의) 과(科 : 글의 단락 구분)에서 "다음의 네 구절은 시간(世時)에 의거하여 존재들의 관계(攝法分齊)를 드러낸 것"이라고 하였으므로 "9세와 10세가 서로 상즉한다.(九世十世互相卽)"는 것에만 해당한다. 10세가 별개의 존재로서 서로 다른 시간을 이루고 있다는 뜻에서 "떨어져 따로 이룬다.(隔別成)"고 하였다.

다음의 두 구절[93]은 자리(位)에 의거하여서 존재들의 관계(攝法分齊)를 밝힌 것이다. 초발심初發心과 정각正覺, 생사와 열반은 모두 자리이기 때문이다.

문 | "처음 발심할 때에 곧바로 정각을 이룬다."고 하였는데 이때의 정각은 구경과(究竟果 : 궁극적인 성취의 단계)인가.

답 | 그렇다. 도주圖主 등等[94]은 옛사람들의 원인 속에 결과가 있다는 입장(因中說果), 이치에 의거하면 모두 다 평등하다(約理平等)는 해석, 수행자의 경지는 부처의 경지와 같다(同佛境)는 해석 등을 삼승의 입장이라고 배제하시고, 일승의 입장에서 연기의 가르침에는 시작과 끝이 다 갖춰져 있으므로 처음을 얻으면 곧 마지막을 얻고 마지막을 마치면 바로 처음이 시작된다고 하였다. 그러므로 구경과이다.

다음의 두 구절[95]은 앞의 뜻을 총괄하여 논하고 있다.

문 | 앞의 구체적 현상에 입각하여 존재들의 관계를 설명한 것이나 시간과 자리에 입각하여 설명한 것들은 모두 현상(事法)에 해당한다. 어찌해서 지금 "이치(理)와 현상(事)이 구분되지 않아 분별이 없다.(理事冥然無分別)"고 하는가.

---

93 「법계도인」의 "初發心是便正覺 生死涅槃常共和"를 가리킨다.

94 도주圖主 등等 : 아래의 설명과 비슷한 내용이 『탐현기』에 있는 것으로 보아(T35, 206b), 등等은 『탐현기』의 저자 법장 스님을 가리키는 것으로 생각된다.

95 두 구절 : 「법계도인」의 "理事冥然無分別 十佛普賢大人境"을 가리킨다.

답 | 티끌과 시방세계, 한순간과 겁劫 등은 모두 현상(事法)이다. 그런데 상즉상입하여 막힘이 없다는 것은 이치와 다르지 않기 때문이다. 만약 이치에만 입각한다면 완전히 같은 것(一味)이어서 상즉과 상입이라는 것이 없다. 또 만약 현상에만 입각하면 서로 막혀서 상즉과 상입을 할 수 없다. 요컨대 이치와 현상이 구분되지 않아 다름이 없어야 비로소 막힘이 없는 것이다. 내증은 오직 10불十佛의 경지이고 다른 어떤 사람들의 경지가 아니다. 연기분 또한 10불十佛의 경지이므로 "10불과 보현보살 같은 성인의 경지(十佛普賢大人境)"라고 하였다.

능인能人에 대하여[96] **어떤 사람**은 석가모니를 중국말로는 능인能仁이라고 하는데, 여기에서 능인能人이라고 한 것은 글을 쓰는 사람이 잘못 적은 것이라고 하였다. **어떤 사람**은 능히 교화하는 사람의 의미라고 하였다. **지금 해석**해 보건대 석가모니는 능히 교화하는 사람이다. 그래서 『법계도』의 아랫부분에서 "석가여래의 가르침의 내용인 3종의 세간이 해인삼매로부터 전부 나와 드러나는 것을 표현하기 위하여"라고 하였다. 따라서 두 가지 해석이 모두 옳다. 여의如意는 곧 일음교(一音教 : 모든 중생들에게 똑같이 전한 가르침)이다. 비유컨대 큰 바다에 여의주가 있어서 만물을 윤택하게 하고 여러 가지 보배 비를 내려 일체 중생을 이롭게 하는 것처럼, 석가모니의 해인삼매의 일음一音의 여의如意한 가르침도 또한 이와 같이 중생을 이롭게 한다.

본제本際라는 것은[97] 법성의 자리이다. "망상을 쉬지 못한다.(叵息妄想)"

---

96 여기서부터는 「법계도인」의 "能人海印三昧中 繁出如意不思議 雨寶益生滿虛空 衆生隨器得利益"에 대하여 설명하고 있다. 『화엄일승법계도』에서는 이 부분을 '이타행利他行'의 내용이라고 하였다.

97 여기서부터는 「법계도인」의 "是故行者還本際 叵息妄想必不得 無緣善巧捉如意 歸家隨分

는 것에 대하여 **어떤 사람**은 망상을 멈추지 말라는 뜻으로 만약 망상을 멈추면 반드시 본제에 돌아갈 수 없다고 하였다. 이것은 본유(本有 : 진여가 중생들에게 본래 갖추어져 있다는 입장)에 의거한 해석이다. 『소疏』[98]에서 "망상을 자르지 않고서 세속 바깥으로 높이 날고, 정신을 단련하지 않아도 완전하고 밝게 부처와 같이 깨달았다."[99]고 한 것은 이런 입장이다. **어떤 사람**은 만약 망상을 멈추지 않으면 반드시 깨달음을 이룰 수 없다는 뜻이라고 한다. **지금 해석**해 보건대 이것은 행자가 번뇌를 다스리며 수행하여 깨달아 가는 뜻이므로 뒤의 입장이 옳다. 그러므로 『법계도』의 아랫부분에서 "분별에서 벗어나서 무분별을 얻으므로 '무연無緣'이라고 한다. ……[100] 부처님 말씀대로 수행하여 부처님의 뜻을 얻게 된다."고 하였다. "좋고 교묘한 방법으로 머무르지 않는다.(善巧不住)"는 것은 세 가지 방편 중의 머무름이 없는 방편이다. "분수에 따라서 쓸 양식을 얻는다.(隨分得資糧)"는 것은 인행(因行 : 깨달음에 이를 수 있는 원인이 되는 수행)이기 때문에 수행한 만큼의 분수에 따라서라고 하였다. 이 인행을 가지고 깨달음에 도달할 수 있기 때문에 양식이라고 하였다. 비유컨대 어떤 사람이 여의주를 얻으면 생활에 필요한 물건들을 모두 자유롭게 얻을 수 있는 것처럼 여러 수행자들도 여의如意한 가르침을 얻으면 깨달음의 양식을 이미 갖추게 되어 깨달음의 경지(果處)에 이를 때까지 모든 것이 자유롭다. 또한 인연분별이 없는 좋고 교묘한 가르침(無緣善巧)은 머무르지 않는 도리(不住道)이고, 여의한 가르침을 잡는 것은 가르침의 도리(敎道)이며, 집으로 돌

得資糧 以陀羅尼無盡寶 莊嚴法界實寶殿 窮坐實際中道床 舊來不動名爲佛"에 대하여 설명하고 있다. 『화엄일승법계도』에서는 이 부분을 '수행자의 (수행하는) 방편과 (수행으로 얻게 되는) 이익'에 관한 내용이라고 하였다.

98 소疏 : 『화엄경』의 소疏로서 여기에서는 『수현기』를 가리킨다.

99 『수현기』(T35, 13c).

100 『화엄일승법계도』에 있는 "이치를 따르면서 고집하지 않으므로 좋고 교묘한 방편이라고 이름한다.(順理不住 故名善巧)"라는 내용이 생략되어 있다.

아가 분수에 따라 양식을 얻는 것(歸家隨分得資糧)은 보조적인 도리(助道)이다. 즉 분별이 없고 머무르지 않는 이치를 얻어서 생사와 열반의 두 극단에 머무르지 않으므로 머무르지 않는 도리라고 하며, 일음의 가르침을 얻었으므로 가르침의 도리라고 한다. 양식은 깨달음의 영역을 돕는 것이므로 보조적인 도리라고 한다. "다라니의 다함이 없는 보배로써(以陀羅尼無盡寶)" 등은 인행(因)의 단계에서 깨달음의 영역을 닦는 양식을 가지고서 능히 깨달음의 경지(果)에 이르는 가운데 이 다함이 없는 만족스러운 보배를 얻어 법계의 참된 보배 전각을 아름답게 꾸민다는 것이다. 궁좌窮坐를 **어떤 사람**은 안좌安坐라고 하지만 궁좌가 옳다. 법계에 상응하여[101] 모든 시간과 공간[102]에 앉아 있기 때문이다.

(3) 반시를 읽는 방법에 대한 해설

문 | 시를 읽는 방법은 어째서 오른쪽으로 회전하는가?

답 | 오른쪽이 바른 도리와 일치하기 때문이다. 『대경』(『화엄경』)에서 "선재 동자가 묘월(妙月) 장자에게 '성자께서는 반야바라밀의 말씀을 듣고서 깨달음을 나투셨습니까?'라고 묻자 '그렇지 않다. 왜냐하면 반야바라밀은 일체 존재의 진실한 본질을 보아야 깨달음을 나투기 때문이다'고 대답하였다. 선재가 '어찌 들어서 생긴 지혜와 사유해서 생긴 지혜의 성품을 통하지 않고(단지) 진여를 보고 스스로 깨달을 수 있습니까?'라고 묻자 장자가 대답하였다. '그렇지 않다. 만일 듣거나 생각하여서 스스로 깨달음을 얻는다고 한다면 그러한 일은 없다. 선남자여, 내가 이것에 대하여

---

101 법계에 상응하여 : 『법계도기총수록』에 인용된 「법기」에서도 "窮坐者 十世相應 應稱法界故也"라고 하였다(H6, 789c).

102 모든 시간과 공간 : 원문은 궁극窮極으로, 궁窮은 모든 시간, 극極은 모든 공간을 의미한다.

비유를 들어 이야기할 테니 그대는 자세히 들어 보라. 샘과 우물이 없는 큰 사막에서 봄과 여름의 뜨거운 때에 어떤 사람이 서쪽에서 동쪽을 향하여 가는데 동쪽에서 오는 젊은 남자를 만나자 곧바로 〈내가 지금 덥고 목마른데 어느 곳에 물과 시원한 나무 그늘이 있습니까. 나는 그곳에서 마시고 씻고 쉬면서 더위와 갈증을 없애고 싶습니다〉라고 물었다. 그 젊은 남자는 잘 알고 잘 이야기하는 사람이었으므로 〈이곳에서 동쪽으로 가면 하나는 왼쪽 하나는 오른쪽으로 가는 두 갈래 길이 나옵니다. 마땅히 오른쪽 길을 따라 열심히 가면 반드시 천정소(泉井所 : 샘과 우물이 있는 곳의 이름)와 비청음(庇淸陰 : 시원한 그늘이 있는 곳의 이름)에 이를 것입니다〉라고 대답하였다. 선남자여, 그대는 어떻게 생각하는가. 그 덥고 목마른 사람이 비록 이와 같이 샘과 나무가 있는 곳의 이름을 듣고서 그곳으로 가려고 생각하였다고 하여서 더위와 목마름을 없애고 시원함을 얻을 수 있겠는가 없겠는가?' 선재가 '그럴 수 없습니다. 왜 그런가 하면 가르쳐 준 길을 따라 그 샘과 연못에 이르러 목욕하고 물을 마셔야만 비로소 더위와 목마름을 없애고 시원함을 얻을 수 있기 때문입니다'라고 대답하였다. '선남자여, 보살도 또한 그러하다. 다만 듣고 사유하여 아는 지혜만으로는 모든 법문法門을 깨달을 수 없다. 선남자여, 사막은 생사를 가리킨 것이고, 서쪽에서 온 사람은 여러 중생들을 가리킨다. 더위는 많은 번뇌이며, 목마름은 탐욕과 애착이다. 동쪽에서 온 길을 아는 대장부는 곧 일체법을 아는 지혜(一切智)에 머무르시면서 존재의 참된 본성과 평등하고 참된 뜻을 얻은 부처님과 보살이다. 시원한 물을 얻어 더위와 갈증이 없게 되는 것은 곧 스스로 진실을 깨닫는 것이다.'"[103]라고 하였는데, 왼쪽과 오른쪽 길을 경전에서는 비록 대응시키지 않았지만 왼쪽은 잘못된 길로서 생사를 향하고 오른쪽이 바른 길로서 이것이 여러 부처님과 보살들이 가리키는

103 40권본『화엄경』(T10, 806bc). 이 내용은 40권본『화엄경』에만 나온다.

길이다. 그러므로 지금 이 글에서는 오른쪽으로 회전하면서 읽는다. 불상과 탑을 돌 때에도 모두 오른쪽으로 도는 것은 이런 뜻이 있어서이다.

2)「법계도인」을 설명한 부분에 대한 해설

(「정종분」 중의「법계도인」을) 해석한 내용 중 앞부분은 곧바로 해석한 것이고, 뒤의 "총장원년摠章元年 ……" 이하는 여러 가지의 문답이다. 앞부분은 둘로 구성되어 있는데, 앞에서는「법계도인」의 내용에 대하여 해석하였고, 뒤의 "일승법계도 ……" 이하에서는『법계도』의 이름과 의거하는 경론을 드러내었다. 앞의「법계도인」의 내용에 대한 해석에 있어서는 앞부분에서 먼저 총석인의摠釋印意와 별해인상別解印相의 단락을 나누고, 뒤의 "어찌하여(問何故) ……" 이하에서 (내용에 따라) 나누어 해석하고 있다. 앞의 총석인의摠釋印意에서 질문의 뜻은「법계도인」에 의지하지 않아도 또한 글을 지을 수 있는데 어찌하여 반드시「법계도인」에 의지하여 글을 지었는가 하는 것이다. 대답은 먼저 질문에 대한 대답을 하였고, 다음의 "삼종세간三種世間 ……" 이하는 나머지에 대해서 논하지 않음을 드러냈으며, 뒤의 "보다 많은 뜻은(廣義) ……" 이하는 보다 많은 내용을 이야기하는『화엄경』에 미룬다는 것이다.

(1) '총석인의摠釋印意'에 대한 해설

총석인의(摠釋印意 :「법계도인」을 만든 뜻을 종합적으로 해석함)에 대한 해설

붉은 줄과 글씨, 그리고 종이가 3세간을 상징하는 것에 대하여 말한다.

문 | 어찌하여 붉은 인이 부처님(正覺)을 상징하고, 글씨가 중생을 상징하며, (종이가 기세간을 상징한다고) 하는가?

답 | 부처님께서는 번뇌의 어둠이 사라지고 지혜의 광명으로 중생들의 생사의 깊은 밤을 두루 비추시니 마치 밝은 태양이 어두운 거리를 두루 비추시는 것과 같으므로 붉은 인으로 비유하였다. 중생은 업에 의한 번뇌와 무명으로 덮여 있어서 깨닫는 바가 없으므로 검은 글씨로 비유하였다. 기세간은 전혀 분별함이 없어서 번뇌에 물든 업을 가진 중생이 머물면 번뇌에 물든 세계가 되고 여러 불보살들과 같은 깨끗한 업을 지닌 분들이 머물면 깨끗한 세계가 된다. 마치 하얀색이 모든 색의 근본으로서 어떤 색이든지 그에 따라 물드는 것과 같으므로 하얀 종이로 비유하였다.

문 | 지금 여기에서 말한 해인과 「오교장」의 "지금 석가모니 부처님의 해인삼매의 일승의 가르침의 뜻을 나누어 해석하여 간략하게 10문을 만든다."[104], 『대료간大料簡』의 "아홉 번째로 해인병현문海印炳現門[105]이 있는데 여기에 또 두 가지 뜻이 있다. 첫째는 과위果位에 의거한 것으로 앞에서 이야기한 다양하고 다함이 없는 가르침의 법들이 모두 여래의 해인정에서 동시에 밝고 온전하게 드러난다는 것이다."[106], 「오교장」 '소의이所依異'[107]의 "이 일승의 가르침이 일어난 것은 부처님의 해인삼매에 의거한 것으로서 삼승의 가르침들이 부처님의 후득지後得智에 의거한 것과 같지 않다."[108], 또 (같은 「오교장」의) '칭법본교稱法本敎'에서 "별교일승은 곧 부처님이 처음 성도하시고 나서 2·7일 동안에 보리수 아래에서 마치 태양이 처음 솟아남에 먼저 높은 산을 비추는 것처럼 해인정에서 동시에 말씀하

---

104 「오교장」의 가장 첫 부분의 내용이다(T45, 477a).

105 해인병현문海印炳現門 : 『탐현기』의 다섯 번째 부분인 「능전교체能詮敎體」의 10문 중 9번째 문이다.

106 『탐현기』(T35, 119c).

107 소의이所依異 : 『화엄일승교의분제장』의 여덟 번째 단락으로 일승과 삼승의 형식상의 차이를 이야기하는 「시설이상施設異相」 중 일승과 삼승의 가르침이 의거하는 바의 차이를 이야기하는 부분을 가리킨다.

108 「오교장」(T45, 484a).

신 무수히 많은 법문[109]으로서 주主와 반伴이 모두 갖추어졌고 두루 통하여 자유롭다."[110], 「융회장融會章」의 "일승의 동교와 별교의 뜻은 해인정에 의거하여 일어난 것으로서 부처님의 보안普眼이 아는 바이지만, 삼승의 가르침의 뜻은 부처님의 후득법주지後得法住智에 의거하여 말씀하신 것으로서 문사수聞思修와 전생의 업보로 좋은 의식을 갖게 된 사람들과 내증범행승지內證梵行勝智[111] 및 진실지眞實智를 갖춘 사람들이 아는 바이다."[112] 등에서 이야기하는 해인과는 어떻게 다른가?

답 | **어떤 사람**은 이 글(『법계도』)과 「오교장」 첫 부분의 해인, 그리고 『대료간』의 과위果位에 의거한 해인 등은 모두 다 5교의 법 모두가 해인에 의거하여 생겨났다는 것을 드러낸 것이고, (「오교장」의) '소의이'와 '칭법본교' 그리고 「융회장」 등은 오직 화엄경만이 해인에 의거하여 생겨났다고 한다. 즉 지금 이 글에서 "석가여래의 가르침(釋迦如來敎網)"이라고 한 것은 5교의 가르침(五敎敎網)이므로 5교 모두를 포괄하고, 「오교장」에서 "지금 석가모니 부처님의 해인삼매의 일승의 가르침의 뜻을 나누어 해석하여 간략하게 10문을 만든다."고 한 10문에도 5교가 모두 포괄되며, 『료간』에서 과위의 해인에 의거하여 "앞에서 이야기한 다양하고 무한히 많은 가르침의 법들이 모두 여래의 해인정에서 드러난다."고 한 것도 그 앞에 나오는 언전변체문言詮辨體門부터 제망중중문帝網重重門[113]까지를 모두 가리켜

109 무수히 많은 법문 : 원문은 "十十法門"이다. 화엄교학에서 "十"은 원만한 수, 곧 모든 수를 의미하는 것으로서 "十十"은 다함이 없는 수를 의미한다.

110 「오교장」(T45, 482b).

111 내증범행승지內證梵行勝智 : 본문에는 內證雙行勝智로 되어 있지만 「融會章」(=『공목장』「融會三乘決顯明一乘之妙趣」) 원문에는 內證梵行勝智로 되어 있다.

112 『공목장』(T45, 586b).

113 언전변체문言詮辨體門부터 제망중중문帝網重重門까지 : 『탐현기』의 다섯 번째 부분인 「능전교체能詮敎體」는 언전변체문言詮辨體門·통섭소전문通攝所詮門·변해제법문遍該諸法門·연기유심문緣起唯心門·회연입실문會緣入實門·이사무애문理事無礙門·사융상섭문事融相攝門·제망중중문帝網重重門·해인병현문海印炳現門·주반원비문主伴

'무차별무진교법'이라고 하였으므로 5교를 모두 포괄한다는 것이고, 나머지 셋은 오직 『화엄경』만이 해인의 뜻에 의거해서 나타났다는 것이다. **지금 해석**해 보건대 여러 글들의 해인은 모두 오직 『화엄경』만이 해인정에 들어 있을 때의 말씀이고 나머지 삼승의 가르침들은 모두 해인정에서 벗어난 이후의 말씀임을 밝힌 것이다.

문 | 『법계도』에서 "석가여래의 가르침의 그물에 포함된다.(釋迦如來教網所攝)"고 하였으므로 5교를 모두 포괄하는 그물인데 어째서 오직 『화엄경』의 가르침만이 해인정에 들어 있을 때의 말씀이라는 의미라고 하는가?

답 | 가르침의 그물에 포함되는 삼종세간이 해인삼매로부터 나타나는 것이니, 이 『화엄경』이 가르침의 그물이 되기 때문에 어긋남이 없다.

문 | 『법계도』의 아랫부분에서 굴곡이 있는 삼승을 아울러 밝히고 있는 것은 어째서인가.

답 | 해인정에 들어 있을 때에 말씀하신 것은 오직 이 『화엄경』뿐이고, 근기에 따라서 다양하게 말씀하실 때의 가르침이 곧 해인정에서 벗어난 이후의 삼승의 가르침이다.

문 | 「오교장」 첫 부분의 내용은 어떻게 회통시킬 수 있는가?

답 | 「오교장」의 10문에서 5교의 내용을 모두 갖추어 이야기하고 있기는 하지만 거기에서 근본으로 삼는 것(所宗)은 별교일승이다. 그러므로 근본으로 삼는 것만이 해인정에 들어 있을 때의 가르침이다. 만약 5교의 법이 모두 해인에서 생겨난 것이라고 한다면 마땅히 "지금 석가모니 부처님의 해인삼매의 **일승과 삼승**의 가르침의 뜻을 나누어 해석하여 간략하게 10문을 만든다."고 했어야 하지만 그렇게 하지 않았다.

문 | 『대료간』의 내용은 어떻게 회통시킬 수 있는가?

圓備門 등 10문으로 구성되어 있다. 따라서 언전변체문言詮辨體門부터 제망중중문帝網重重門까지라는 것은 해인병현문海印炳現門 앞의 내용 전체를 의미한다.

답 | 두 가지로 회통시킬 수 있다. 하나는 (앞에서 이야기한 많은 가르침이라고) 언급한 대상은 삼승의 다양한 많은 가르침 모두를 포괄하는 것이지만 "해인에서 동시에 밝게 드러난다."고 한 것은 오직 『화엄경』만을 가리킨 것이다. 또 하나는 앞에서 이야기한 일승을 가리켜서 "앞에서 이야기한 다양하고 무한히 많은 가르침의 법"이라고 했다는 것이다.

문 | 「법수장法數章」[114]에서 "무수히 많은 법수法數[115]와 나머지 승(餘乘)의 법수들은 모두 일승의 소목所目으로서 곧바로 일승이다. 다 같이 해인정에서 이루어진 것이므로"[116]라고 하여 하4교인 삼승의 법을 『화엄경』의 소목이라고 하였다. 그러므로 소목이라는 것은 하4교의 가르침인데 이를 "소목으로서 다 같이 해인정에서 이루어졌다."고 하였으므로 하4교인 삼승의 가르침도 또한 해인정으로부터 생겨난 것이다. 어째서 단지 『화엄경』의 가르침만을 해인정에 들어 있을 때의 가르침이라고 하는가?

답 | 그렇지 않다. (하4교인 삼승의 가르침은) 소목所目인 동교同敎의 법으로서 해인정에서 이루어진 화엄일승의 법과 비슷하기 때문에 "다 같이(同)"라고 한 것일 뿐이다. 소목인 삼승과 일승의 보법이 모두 해인정에서 이루어졌다고 하는 것이 아니다. 그러므로 (「법수장」의) 글에서 "이것들은 모두 일승의 소목으로서 곧바로 일승"이라고 한 것이다. 『십구장』에서 "보현보살께서 해인정에서 나오시어 생겨남도 없고 이름도 없는 곳(無生無名處)에서 나와서 여러 가지 이름(名)으로 이름(目)을 붙인다. 그러므로 소목所目이라고 부른다."고 한 것들도 모두 하(4교인) 삼승이 해인정에서 벗어난 이후의 소목이라는 뜻을 드러낸 것이다.

문 | "무수히 많은 법수法數와 나머지 승(餘乘)의 법수"라는 것은 무엇인가?

---

114 『법수장法數章』: 『공목장』 권2의 「第五會依其五教明順善法數義」를 가리킨다.

115 법수法數 : 수자數字로 이루어진 법문을 일컫는다.

116 『공목장』(T45, 556c).

답 | 앞에서 인천人天의 (佛身을) 좋아하고 (無常身을) 싫어하는 2문에서부터 돈교 1문에 이르기까지의 여러 다양한 법수들을 밝혔으므로 "무수히 많은 법수"라고 하였다. 또 5승과 무량승 등에 대하여 밝혔으므로 "나머지 승의 법수"라고 하였다. 이러한 삼승의 법수와 승수들은 모두 해인정에 머무를 때의 가르침인 『화엄경』의 소목이므로 "모두 일승의 소목으로서 곧바로 일승"이라고 하였다.

문 | 『대집경大集經』[117]에서 "비유컨대 염부제 일체중생의 몸과 그 밖의 외색(外色 : 境)들, 이와 같은 모습들이 바다에 모두 비치고 있으므로 큰 바다에 비춰진다(印)고 하였다. 보살도 또한 이와 같아서 대해인大海印 삼매를 얻어서 일체중생의 마음과 행동을 보고 일체의 법문에서 모두 혜명惠明을 얻는다. 이것이 보살이 해인삼매를 얻어서 일체중생의 마음과 행동이 나아가는 바를 보는 것이다."라고 한 것은 삼승에서도 또한 해인에 대하여 이야기한 것이다. 무슨 이유로 오직 『화엄경』만이 해인삼매에 머물러 있는 동안에 일어난 것이라고 하는가?

답 | 그런 까닭으로 지엄 화상께서 "해인에 다섯 가지가 있다. 첫 번째는 3무수겁(無數劫 : 아승기겁) 동안 수행한 제석이 법공法空 수미산 꼭대기에 올라가 소지장所知障 아수라와 싸울 때에 3과科[118] 100법法[119]의 모습이 대원경지大圓鏡智의 바다에 비치는 해인이다. 두 번째는 헤아릴 수 없이 많은 겁劫 동안 수행한 제석이 본각本覺 수미산 꼭대기에 올라가 근본무명根本無明 아수라와 싸울 때에 갠지스 강의 모래와 같이 많은 본성의 덕(性德)의 모습이 일심진여一心眞如의 바다에 비치는 해인이다. 세 번째는

117 『대집경大集經』 : 전체 이름은 『대방등대집경大方等大集經』으로 북량北涼 때에 담무참曇無讖 등이 번역하였으며 전체 60권이다. 대승의 공空 사상과 함께 밀교적 내용을 담고 있다.

118 3과科 : 일체의 존재들을 온蘊 · 처處 · 계界로 구분하는 것.

119 100법法 : 유식학에서 일체의 존재를 100가지로 분류하는 것.

한 마음도 일으키지 않는 제석이 일행삼매一行三昧의 수미산 꼭대기에 올라가 망념妄念 아수라와 싸울 때에 형상을 떠나고 형상을 구별하는 것을 떠나서 둘이 없는(不二) 바다에 비치는 해인이다. 네 번째는 두 부처님 세계에 있는 작은 티끌들의 수만큼 많은 겁劫 동안 수행한 제석이 총상摠相의 수미산 꼭대기에 올라가 변계遍計 아수라와 싸울 때에 10종 보법의 모습이 세계의 바다에 비치는 해인이다. 다섯 번째는 10불의 제석이 법성法性 수미산 꼭대기에 올라가 무주실상無住實相 아수라와 싸울 때에 3종 세간의 모습이 국토의 바다에 비치는 해인이다."라고 하였다.

앞의 세 가지는 삼승(의 해인)이고, 뒤의 두 가지는 일승(의 해인)인데, 앞의 삼승의 세 가지 중에서 첫 번째는 대승초교이고, 다음은 대승종교이며, 마지막은 돈교이다. 뒤의 일승의 두 가지 중에서 앞의 것은 외화(外化 : 가르침을 펴는 것)이고 뒤의 것은 내증(內證 : 깨달음의 경지 자체)이다. 이런 까닭으로 삼승에도 해인에 의거하여 일어난다는 뜻이 부분적으로 있다. 그렇지만 전체적으로 이야기하면 오직 이 『화엄경』만이 해인정에 들어 있을 때의 가르침이다. 고인(古人 : 지엄을 가리킴)이 일승에서 나누어 이야기한 두 가지 해인은 모두 『료간』에서의 과해인果海印에 해당하며, 인해인因海印을 구분한 것이 아니다. 만약 구분한다면 "선재 동자의 제석이 해행解行의 수미산 꼭대기에 올라가 백장百障 아수라와 싸울 때에 무수히 많은 법문(無盡法門)의 모습이 정광파리(錠光頗梨 : 유리) 거울의 바다에 비치는 해인"이라고 이야기해야 할 것이고, 그렇게 되면 여섯 가지의 해인이 된다.

문 | 어찌하여 고인古人이 인해인은 이야기하지 않았는가?

답 | 삼승의 '대원경지의 해인', '일심一心의 해인', '일행삼매의 해인' 등이 모두 과문果門에 의거한 것이므로 일승에서도 오직 과果에 의거하여 이야기한 것이다.

문 | 그렇다면 어찌하여 이제 인해인을 더하는 것인가?

답 | 삼승은 비록 인因과 과果를 갖추고 있다고 하지만 모두 합하여도

점漸이 된다. 일승에서는 실제(實際 : 점·돈·원 3교 중의 돈교를 가리킴)의 인因과 궁실(窮實 : 점·돈·원 3교 중의 원교를 가리킴)의 과果를 나누어 논한다. 이와 같이 3교 중에서 일승은 삼승에 비교할 때 돈교의 인因과 원교의 과果를 나누어 하기 때문에 하나로 할 수 없다. 그러므로 삼승과 비교할 때 일승에서 인해인을 더 논하는 것도 잘못된 것은 아니다.

문 | 무엇 때문에 인해인에서 "다함이 없는 법문(無盡法門)"이라고 하고 '3종 세간'이나 '10종 보법'은 이야기하지 않는가?

답 | 바꾸어 이야기해도 된다. 그렇지만 국토의 바다는 가장 깊은 것이므로 가장 간략한 3종 세간을 이야기하였다. 세계의 바다는 그 다음으로 깊기 때문에 그 다음으로 많은 10종 보법을 들었다. 이에 입각해서 인문因門이 가장 얕기 때문에 가장 많은 "다함이 없는 법문"을 이야기하였다.

지금 여기에서 이야기하고 있는 해인은 "석가여래의 해인삼매"라고 하였으므로 과문果門에 해당한다. 그리고 정확하게는 다만 외화外化에 해당하지만 드러내려고 하는 바(所現)인 내증內證이라고 하여도 잘못된 것은 아니다.

문 | 『밀엄경密嚴經』[120]에서 "화엄의 큰 나무와 신통한 승만, 그리고 나머지 경전들이 모두 이 경에서 비롯되었다."고 하는데, 그렇다면 『밀엄경』이 근본이고 『화엄경』은 지엽인가?

답 | 『도신장』에 다음과 같은 내용이 나온다.

> (제자의 질문) : 『밀엄경』에서 "화엄의 10지十地는 모두 이 경에서 비롯되었다."고 하는데, 그렇다면 그 『밀엄경』은 뛰어나고 이 『화엄경』은

---

120 『밀엄경密嚴經』 : 전체 이름은 『대승밀엄경』으로 당나라 때에 일조(日照, 즉 地婆訶羅) 삼장三藏과 불공不空 삼장三藏에 의하여 번역되었다. 모든 존재가 아뢰야식에 의한 것임을 밝히면서, 아뢰야식을 염染·정淨으로 구분하여 각기 8식識과 9식識이라고 이야기하고 있다. 『화엄경』·『승만경』·『능가경』 등의 사상을 계승 발전시킨 경전으로 평가되고 있다.

열등한 것입니까?

(의상의 대답) : 이러한 것은 정해진 것이 아니다. 어떤 곳에서는 뛰어난 것이 열등한 것이 되고, 어떤 곳에서는 열등한 것이 뛰어난 것이 되어 상황 상황에 따라서 일정하지 않다.

그러므로 앞의 내용은 열등한 것을 뛰어나다고 한 것일 뿐이다. 다만 이 『화엄경』의 10지는 저 『밀엄경』의 위지位地에 의거한 것이므로 "화엄의 10지十地는 모두 이 경에서 비롯되었다."고 한 것이다. 그래서 고인古人[121]은 "비유컨대 큰 바다 옆에 하나의 샘이 있어 (그 물이) 바다로 들어오는데 미혹된 사람은 샘이 근본이고 바다가 지엽이라고 잘못 생각한다. 그렇지만 큰 바다가 땅 속으로 흘러서 샘물을 만드는 것이므로 바다가 근본이고 샘이 지엽이다."라고 가르치셨다.

"지혜로 바르게 깨친 사람(智正覺)은 부처와 보살이다."에 대하여 말한다.

문 | 다른 곳에서 오직 부처님만을 지혜로 바르게 깨친 사람이라 하고, 보살은 중생에 포함시키는 것은 어째서인가?

답 | 깨달음에는 부분적 깨달음과 완전한 깨달음 두 가지 뜻이 있다. 보살은 부분적 깨달음으로 아직 완전하지 못하기 때문에 다른 곳에서는 중생에 포함시켰다. 지금 여기에서는 깨달음의 뜻이 같다는 입장에서 "바르게 깨친 사람"에 포함시켰다. 또한 『법계도』의 자리自利 부분에서 "10불과 보현보살 같은 성인의 경지(十佛普賢大人境)"라고 하였고 혹은 "보배의 비를 내려 중생을 이익되게 한다."고 하였다. 화주(化主 : 교화의 중심인물, 부처를 가리킴)와 조화(助化 : 교화를 돕는 사람, 보살을 가리킴)가 갖추어져야 비로소 중생들을 이롭게 할 수 있으므로 부처와 보살이 모두 교화의 주체(能化)

121 고인古人 : 여기에서의 고인은 지엄智儼이나 의상義相을 가리키는 것으로 생각된다.

라고 할 수 있다. 그래서 포함시켰다.

"나머지는 논하지 않는다."는 것에 대하여 말한다.

어떤 사람은 다만 "지혜로 바르게 깨달은 사람은 부처와 보살이다."는 것만 이야기하고 기세간과 중생세간에 대한 해석은 하지 않았으므로 그렇다고 하고, **어떤 사람**은 모든 존재(諸法)에 대하여 전체적으로 논하려면 10문과 10법 등도 있어야 하는데 지금 여기에서는 단지 3세간만을 들고 10문과 10법 등에 대하여는 이야기하지 않았으므로 그렇다고 한다. **지금 해석**해 보건대 뒤의 견해가 맞다. 앞에서 "3종의 세간에 모든 존재가 다 포함된다."고 하고 난 뒤에 이어서 "나머지는 논하지 않는다."고 하였으므로 3종의 세간을 들었을 때에 10문과 10법을 비롯한 다함이 없는 법문들이 빠짐없이 포함되었음을 알 수 있기 때문이다.

"보다 많은 뜻은 『화엄경』에서 이야기한 것과 같다."는 것은 『대경大經』(『화엄경』)에서 3종 세간의 법이 해인정으로부터 드러나는 모습을 자세히 이야기하고 있기 때문에 거기에 미룬 것이다.

(2) '별해인상別解印相'에 대한 해설

별해인상(別解印相 : 「법계도인」의 모습을 나누어 설명함)에 대한 해설

두 번째 별상문에서는 먼저 장문(章門 : 단락)을 이야기하였고, 뒤의 "어찌하여서 ……" 이하에서는 나누어 해석한 것이다. 별상문이라는 것은 앞에서는 인상(印相 : 「법계도인」의 모습)과 자상(字相 : 「법계도인」 중의 글씨의 모습)을 나누지 않고서 전체의 뜻을 해석하였는데 이제는 3문으로 나누어 각각 해석한다는 것이다.

① 도인 전체적 모습(印文相) 설명에 대한 해설

처음의 인문상(印文相 : 「법계도인」의 전체적 모습)을 이야기하는 것에 있어서 앞부분은 곧바로 해석한 것이고, 뒷부분의 "인상印相은 이와 같다."라는 것은 결론짓는 것이다. 앞부분은 4차례의 문답으로 이루어져 있다.

(첫 번째 문답[122] 중에서) "여래의 일음一音을 상징하였다."고 한 것에 대하여 말한다.

문 | 보리류지 삼장과 구마라집 법사는 다 같이 일음교一音敎를 이야기하였다. 두 스님의 뜻이 어떻게 다른가?

답 | 청량 징관의 『화엄경소』에서는 "첫 번째로 일음교를 세웠다. 즉 여래의 일생의 가르침이 일음一音에서 벗어나지 않는다는 것이다. 여기에는 두 스님이 있는데, 첫째는 후위(後魏 : 北魏, 386~534년)의 보리류지 법사로서 '여래의 일음은 동시에 만 가지 이야기를 하니 대승과 소승을 함께 말씀하셨다'고 하였다. 둘째는 요진(姚秦 : 後秦, 385~417년)의 구마라집 법사로서 '부처님의 하나의 원음圓音은 평등하고 둘이 아니어서 사사로움 없이 두루 울려 퍼지지만 중생들은 근기에 따라 듣고 스스로 다르게 이해한다. 부처님의 소리에 본래 대승과 소승이 함께 들어 있는 것이 아니다'고 하였다. …… 위의 두 스님 중 전자는 부처님의 소리에 이미 대승과 소승의 다름이 갖추어져 있었다는 것이고, 후자는 대승과 소승의 차이가 중생들의 근기에 달려 있다는 것이다. 각기 원음에 대한 한 가지 뜻을 얻었지만 모두 부처님의 가르침은 본래 나누어지지 않았다는 뜻이 된다."[123]고 하였고, 『초抄』[124]에서는 "앞의 스님은 '목소리 좋은 천녀(善口天女)는 하나의 소리로 백가지 천가지의 악기와 서로 잘 조화한다'고 하는 것과 같이 부처님 스스로의 소리에 많은 소리가 들어 있다는 것이고, 뒤의 스님은 '물은 본래 하나의 맛이지만 담는 그릇에 따라 달라진다'고 하는 것과 같

122 『법계도』 중의 "何故印文唯有一道 答 表如來一音故 所謂一善巧方便" 부분이다.

123 『화엄경소』(T35, 508ab).

124 『초抄』 : 징관의 『화엄경수소연의초』를 가리킨다.

이 여래는 본래 많은 소리를 가지고 있지 않다는 것이다. 그러므로 각기 (원음에 대한) 한 가지 뜻을 얻었다고 하였다."[125]고 하였다. 이와 같이 차이가 있다. 고인古人은 "구마라집의 일음은 구瞿[126]의 소리와 같이 이해한 것이고, 보리류지의 일음은 생황(笙)의 소리와 같이 이해한 것으로서 서로 다르다."고 하시었다.

문 | 중생의 근기와 수행이 같지 않아서 근기에 따라서 다르게 이해하므로 다양한 가르침이 있게 되지만 그 근본을 따져 보면 오직 여래의 일음원교일 뿐이다. 그러므로 『유마경』에서 "부처님이 일음一音으로 법을 연설하시면 중생들은 부류에 따라서 각기 이해한다."[127]고 한 것은 구마라집이 말한 일음이다. 어째서 「오교장」에서는 이것을 보리류지의 뜻을 설명하는 곳에서 인용하였는가?

답 | 「오교장」에서는 일음을 주장한 여러 스님들을 이야기하는 곳에서 인용한 것으로서 이름은 보리류지를 들었지만 내용은 구마라집의 것이다. 그러므로 잘못된 것이 아니다.

문 | 지금 이 책에서 말하는 일음은 누구의 뜻에 해당하는가?

답 | 두 스님의 견해는 하나만을 취하면 모두 잘못된 것이므로 한 스님의 뜻만을 따르지 않는다. 「원음장圓音章」[128]에서도 다음과 같이 말한다.

(질문) : 이상의 3가지 견해 중 어느 것이 옳고 어느 것이 잘못된 것인가?

125 『화엄경수소연의초』(T36, 41a).

126 구瞿 : 악기의 한 종류로 생각된다. 미상.

127 『유마경』(T14, 538a).

128 「원음장圓音章」: 법장이 찬술한 『삼보장三寶章』 중의 하나인 「원음장圓音章」을 가리킨다. 『삼보장』은 원래의 제목이 『화엄경명법품내입삼보장華嚴經明法品內立三寶章』으로서 「삼보장三寶章」·「유전장流轉章」·「법계연기장法界緣起章」·「원음장圓音章」·「법신장法身章」·「십세장十世章」·「현의장玄義章」 등으로 구성되어 있다.

(대답) : 만약 하나만을 취한다면 세 가지 견해가 모두 잘못이 있게 된다. 왜냐하면 첫 번째 견해는 많은 소리(多音)가 있다는 뜻만 있고 하나의 소리(一音)가 있다는 뜻은 없기 때문이고, 두 번째 견해는 하나의 소리만 있고 많은 소리가 있다는 뜻은 없기 때문이며, 세 번째 견해는 단지 무성無性일 뿐이고 소리의 뜻은 없기 때문이다. 정말로 참된 뜻은 세 가지 견해를 합하여 하나의 원음圓音의 뜻을 만드는 것이다. 왜냐하면 만약 저 많은 소리가 하나의 소리와 일치하지 않는다면 이것은 다만 많은 소리일 뿐 원만한 뜻은 없게 된다. 저 많은 소리가 곧 하나의 소리가 되어 서로 하나가 되어 막힘이 없게 되므로 원음圓音이라고 부른다. 만약 저 하나의 소리가 일체의 소리들과 일치하지 않는다면 이는 다만 하나의 소리일 뿐 하늘의 소리(梵音)는 아니다. 저 하나의 소리가 곧 많은 소리가 되어 서로 통하여 막힘이 없게 되므로 하나의 하늘의 소리(梵音)라고 부른다. 만약 이들 소리들이 무성無性으로서 참된 경지(眞際)와 일치하지 않는다면 이것은 집착하는 것으로서 여래의 소리가 아니다. 저 소리들은 소리 내는 주체를 떠나 있고, 정해진 것이 아니다. 메아리와 같은 것이기 때문에.[129]

지엄, 법장 두 스님과 『법계도』를 지은 의상 스님은 모두 같은 뜻을 가지고 계셨으므로 지금 여기에서도 세 가지 견해를 합하여 하나의 원음이라고 한 것이다. 이처럼 세 가지 견해를 합하여 하나로 할 때에 곧 제5 원교의 뜻에 해당한다.

문 | 세 가지 견해를 합한 것이 지금 여기의 일음의 뜻이라는 것을 어떻게 알 수 있는가?

답 | 「법계도인」의 모습(印相)에 준하여 알 수 있다. 즉 만약 「법계도

129 『삼보장三寶章』(T45, 621a).

인」이 하나의 선으로 이어지지만 빙글빙글 돌아가지 않았다면 단지 하나의 직선일 뿐으로 제대로 된 「법계도인」은 이루지 못하였을 것이다. 그렇지만 「법계도인」은 굽고 꺾여서 하나의 제대로 된 「법계도인」을 이룰 수 있었다. 이것은 저 (「원음장」의) 글에서 "만약 저 하나의 소리가 일체의 소리들과 일치하지 않는다면 이는 다만 하나의 소리일 뿐 하늘의 소리(梵音)는 아니다. 저 하나의 소리가 곧 많은 소리가 되어 서로 통하여 막힘이 없게 되므로 하나의 하늘의 소리(梵音)라고 부른다."는 것에 해당한다. 만약 「법계도인」이 굽히고 꺾이더라도 하나의 선으로 이어지지 않았다면 단지 여러 개의 줄들일 뿐으로 하나의 「법계도인」을 이루지는 못하였을 것이다. 그러나 많은 굽음과 꺾임이 하나의 선이었으므로 하나의 제대로 된 「법계도인」을 이룰 수 있었다. 이것은 저 (「원음장」의) 글에서 "만약 저 많은 소리가 하나의 소리와 일치하지 않는다면 이것은 다만 많은 소리일 뿐 원만한 뜻은 없게 된다. 저 많은 소리가 곧 하나의 소리가 되어 서로 하나가 되어 막힘이 없게 되므로 원음圓音이라고 부른다."고 하는 것에 해당한다. 만약 저 하나의 「법계도인」과 많은 굽힘과 꺾임들이 무성無性으로서 참된 경지와 일치하지 않는다면 단지 제멋대로 그린 것으로서 연기를 바르게 나타낸 것이 아니다. 그렇지만 이 하나의 「법계도인」과 여러 굽힘과 꺾임들은 모두 무성無性이므로 능히 제대로 된 「법계도인」을 이룰 수 있었다. 이것은 저 (「원음장」의) 글에서 "만약 이들 소리들이 무성無性으로서 참된 경지(眞際)와 일치하지 않는다면 이것은 집착하는 것으로서 여래의 소리가 아니다."는 것에 해당한다. 이와 같이 「법계도인」이 한 선으로 이어진 것은 여래의 일음을 상징하고, 「법계도인」이 굽음과 꺾임은 많은 소리를 상징하며, 하나와 많음이 무성無性으로 연기하는 「법계도인」의 모습은 여래의 일원음一圓音을 상징한다. 그러므로 (지금 여기의 일음의 뜻이 세 가지 견해를 합한 것이라는 것을) 알 수 있다.

문 | 「원음장」의 세 가지 견해는 어떤 사람들의 견해인가?

답 | 첫 번째는 보리류지의 견해이고, 두 번째는 구마라집의 견해이며, 세 번째는 드러나지 않았지만(相隱) 다른 곳에 의거하면 용군龍軍[130]과 견혜堅惠[131] 논사의 설이다. 즉 본성교(本性敎 : 부처의 마음속에 있는 가르침)와 영상교(影像敎 : 중생들이 이해한 가르침)를 세울 때에 호법護法[132]과 월장月藏[133] 등은 본성교와 영상교가 모두 있다고 하였고, 금강군金剛軍[134] 보살과 견혜 논사는 영상교만 있다고 하였다.[135] 호법 등은 중생의 마음 바깥에 있는 부처님이 미묘한 모습과 소리 등의 법을 가지고 있는데, 듣는 중생의 선근善根의 증상연의 힘으로 부처의 이타利他 종자를 격발시키는 것을 인因으로 하여 부처의 지혜 위에 (가르침의) 내용과 뜻의 상相이 생겨나는 것이 본성상교本性相敎이고, 이러한 부처의 본성상교의 증상연의 힘으로 듣는 중생의 물들었거나 물들지 않은 선근善根의 종자를 격발시켜서 듣는 중생의 식識에 (가르침의) 내용과 뜻의 상相이 생겨나는 것을 영상상교影像相敎라고 하였다. 견혜 등은 중생심을 떠나 있는 과위果位의 부처님에게는 몸(色身)과 소리(言聲)의 사상事相의 공덕功德 등이 없고 오직 진리 그 자체(如如)와 진리 그 자체의 지혜(如如智)만 있는데, 대비大悲와 대원大願이 증

---

130 용군龍軍 : 인도의 논사. 구체적으로 누구를 가리키는지 명확하지 않지만 이 책의 내용상 견혜와 비슷한 사상적 입장을 취하였던 인물로 추정된다.

131 견혜堅惠 : 인도의 논사. 불멸佛滅 700년 후에 나란타사에서 활약하였으며 『구경일승보성론究竟一乘寶性論』과 『법계무차별론法界無差別論』 등 여래장사상을 선양하는 논서들을 저술하였다.

132 호법護法 : 인도의 유식학 논사. 6세기에 인도의 나란타사에서 활약하였다. 그의 사상은 제자 계현戒賢에게 수학하였던 현장을 통하여 중국에 전해졌으며 후대 중국 법상종의 정통적 사상이 되었다.

133 월장月藏 : 인도의 논사. 구체적으로 누구를 가리키는지 명확하지 않지만 이 책의 내용상 호법과 비슷한 사상적 입장을 취하였던 인물로 추정된다.

134 금강군金剛軍 : 누구를 가리키는지 명확하지 않다. 이 책의 내용으로 볼 때 용군龍軍과 같은 인물을 가리키는 것이 아닌가 생각된다.

135 유식唯識에 대한 이해에 있어서 호법護法 등은 본질(本質 : 인식의 대상이 되는 실제 사물)과 영상(影像 : 우리의 인식에 나타나는 모습)이 모두 있다고 하였고, 용군龍軍과 견혜堅惠 등은 영상만 있다고 주장하였다.

상연이 되어서 교화의 대상인 근기가 익은 중생의 마음속에 부처의 몸이 설법하는 모습을 드러나게 한다. 그러므로 부처님의 가르침은 오직 중생의 마음속의 영상影像일 뿐이라고 한다.[136] 그러므로 견혜의 주장은 세 번째 견해와 일치된다.

문 | 세 가지 견해를 합한 것이 원교에 해당하는 것을 어떻게 알 수 있는가?

답 | (『탐현기』) 『료간』 중의 기감(機感 : 근기에 따라 감응하는 것)에 대한 설명 부분에서 "(부처님이) 몸을 드러내어 설법하는 것에 세 가지 뜻이 있다. 첫째는 과위의 부처님의 모습과 음성의 청정한 공덕을 증상연으로 하여 그것에 감응할 수 있는 근기의 대상에게 응하여서 교화를 이루는 것이다. …… 두 번째는 과위의 부처님에게는 모습과 음성 등의 거친 형상이 없으며 평등한 이치와 지혜의 커다란 발원의 힘으로서 감응할 수 있는 근기에 응하여서 형상과 말로써 드러내는 것이다. …… 세 번째는 위의 두 견해를 회통하여 형상이 있고 없음에 막힘이 없이 법계 전체에 해당하는 것으로서 …… 이것이 바로 이 『화엄경』에서 이야기하는 내용이다."[137]라고 하였는데, 첫 번째 견해는 본성교와 영상교가 모두 있다고 하는 대승초교이고, 두 번째는 오직 영상교만 있고 본성교는 없다고 하는 대승종교와 돈교이며, 세 번째인 앞의 두 가지 견해를 회통한 것이 바로 이 『화엄경』에 해당한다.

문 | "하나의 좋고 교묘한 가르침(一善巧)"이라고 한 것은 5교 전체에 통하는가 아니면 오직 원교만 가리키는가?

답 | **어떤 사람**은 5교 전체에 통한다고 하고, **어떤 사람**은 원교만을 가리킨다고 하며, **어떤 사람**은 (원교의 실제와 궁실 중의) 궁실窮實을 가리킨

136 이상과 같은 호법護法과 견혜堅惠의 견해에 대한 내용은 『탐현기』 「능전교체能詮敎體」 중의 '연기유심문緣起唯心門'에 대한 설명을 인용한 것이다(T45, 118c).

137 『탐현기』(T45, 108b).

다고 한다. 첫 번째 견해는 부처의 일음이 5교로 나누어진다는 것으로, 그렇기 때문에 「오교장」에서 "본本과 말末이 서로 녹아 하나가 되어 오직 하나의 크고 좋고 교묘한 법이 된다."[138]고 하였다고 한다.

문 | 『법계도』의 글에서 이 좋고 교묘한 방편(善巧)를 가리켜서 "좋고 교묘한 가르침은 일정한 틀이 없어서 법계 전체에 두루 미치고 10세世에 모두 응하여 원융하고 만족스럽다.(善巧無方 應稱法界 十世相應 圓融滿足)"고 하였으므로 오직 원교만을 가리키는 것이 옳지 않은가?

답 | 『법계도』의 글에서 "중생의 근기와 욕구가 서로 다름을 따라서(以隨衆生 機欲不同)"라고 한 것은 삼승이지만 "법계 전체에 두루 미친다."고 한 것은 일승이다. 이 일승과 삼승의 좋고 교묘함을 함께 갖추고 있기 때문이다.

세 번째 견해는 중생들의 근기를 따른다고 한 것은 하(4교인) 삼승의 방편인 수상修相에 해당하는 점교漸敎이고, "좋고 교묘한 가르침은 일정한 틀이 없어서 …… 원교의 뜻에 해당한다."고 한 것은 (원교 중의) 실제實際에 해당하는 돈교頓敎인데, (해당 부분은) 점교와 돈교를 모두 갖추고 있으므로 (원교 중의) 궁실窮實에 해당하는 원교圓敎라는 것이다. 「소전장所詮章」[139]에서 "깊고 깊은 연기의 일심一心에 다섯 뜻의 가르침이 갖추어져 있다."[140]고 한 것과 「오교장」에서 "본本과 말末이 서로 녹아 하나가 되어 오직 하나의 크고 좋고 교묘한 법이 된다."고 한 것 등은 모두 궁실을 가리

138 「오교장」(T45, 482a).

139 『화엄일승교의분제장』 중에서 일승과 삼승의 여러 이론적 차이를 설명하는 「명제교소전차별明諸敎所詮差別」 부분으로, 소의심식차별所依心識差別 · 명불종성차별明佛種性差別 · 행위분제차별行位分齊差別 · 수행시분차별修行時分差別 · 수행의신차별修行依身差別 · 단혹분제차별斷惑分齊差別 · 이승회심차별二乘迴心差別 · 불과의상차별佛果義相差別 · 섭화경계차별攝化境界差別 · 불신개합차별佛身開合差別 등의 10문門으로 구성되어 있다.

140 「오교장」(T45, 485b).

킨다고 한다.

지금 해석해 보건대 두 번째 견해가 옳다. 그렇기 때문에 앞의 좋고 교묘한 가르침에 대하여 "좋고 교묘한 가르침은 …… 원교의 뜻에 해당한다."고 이야기한 것이다.

두 번째 문답[141] 중에서 "근기와 욕구가 같지 않다."는 것에 대하여, "하나의 좋고 교묘한 가르침(一善巧)"은 교화를 행하는 주체이고 "근기와 욕구가 같지 않은 것"은 교화를 받는 대상이다. 교화를 받는 대상의 근기와 욕구가 같지 않기 때문에 교화를 행하는 주체도 굽음과 꺾임이 있게 된다. 그래서 삼승에 해당한다.

세 번째 문답[142] 중에서 "법계에 두루 미친다."는 것은 공간적으로 법계 모두에 미치는 것이고, "10세에 모두 응한다.(十世相應)"고 한 것은 시간적으로 영원히 먼 과거와 미래에 다 미친다는 것이며, "원융하여 만족스럽다."는 것은 시간과 공간 모두를 포괄한 것이다. 그러므로 원교에 해당한다.

네 번째 문답[143] 중에서 말한다.

문 | 네 면과 네 모서리가 4섭법四攝法과 4무량심四無量心을 상징한다는 것은 구체적으로 어떤 것인가?

답 | 이것이 4섭법을 상징하고 저것이 4무량심을 상징한다고 정하여 말할 수 없다. 그러므로 네 면이 4섭법과 4무량심의 어느 것을 상징한다

141 『법계도』 중의 "何故多有繁迴屈曲 以隨衆生機欲不同故 即是當三乘教" 부분이다.

142 『법계도』 중의 "何故一道無有始終 顯示善巧無方 應稱法界 十世相應 圓融滿足故 即是義當圓教" 부분이다.

143 『법계도』 중의 "何故有四面四角 彰四攝四無量故 此義 依三乘顯一乘" 부분이다.

고 할 수도 있고, 네 모서리 역시 마찬가지이다.

"삼승에 의하여 일승을 드러낸 것이다."는 것은 앞의 굽고 꺾여진 삼승으로 앞의 원교일승을 드러냈다는 것이다. 4섭법과 4무량심은 일승과 삼승에 모두 해당하기 때문이다.

② 도인의 글자 모습(字相) 설명에 대한 해설

(별해인상 중의) 두 번째 자상字相에 대한 해설[144]은 먼저 앞부분에서 자상字相에 대해 곧바로 해석한 후 뒷부분에서는 질문과 대답으로 의심을 제거하였다. 앞부분 중에서는 먼저 곧바로 해석을 제시하고 뒤의 "글자의 모습은 이와 같다.(字相如是)"는 말로 매듭지었다. 바른 해석 부분은 3차례의 질문과 대답으로 구성되어 있다.

(첫 번째 문답 중에서) "수행의 방편에 의거하여 (인과가 같지 않음을) 드러내었다."고 한 것에 대하여 **어떤 사람**은 삼승을 가리킨다고 이야기하지만, **지금 해석**해 보건대 일승이다. 『법계도』의 아래에서 "그리하여 수행자가 본제本際에 돌아왔다."는 구절을 해석하면서 "수행 방편과 수행으로 얻은 이익"이라고 하고 있기 때문이다. 그러므로 이것은 일승 수행자의 수행의 방편에 의거한 것이다.

(두 번째 문답 중에서) "글자에 굽음과 꺾임이 많다."는 것은 인印의 굽음과 꺾임을 따라 글자도 굽고 꺾였으므로 이렇게 물은 것이다.

"삼승의 근기와 욕구가 (서로 달라 같지 않음을) 드러내었다."는 것에 대하여 말한다.

문 | 어째서 앞에서는 "중생의 근기와 욕구가 같지 않아"라고 하고 여기에서는 곧바로 "삼승의 근기와 욕구"라고 하였는가?

---

144 『법계도』 중의 "問 何故字中有始終耶 答 約修行方便 顯因果不同故 何故字中多屈曲 顯三乘根欲差別不同故 何故始終兩字 安置當中 表因果兩位法性家內真實德用 性在中道故 字相如是" 부분이다.

답 | 앞의 「법계도인」의 모습(印相)은 여래의 좋고 교묘한 가르침이 중생들의 근기를 따라서 굽고 꺾어진 것을 상징한 것이고, 지금 여기의 글자들은 중생을 상징한 것으로서 다시 따를 것이 없기 때문이다.

문 | 글자가 인印을 따라서 네 면과 네 모서리를 만드는데 어찌하여 글자의 모습에 대한 해설에서는 네 면과 네 모서리가 상징하는 것에 대하여 이야기하지 않는가?

답 | 교화를 행하는 주체만이 4섭법과 4무량심을 갖출 뿐 아니라 교화의 대상인 수행자도 또한 그것들을 갖추고 수행하므로 실제로는 글자에도 네 면과 네 모서리가 상징하는 바가 있다. 그렇지만 앞의 「법계도인」의 모습에 대한 설명에서 이미 드러내었으므로 여기에서는 생략한 것이다.

(세 번째 문답 중에서) "처음과 끝의 두 글자를 (어째서 가운데에 두었는가?)"라는 것은 처음 시작하는 글자인 "법法"과 끝나는 글자인 "불佛"이 가운데에 있기 때문에 이와 같이 물어본 것이다.

질문과 대답으로 의심을 제거하는 부분에는 두 차례의 질문과 대답이 있다.

첫 번째 질문과 대답 중의 질문[145]에서 "인因과 과果가 같지 않다."고 한 것은 앞부분인 첫 번째 문답 중의 "인과 과가 같지 않기 때문이다."고 한 것을 반복하여 가리키고, "한집안의 참된 공덕(一家實德)"이라는 것은 앞부분인 세 번째 문답 중의 "인과 과의 두 자리는 법성法性의 집안의 참된 공덕으로서 성품이 중도에 있다.(因果兩位 法性家內 眞實德用 性在中道)"를 반복하여 가리킨 것이다.

문 | "성품이 중도에 있다.(性在中道)"는 것은 내증內證인가 외화外化인가?

145 『법계도』 중의 "問 上云因果不同 一家實德 性在中道 未知所由 其義云何"이다.

답 | **어떤 사람**은 내증이라고 한다. 즉 『법계도』의 아랫부분에서 "만약 이치에 의거한다면 먼 옛날부터 중도로서 하나도 분별하는 것이 없다."고 하는 것이 여기의 "성품이 중도에 있다."는 것과 같기 때문이라는 것이다.

문 | 인과 과는 외화인데 지금 인과가 본래 중도에 있다고 한 것이므로 외화가 되어야 하지 않는가?

답 | 인과 과는 비록 외화이지만 지금 이야기하는 것은 인과 과의 근본(本實)이므로 법성法性 중도의 내증이다.

어떤 사람은 외화라고 한다. 즉 인과 과는 외화인데 외화인 인과 과의 본성이 중도에 있다고 한 것이기 때문이라는 것이다.

지금 해석해 보건대 내증이라고만 할 수도 없고 외화라고만 할 수도 없다. 무주無住의 법에 의거하여 중도가 되는 것이기 때문이다. 이 책에는 중도가 일곱 차례 나오고 있다. 첫 번째는 "인과 과의 두 자리의 성품이 중도에 있다."이고, 두 번째는 일승과 삼승이 떨어진 것도 아니고 일치하지도 않는 중도[146]이며, 세 번째는 「법계도인」 중의 '실제의 중도(實際中道)'로서 "만약 이치에 의거하면 증분證分과 교분敎分의 두 법이 먼 옛날부터 중도로서 하나의 분별도 없다."[147]의 중도이다. 네 번째는 정의正義와 정설正說에 대하여 논하는 곳에서 "그러므로 모든 법은 본래 중도에 있다."고 할 때의 중도이고, 다섯 번째는 "만약 일승의 진실 그대로의 가르침에 의하면 그 이치를 다함이 없고 이치와 현상이 그윽하게 합치되어 하나의 분별도 없으며 본체(體)와 작용(用)이 원융하여 항상 중도에 있다."고 할 때의 중도이고, 여섯 번째 "머무름이 없다(不住)는 뜻은 곧 중도의 뜻이다."

146 『법계도』 중의 "總相者義當圓教 別相者義當三乘教 如總相別相成相壞相等 不即不離 不一不異 常在中道 一乘三乘 亦復如是 主伴相資 不即不離 不一不異" 부분을 가리킨다.

147 『법계도』 중의 "若約情說 證教兩法 常在二邊 若約理 證教兩法 舊來一無分別" 부분을 가리킨다.

라고 하면서 용수의 (『중론中論』의) 게송을 인용하면서 이야기하고 있는 중도[148]이며, 일곱 번째는 "법성法性은 어떠한 모습인가. 분별이 없는 것으로서 모습을 삼는다. 그러므로 모든 법은 늘 언제나 중도에 있으며 분별이 아닌 것도 없고 분별하는 것도 없다."고 하는 중도이다.

첫 번째의 중도는 원인(因)과 결과(果)가 같지 않으면서도 분별이 없기 때문에 성품이 중도에 있다고 한 것이다. 두 번째는 일승과 삼승이 한 몸으로서 둘이 아니라는 중도이다. 세 번째는 증분과 교분의 두 법이 하나도 다르지 않다는 중도이다. 네 번째는 정의正義와 정설正說이 하나나도 다르지 않다는 중도이다. 다섯 번째는 이치와 현상의 두 법이 그윽하게 일치하여 다르지 않다는 중도이다. 여섯 번째의 용수의 『중론』을 인용하여 중도를 증명한 것은 하나와 전체가 둘이 아니고 조금도 다르지 않다는 중도이다. 일곱 번째의 "법성은 어떠한 모습인가. ……"의 중도와 「법계도인」 중의 "실제의 중도"는 일체의 모든 법에 다 통하는 중도를 드러낸 것이다. 그래서 『법계도』의 아랫부분에서 "이러한 뜻이므로 첫 부분의 시에서 '법성은 원융하여 두 가지 모습이 없고 …… 먼 옛날부터 움직임이 없으며 부처라고 이름한다'고 한 뜻이 여기에 있다."고 하였다.

이제 이 책의 이와 같은 중도에 대하여 알게 되었으므로 일체의 법이 중도가 아님이 없다는 것을 알아야 할 것이다. 그러므로 혹은 진여와 세속에 의거하여 중도를 드러내기도 하고, 혹은 깨끗함과 더러움에 의거하여 중도를 드러내기도 하고, 혹은 미혹됨과 깨달음에 의거하여 중도를 드러내기도 한다. 이와 같이 모든 차별 있고 상대되는 법들에 의거하여 중도를 드러내고 있다.

문 | 이 책의 중도는 논의의 대상인 법에 따라 중점을 둘 수 있는가?

---

148 『법계도』 중의 "不住義者 即是中道 道義者 即通生不生 故龍樹云 因緣所生法 我說即是空 亦說為是假名 亦是中道義 即其義也" 부분을 가리킨다.

답 | 중도는 하나이다.

문 | 어떻게 알 수 있는가?

답 | 무주법성無住法性의 중도이다. 이 부처가 있거나 없거나 본성(性)과 모습(相)이 상주常住하는 무주법성에서 10불十佛이 깨달은 것이 내증이고 보현보살이 깨달은 것이 외화이므로, 내증과 외화 어느 하나만이 아니다. 그러므로 『법계도』의 아랫부분에서 중도를 드러내면서 "이러한 뜻이기 때문에 말하는 것과 말하지 않는 것이 전혀 차별이 없고, 생겨나는 것과 생겨나지 않는 것이 전혀 차별이 없으며, 움직임과 움직이지 않음이 전혀 차별이 없다. 모든 차별 있고 상대되는 법들이 이와 마찬가지이다. 그렇기 때문에 경전에서 '유위와 무위의 일체 제법은 부처가 있거나 없거나 본성(性)과 모습(相)이 상주常住하여 변화되고 달라지는 것이 없다'[149]고 한 것이 바로 그 뜻이다."고 하였다.

문 | 그것을 어떻게 알 수 있는가?

답 | 『도신장』에서 다음과 같이 말한다.

일승의 연기법은 구별하는 마음(情)으로 헤아릴 수 있는 것이 아니다. 비록 구별하는 마음으로 헤아릴 수 있는 것이 아니지만 그렇다고 멀리 다른 곳에서 구하는 것도 아니다. 구별하는 마음을 돌이키는 것이 바로 그것이다.

(질문) : 구별하는 마음을 돌이키는 방편은 무엇입니까?

(대답) : 방편은 헤아릴 수 없이 많지만 그 요체는 보는 바가 있는 곳마다 마음에 집착하지 않는 것이 그것이고, 법을 들은 바가 있는 곳마다 들은 것에 집착하지 않으면 곧 그 말미암는 바를 이해할 수 있고, 또 법

149 인용된 내용과 가장 가까운 내용은 『대방등대집경大方等大集經』의 "若佛出世若不出世法住法相法位法界如實際 性相常住無有變異過"(T13, 361a)이다. 『반야경』과 『열반경』 등에도 비슷한 내용이 보인다.

의 진실된 본성(實性)을 알 수 있다.[150] ……

(질문) : 그 진실 그대로의 법이라는 것은 어떤 것인가?

(대답) : 이것은 곧 법의 진실된 본성은 무주無住를 근본으로 한다는 것이다. 무주이므로 반드시 의거해야 하는 법이 없고(無可約之法), 반드시 의거해야 하는 법이 없으므로 분별의 모습이 없다(無分別相). 분별의 모습이 없으므로 마음이 가는 곳이 아니다(非心所行處). 오직 깨달은 사람만이 알 수 있는 경지이고 미처 깨닫지 못한 사람이 알 수 있는 것이 아니다. 이것을 법의 진실된 모습(實相)이라고 한다. 모든 것에 그렇지 아니한 것이 없으니 이곳이 10불十佛과 보현보살의 경계이다.

모든 존재의 진실된 모습이 무주無住의 법성法性이라는 입장에 의거하여 말하자면 10불十佛과 보현보살의 경계는 법성 중도로서 내증만이 아니다. 그래서 『법계도』의 아랫부분에서 다음과 같이 이야기하였다.

원교 일승의 법은 머리에서 다리까지 전체가 하나이니, 아버지와 아이가 같은 해 같은 날에 태어난 것과 같다. 어찌하여서인가? 인연으로 이루어졌기 때문이고, 도리에 의거하여 이야기하기 때문이다.

(질문) : 하나라는 것은 무슨 뜻인가?

(대답) : 하나도 분별이 없다는 뜻이다.

(질문) : 같다는 것은 무슨 뜻인가?

(대답) : 분별에 머물지 않는다는 뜻이다. 분별이 없고 분별에 머물지 않으므로 처음과 끝이 같은 곳이고, 스승과 제자가 머리를 나란히 한다.

분별이 없고 분별에 머물지 않는 것이 바로 중도이다. '머리에서 다리

150 『법계도기총수록』「하지일下之一」에 인용된 부분을 포함하는 내용이 수록되어 있다.

까지 전체가 하나이니, 아버지와 아이가 같은 해 같은 날에 태어난 것과 같다'고 하였으니 어찌 내증만으로써 외화를 포괄하지 않겠는가? 「육상장六相章」[151]에서 "두 번째로 (6상의) 가르침이 일어난 뜻에 대해 이야기한다. 이 가르침은 일승 원교의 법계연기가 다함이 없고 원융하며 (모든 존재들이) 자유롭게 상즉하고 막힘없이 서로 녹아들어 가는 것(鎔融)에서부터 인다라의 무궁한 이치와 현상 등을 드러내기 위하여 일어났다. 이 뜻이 드러나면 …… 보편과 개별이 모두 만족하고 처음과 마지막이 나란하며 처음 발심한 때에 곧바로 정각을 이루게 된다. 이와 같은 법계의 연기로 말미암아서 6상이 서로 녹아들어 가 인과 과가 동시에 일어나고 (존재들의) 상즉이 자유롭게 일어나고 거스름(逆)과 순조로움(順)이 모두 만족한다. 인因은 보현보살이 이해하고 수행하여 깨달음으로 들어가는 것이고 과果는 10불十佛의 경계에 드러나는 무궁함이다."[152]라고 하였는데, "처음과 마지막이 나란하고, 거스름과 순조로움이 모두 만족하고, 서로 녹아들어 가 막힘이 없다는 것"이 무주 연기의 법성이다. 이어서 "인因은 보현보살이 이해하고 수행하여 깨달음으로 들어가는 것이고 과果는 10불十佛의 경계"라고 하였으므로 하나의 무주 법성이 10불에게 있을 때는 내증이라고 하고 보현에게 있을 때에는 외화라고 하는 것을 알 수 있다. 그러므로 어느 한쪽에만 해당되지 않는다.

문 | 그렇다면 "증분과 교분의 법이 먼 옛날부터 중도로서 하나도 분별이 없다."는 것 역시 내증과 외화 모두에 통하는가?

답 | 그렇다. 내증과 외화가 하나도 분별이 없는 것이 곧 중도이고 10불과 보현보살이 함께 깨닫는 바이다. 또한 보현문에서 "인과 과가 같은 때에 이루어지고 서로 포함하고 서로 일치하여 각각의 존재가 모든 존재

151 「육상장六相章」: 『화엄일승교의분제장』 중 「의리분제義理分齊」의 육상원융의六相圓融義 부분을 가리킨다.

152 『화엄일승교의분제장』(T45, 507c).

를 포섭하고 주主와 반伴이 서로를 이루어 준다."고 할 때의 인과 과에서 인은 보현인普賢因이고 과는 사나과舍那果로서 이 과와 인은 서로 포함하고 서로 일치한다. 이 서로 포함하고 서로 일치하는 가르침을 열 번째 근기[153]의 마음에 갖추는 것이 궁실窮實이고, 아홉 번째 근기[154]의 마음에 갖추는 것이 실제實際이다. 이 뜻은 아래에서 드러난다.

(의심을 없애는 부분의 첫 번째 문답 중의) 대답은 두 부분으로 구성되어 있다. 앞부분에서는 어렵다고 이야기하면서 답을 하고 있고, 뒷부분에서는 비슷한 글들을 인용하여 증명하고 있다.

앞부분[155]에서 "실제로 매우 이해하기 어렵다.(其實難解)"고 한 것은 스스로 겸손하게 이야기한 것이다. 만일 자신의 지혜를 가지고 한다면 실제로 매우 이해하기 어렵지만 성인의 가르침에 의하면 이해할 수 있기 때문에 "천친天親 논주에 의하면 ……"이라고 하였다. 뒷부분에서는 먼저 비슷한 글들을 인용하여 증명하였고,[156] 뒤의 "네가 물어본 것(汝所問) ……" 이

---

153 『화엄일승교의분제장』의 「결택전후의決擇前後意」에서 중생을 10가지의 근기로 분류한 중 열 번째의 가장 높은 근기의 사람을 가리킨다. 원문에서는 "十或有衆生 於一乘別教 解行滿足已證入果海者 即見上來諸教 並是無盡性海隨緣所成 更無異事 是故諸教即是圓明無盡果海具德難思 不可說不可說也 此約一乘入證分齊處說"이라고 하였다(T45, 483c).

154 『화엄일승교의분제장』의 「결택전후의決擇前後意」에서 중생을 10가지의 근기로 분류한 중 아홉 번째 근기의 사람을 가리킨다. 원문에서는 "九或有衆生 於此世中具有普賢機者 即見如來從初成道乃至涅槃一切佛法普 於初時第二七日海印定中 自在演說無盡具足主伴無窮因陀羅網微細境界 本末(來?)不見說三乘小乘等法 如華嚴經別教中說者是 此約普賢教分見聞及解行處說"이라고 하였다(T45, 483b).

155 『법계도』 중의 "答 此義其實難解 雖然 依天親論主 以六相方便 立義分齊 准義道理 隨分可解" 부분이다.

156 『법계도』 중의 "若約十句 以辨六相 如下說 今且約印像 以明六相 示一乘三乘主伴相成現法分齊 所謂六相者 總相 別相 同相 異相 成相 壞相 總相者根本印 別相者餘屈曲 別依止印 滿彼印故 同相者印故 所謂曲別而同印故 異相者增相故 所謂第一第二等曲別增安故 成相者略說故 所謂成印故 壞相者廣說故 所謂繁迴屈曲 各各自本來不作故 一切緣生法 無不六相成也 所謂總相者義當圓教 別相者義當三乘教 如總相別相成相壞相等 不即不離 不一

하에서 앞의 물음에 대해 곧바로 대답하였다.

인용하여 증명한 부분 중에서 "만일 10구十句에 의거하여(若約十句) ……"라고 한 것은 뒤에 인용할 『십지경론』의 내용을 가리키고, "지금은 우선(今且)" 이하는 비슷한 글들을 인용하는 중심 부분이며, 뒤의 "일승 별교 ……" 이하는 미혹된 생각을 없애는 것이다. 인용하는 중심 부분은 셋으로 구성되어 있다. 제일 앞은 제목(標)이고 다음의 "이른바 ……" 이하는 그에 대한 해석(釋)이고 마지막의 "주主와 반伴이 ……" 이하는 맺는 부분(結)이다.

제목(標) 중에서 "지금은 우선(今且)"은 위에서 "만약 10구에 의거하여 6상을 설명한다면"이라고 한 것과 상대하여 말한 것이다. 또한 다른 글들에서 혹은 집에 의거하고, 혹은 금사자金師子에 의거하여 6상을 논한 곳과 상대하여 이야기한 것이다.[157] 제목(標) 중에서 "지금은 우선「법계도인」의 모습에 의거하여 6상을 밝혀서(今且約印像 以明六相)"는 설명 방법(能況)이고, "일승과 삼승이 주主와 반伴으로 서로 이루어 주는 존재들의 관계(攝法分齊)[158]를 드러내 보인다."는 설명하고자 하는 내용(所況)이다. 지금 이 부분은 글자의 모습을 설명하는 곳인데 비슷한 내용을 인용하여 증명하는 것이므로 "「법계도인」의 모습에 의거하여 6상을 밝힌다."고 하였다.

문 | "일승과 삼승의 주主와 반伴이 서로 이루어 준다."고 하였는데, 무엇이 일승이고, 무엇이 삼승인가?

답 | 굽힘과 꺾음이 삼승을 상징하고「법계도인」이 온전하게 이어지는 것이 일승을 상징한다. 그러므로 원교일승과 하삼승이라고 하였다.

不異 常在中道 一乘三乘 亦復如是 主伴相資 不即不離 不一不異 雖利益衆生 而唯在中道 主伴相成 顯法如是 一乘別教 三乘別教 准義可解" 부분이다.

157 법장의『탐현기』에서는 집의 비유로서 6상을 설명하고 있고,『금사자장』에서는 금사자를 예로 들어 6상을 설명하고 있다.

158 존재들의 관계(攝法分齊) :『법계도』의 원문에는 "現法分齊"이지만 내용상 "攝法分齊"의 오자로 생각된다.

해석(釋)의 처음부터 "본래 만든 것이 아니기 때문이다.(本來不作故)"까지는 앞의 제목(標) 중의 설명 방법(能況)을 해석한 것이고, "모든 인연으로 생겨난 존재들은(一切緣生法)"부터 "오직 중도에 있다.(唯在中道)"까지는 앞의 제목 중의 설명하고자 하는 내용(所況法)을 해석한 것이다. 앞의 설명 방법을 해석하는 부분은 먼저 6상의 이름을 나열한 후 "총상은 근본이 되는 인이다." 이하에서 「법계도인」에 의거하여 6상을 해석하고 있다.

"총상總相은 근본이 되는 인印이다."라는 것은 축약하여 이야기한 것이다. 만약 「육상장」에서 "총상은 하나에 모든 덕을 포함하고 있기 때문"[159] 이라고 하는 것에 준한다면 여기에서도 마땅히 "총상은 하나에 모든 덕을 포함하고 있기 때문이다. 어찌하여 하나에 모든 덕을 포함하고 있는 것이 총상인가? 근본이 되는 인印이기 때문이다."라고 하여야 할 것이다.

문 | 하나에 모든 덕을 포함하고 있다는 것은 하나하나의 덕이 총체적으로 모든 덕을 포함하는 것(摠摠多德)인가, 아니면 낱개의 덕들을 모아서 개별적으로 모든 덕을 포함하는 것(別別多德)인가?

답 | 어떤 사람은 후자라고 한다. 낱개를 모아서 전체를 이루는 것이므로. 어떤 사람은 전자라고 한다. 하나하나의 덕이 모두 모든 덕을 다 갖추고 있으므로. 그렇지만 두 가지 뜻이 모두 타당하다.

문 | 만약 하나하나의 덕이 총체적으로 모든 덕을 갖추고 있는 것(摠摠多德)이라면 무한으로서 전체(無盡摠)가 되는 것이 아닌가?

답 | 비록 모든 덕을 갖추고는 있지만 하나의 덕의 바깥에 있는 모든 덕이 아니므로 무한으로서의 전체가 되는 것은 아니다.

문 | 포함하는 주체인 하나의 덕과 포함되는 대상인 모든 덕이 서로 다른 것인데 어찌하여 하나의 바깥에 있는 모든 덕이 아니라고 하는가?

답 | 비록 하나의 덕이 모든 덕을 포함하고 있지만 포함하는 주체와

159 『화엄일승교의분제장』(T45, 507c).

포함되는 대상이 서로 다르지 않다. 다만 모든 덕이 융합되어 있는 것을 가리켜서 포함하는 주체라고 하는 것이다. 하나의 덕은 모든 덕의 바깥에 있는 하나의 덕이 아니고, 모든 덕은 하나의 덕의 바깥에 있는 모든 덕이 아니다. 그러므로 무한으로서의 전체가 되는 것이 아니다.

"별상別相은 나머지 굽음과 꺾임들이 ……"는 앞과 마찬가지로 축약된 것으로서 문장을 다 갖춘 것이 아니다. 마땅히 "별상은 모든 덕이 하나가 아니기 때문이다(多德非一故). 어째서 모든 덕이 같지 않은 것이 별상인가? 나머지의 굽음과 꺾임들이 (개별적으로 근본이 되는 인印에 의지하면서 그 근본이 되는 인印을 채우기) 때문이다."라고 이야기하여야 한다.

문 | 「육상장」에서 "모든 덕이 하나가 아닌 것(多德非一)"을 별상이라고 하였는데,[160] 「육상장」의 뒷부분에서는 어째서 "별상은 서까래 등의 여러 부분들이 전체와 다르기 때문이다."라고[161] 하였는가?

답 | 많은 덕이 하나가 아니기 때문에 전체와 다른 것이다. 전체와 다르기 때문에 많은 덕이 하나가 아니다. 그러므로 서로 모순되는 것이 아니다.

문 | "개별적으로 근본이 되는 인印에 의지하면서 그 인印을 채운다."고 한 것에서 본래의 총상總相을 온전하게 다 채우는 것인가 아니면 다 채우지 못하는 것인가?

답 | 두 가지 입장이 있다. 후자는 이것이 별상의 이름을 해석하는 곳에서 이야기하는 내용이므로 온전하게 채우지 못한다고 한다.

문 | 그렇다면 별상들이 채운 총상은 어떻게 볼 수 있는가?

답 | 별상 중에서 볼 수 있다.

지금 해석해 보건대 온전하게 다 채울 수 있다.

160 『화엄일승교의분제장』(T45, 507c).

161 『화엄일승교의분제장』(T45, 508a).

문 | 별상의 이름을 해석하는 중에 나온 것이므로 근본의 총상을 채우지 못하는 것으로 보아야 할 것이다. 어째서 채운다고 하는가?

답 | 총상을 나누어 별상을 이룰 때에 총상의 덕이 스스로 드러난다. 그렇기 때문에 별상을 모아서 총상을 이룰 때에도 또한 온전하게 다 채운다.

문 | 그렇다면 총상 중에 별상의 모습이 있는 것인가?

답 | 없다.

문 | 별상으로써 총상을 다 채운다면 별상의 모습이 있어야 할 것이다. 어째서 없다고 하는가?

답 | 별상이 없는 총상에서 나누어진 별상이므로 그 별상들을 모아서 총상을 채울 때에 별상의 모습이 없는 것이다.

문 | 별상의 이름을 해석하는 곳에서 총상을 온전하게 채운다고 하였으므로 별상 중에서 볼 수 있어야 하는데 어째서 총상에서만 볼 수 있다고 하는가?

답 | 그런 입장이라면 「육상장」에서 "만약 다르면 마땅히 같지 않아야 하지 않는가. 오직 다름으로 말미암아서 같게 되는 것이다."[162]라고 하였는데, 오직 다름으로 말미암아서 같음이 이뤄질 때에 앞의 동상同相의 뜻을 온전하게 이룰 수 없다는 것인가? 동상同相과 이상異相이 서로 상대되는 속에서 다름으로써 같음을 이룰 때에 동상同相을 온전하게 이루는 것이다. 그러므로 총상과 별상이 상대되는 속에서 별상으로 총상을 이룰 때에 본래의 총상을 온전하게 이루는 것이다. 고인古人이 "별상을 가지고 있는 총상(帶別之摠)이 있고, 별상을 가지고 있지 않은 총상(離別之摠)이 있다."고 한 것에 대하여, 어떤 사람은 "별상과 서로 상대되는 총상(對別之摠)이 있다."고 한다. 그런데 총상이라고 한다면 어찌 별상과 서로 상대되지

162 『화엄일승교의분제장』(T45, 508b).

않을 때가 있겠는가. 그러므로 별상을 가지고 있는 총상이 옳다.

문 | 별상을 가지고 있지 않은 총상과 별상을 가지고 있는 총상, 두 총상이 어떻게 다른가?

답 | "총상은 근본이 되는 인印이다."라고 한 것은 별상을 가지고 있지 않은 총상이고, "개별적으로 근본이 되는 인印에 의지하면서 그 근본이 되는 인印을 채운다."고 한 것은 별상을 가지고 있는 총상이다.

문 | 그렇다면 별상을 가지고 있지 않은 것과 별상을 가지고 있는 총상, 두 가지의 총상이 있는 것인가?

답 | **어떤 사람**은 그렇다고 한다. 두 총상이므로 두 가지라고 한다. **어떤 사람**은 단지 "총상은 근본이 되는 인印이다."라고만 하고 별상이 이뤄지는 뜻을 이야기하지 않았으므로 별상을 가지고 있지 않은 총상이라고 하고, "개별적으로 근본이 되는 인印에 의지하면서 그 근본이 되는 인印을 채운다."고 하였으므로 별상을 가지고 있는 총상이라고 한 것으로서 두 가지 뜻이기는 하지만 하나의 총상에 대한 것이므로 두 가지 총상은 아니라고 한다.

"이상異相은 늘어나는 모습(增相)이기 때문이다."는 것은 집을 지을 때에 주춧돌 위에 기둥을 세우고, 기둥 위에 공포를 두는 것과 같이 숫자가 늘어나기 때문이다. 「법계도인」에 대하여 이야기하자면 두 번째 꺾임, 세 번째의 꺾임 등으로 숫자가 늘어나서 「법계도인」을 이루기 때문이다.

"성상成相은 간략하게 이야기한 때문이다."는 100억 개의 사천왕이 다스리는 세상이 합하여 하나의 사바세계를 이루는 것과 같이 54개의 꺾임이 합하여 하나의 「법계도인」을 이룬다는 것이다. 인연이 화합하여 이루어지는 것을 간략하게 말하여 드러낸 것이다.

"괴상壞相은 자세하게 이야기한 때문이다."라는 것은 100억 개의 사천왕이 다스리는 세상들이 하나하나 차별이 있으니 인연이 흩어지고 서로 작용하지 않으면(無作) 하나의 사바세계가 의지하여 존속될 수 없는 것과 같이 54개의 꺾임이 각기 자기 스스로에만 머물러 있다는 것이다. 인因과 연緣이 본래는 서로 작용하지 않았던 것임(不作)을 자세히 설명한 것이다.

(제목(標) 중의) 설명하고자 하는 내용(所況法)을 해석하는 부분에 대하여 말한다.

문 | "모든 인연으로 생겨난 존재는 6상으로 이루어지지 않는 것이 없다."고 하였으니 6상은 삼승에도 통하는 것인가?

답 | **어떤 사람**은 그렇다고 하고, **어떤 사람**은 오직 이 『화엄경』에만 해당한다고 한다. 전자는 이미 "모든 인연으로 생겨난 존재는 6상으로 이루어지지 않는 것이 없다."고 하였다. 「육의장六義章」[163]에서 삼승의 6의六義[164]에 의거하여 6상을 설명하였기 때문이다.

문 | 「육의장」에서 "6의·6상 분제分齊란 무엇인가. 6의는 연기 자체에 의거한 것이고, 6상은 연기의 의문義門에 의거한 것으로, 법체法體로서 의문義門에 들어가면 차별을 이루게 된다. 6의를 가지고 4구四句[165]에 적용하는 것은 시비를 변별하는(顯是去非)[166] 것이므로 삼승을 따르는 것이고, 6상에 적용하는 것은 스스로의 덕을 드러내는 것이므로 일승을 따르는 것

---

163 「육의장六義章」: 법장의 『화엄일승교의분제장』 중의 「의리분제義理分齊」의 연기인문육의법緣起因門六義法 부분을 가리킨다.

164 6의六義 : 화엄교학에서 이야기하는 연기緣起가 이루어질 때에 인因이 갖추고 있는 여섯 가지 속성. 연기인문육의법緣起因門六義法이라고 하며, 空有力不待緣·空有力待緣·空無力待緣·有有力不待緣·有有力待緣·有無力待緣 등이다. 『십지경론』·『섭대승론』·『대승아비달마잡집론』·『성유식론』 등에서 이야기하는 종자種子 6의義에 의거하여 제시된 이론이다.

165 4구四句 : 모든 존재에 대해 제기할 수 있는 네 종류의 판단 형식으로 긍정, 부정, 부분긍정·부분부정, 이중부정이다. 예를 들어 어떤 존재의 유무有無에 대해서는 '有·無·亦有亦無·非有非無'의 사구를 이용하고, 두 가지 사물의 동이同異에 대해서는 '一·異·亦一亦異·非一非異'의 사구를 이용한다.

166 시비를 변별하는(顯是去非) : 『일승법계도원통기』에는 이 부분이 "順去非'로 되어 있지만 내용이 잘 통하지 않는다. 『화엄일승교의분제장』 원문의 "顯是去非'를 따라서 해석하였다.

이다."[167]라고 하였으므로, 비록 삼승의 6의라고 하더라도 6상에 적용하였으면 곧 일승이다. 그러므로 6상은 오직 이 『화엄경』에만 해당하는 것이다. 어찌하여 삼승에도 통한다고 하는가?

답 | "일승을 따른다."고 하는 것은 삼승인 대승종교의 6의를 6상에 적용하면 원교일승을 따르게 되고, 4구에 적용하면 삼승인 대승초교를 따르게 된다는 것이다. 이것은 다만 일승에 따른다고 이야기한 것이지 곧바로 일승이라고 한 것은 아니다. 따르는 주체(能順 : 삼승의 6의를 가리킴)와 따르는 대상(所順 : 일승의 6상을 가리킴)이 서로 다르기 때문이다. 그래서 『오십요문답』[168]의 "팔자인처八字印處[169]"에서 6의에 의거하여 6상을 설명한 후 마지막에 "이 글은 삼승에 있는 것이다. 일승이라야 비로소 구경이다."라고 하였다. 그러므로 삼승에서도 6상을 사용하는 것을 알 수 있다.

지금 해석해 보건대 이 『화엄경』이 삼승과 구별되는 것은 단지 6상과 중(中 : 상입을 의미함)과 즉(卽 : 상즉을 의미함)이 있기 때문이다. 그러므로 6상은 오직 일승에만 있는 것이다.

문 | 그렇다면 어찌하여 삼승의 6의에 의거하여 6상을 이야기하였는가?

답 | 6의는 삼승이지만 만약 6상에 활용하면 곧 (일승) 별교의 6의가 된다. 또 「육의장」 그 글에서 "여섯 번째로 가르침에 의거하여 구별하면, 소승에는 법에 대한 집착이 있으므로 이 6의에 관하여는 이름과 뜻이 모두 없다. 삼승에는 아뢰야식, 여래장, 법무아法無我의 인因 가운데 6의의 이름과 뜻이 있지만 주主와 반伴이 서로 이루어 주는 뜻은 갖추고 있지 못

167 『화엄일승교의분제장』(T45, 503a).

168 『오십요문답五十要問答』: 지엄智儼이 『화엄경』 중의 중요한 내용들을 53개의 문답 형식으로 정리한 책이다.

169 팔자인처八字印處 : 의미를 알 수 없다. 균여의 다른 저술인 『화엄일승교의분제장원통초』에서는 비슷한 내용을 이야기하면서 "本末相成八字印"이라고 한다.

하다. 보현원인(普賢圓因 : 일승을 가리킴)에는 주主와 반伴이 서로 이루어 주는 뜻을 갖추고 연기의 끝이 없어서 비로소 구경이 된다."[170]고 하여 비로소 보현원인의 단계에서 주主와 반伴이 서로 이루어 주는 뜻이 갖추어져서 6의법에서 6상을 쓸 수 있다고 하였다. 그러므로 너의 비판은 맞지 않다. 그래서 "6상에 적용하는 것은 스스로의 덕을 드러내는 것이므로 일승을 따르는 것"이라고 하였다.

문 | 따르는 주체(能順)와 따르는 대상(所順)은 서로 다른데 어떻게 일승을 따른다는 것만으로 이 『화엄경』에만 국한된다고 이야기할 수 있는가?

답 | 일승이기 때문에 일승을 따르고, 삼승이기 때문에 삼승을 따르는 것이지 따르는 주체와 대상의 차이가 있는 것이 아니다. 이 『화엄경』의 140가지 원願은 일승을 따르는 것이고, 『영락경瓔珞經』의 원願은 삼승을 따르는 것이라고 말하는 것[171]과 같은 것이다.

문 | 『오십요문답』의 내용은 어떻게 회통시킬 수 있는가?

답 | 『오십요문답』의 이야기는 앞에서 이 인印[172]의 핵심 주장(所宗)인 "진리 그대로 서로 인과 과가 되는 뜻(如實互爲因果之義)"을 밝히고 나서 이에 의거하여 "이 글은 삼승에 있는 것이다."라고 말한 것일 뿐이다. 그렇지 않다면 삼승의 경전과 논서 어느 곳에 6상을 이야기하고 있는 글이 드러나 있어서 "이 글은 삼승에 있는 것"이라고 이야기하였는가? "모든 인연으로 생겨난 존재는 6상으로 이루어지지 않는 것이 없다."고 한 것은 보법普法의 마음에서 비로소 그렇게 말할 수 있는 것이고 삼승의 마음에서 그와 같이 말할 수 있는 것이 아니다. 그러므로 앞에서 제기한 문제들은 회통되지 않는 것이 없다.

문 | "일승과 삼승은 일치하지도 않고 떨어진 것도 아니므로 6상을

170 『화엄일승교의분제장』(T45, 503a).

171 『수현기』에 나오는 내용이다(T35, 30c).

172 차인此印: 내용상 앞의 (本末相成의) "八字印"을 가리키는 것으로 생각된다.

사용한다."와 "일승별교와 삼승별교는 (6상의) 뜻에 준하여 이해할 수 있다."는 어떻게 다른가?

답 | **어떤 사람**은 앞의 내용은 해섭(該攝 : 모든 가르침을 모두 포괄하는 입장)에 의거한 것이고 뒤의 내용은 분상(分相 : 일승과 삼승을 구별하는 입장)에 의거한 것이라고 한다. **어떤 사람**은 앞의 내용은 수상修相의 동교同敎에 의거하여 6상을 사용한 것이고 뒤의 내용은 서로 배치되는 일승과 삼승 사이에서는 6상을 사용할 수 없다는 것을 드러낸 것이라고 한다. **어떤 사람**은 앞의 내용은 이『화엄경』의 연기분과 삼승에서는 6상을 사용하는 것을 이야기한 것이고 아래의 내용은 내증內證과 소승에서는 6상을 사용할 수 없다는 것을 이야기한 것이라고 한다. **어떤 사람**은 앞의 내용은 소목所目에 의거하여 6상을 사용한 것이고 뒤의 내용은 별교일승에 의거하면 6상을 사용할 수 있지만 삼승에 의거하면 6상을 사용하지 않는 것을 미루어 알 수 있다고 이야기한 것이라고 한다.

지금 해석해 보건대『법계도』의 아랫부분에서 "만약 구별하는 마음(情)에 의거하여 이야기하면 증분證分과 교분敎分의 두 법이 항상 양극단에 있다고 여기는 잘못을 범한다. 만약 이치(理)에 의거하면 증분과 교분의 두 법이 먼 옛날부터 중도로서 하나도 다른 것이 아니다."고 하였으므로, 앞의 내용은 먼 옛날부터의 중도로서 하나도 다르지 않다는 입장에 의거하여 6상을 사용한 것이고, 뒤의 내용은 (증분과 교분이) 항상 양극단에 있다고 생각하는 잘못된 입장에 의거하여 구별하는 마음(情)을 없애고자 한 것이다.『법계도』아랫부분의 내용에 준하여 진眞과 속俗에 대하여 이야기한다면 "만약 구별하는 마음에 의거하면 진과 속의 두 법이 항상 양극단에 있다고 여기는 잘못을 범한다. 만약 이치(理)에 의거하면 (진과 속은) 먼 옛날부터 중도로서 하나도 다르지 않다."고 해야 할 것이다. 그리고 인因과 과果에 대하여 이야기한다면 "만약 구별하는 마음에 의거하면 인과 과의 두 법이 항상 양극단에 있다고 여기는 잘못을 범한다. 만약 이치(理)에 의거하면 (인과 과는) 먼 옛날부터 중도로서 하나도 다르지 않다."고 해야 할 것이다. 이와 같이 모든 차별 있고 서로 반대되는 법들이 중도가 아닌 것이 없다. 그러므로 지금 이 부분에서 앞의 내용은 일승과 삼승이 서로 다르지 않다는 입장에서 6상을 사용한다는 것이고, 뒤의 내용은 구별하는 마음(情見)을 없애는 것이다.

문 | 이미 앞에서 "별상은 뜻이 삼승에 해당한다."고 하였으므로 삼승인 말교末敎까지 포괄하여서 6상을 사용하는 것이다. 어째서 일승에만 있다고 하는가?

답 | 만약 무주無住 연기를 환히 깨달은 마음을 가지고서 이 6상을 적용하지 못할 곳을 찾는다면[173] 법계에서 끝내 찾지 못할 것이다. 그러므로 5승 전체에서 6상을 사용할 수 있다. 만약 6상을 사용하면 곧 일승이 된다. 그러므로 6상은 오직 별교이다. 하물며 변계인遍計人이 알고 있는 금사자에서도 6상을 적용하거늘 삼승에서 적용하지 못하겠는가. 단지 금사자만이 아니라 살아 있는 사자에도 6상을 적용할 수 있다. 하지만 그 살아 있는 사자가 어찌 스스로 자기 몸이 6상 연기에 의하여 생겨난 것임을 알 수 있겠는가? 비록 그 사자가 자기 몸이 6상인 것을 알지 못한다고 하더라도 무주 연기를 환히 깨달은 마음으로 보면 살아 있는 사자가 곧 무주 연기의 존재이다. 이와 같이 삼승 등의 법이 곧 6상이라는 것은 오직 보안普眼의 경지만이 알 수 있는 것이고, 삼승의 경지는 아니다. 그러므로 6상은 오직 일승에만 있다.

문 | 총상은 원교이고 별상은 삼승이라면 나머지 상相들은 어떠한가?

답 | 삼승 각각이 원교를 이루는 힘이 같은 것이 동상同相이고, 삼승들의 부류가 각기 다른 것이 이상異相이고, 삼승 등이 연이 되어 원교를

---

173 찾는다면 : 『법계도원통기』 필사본 원문에는 "我此六相 不入之處"이지만 의미가 통하지 않는다. "我"를 "找"의 오자誤字로 생각하여 해석하였다.

발생시키는 것이 성상成相이며, 삼승이 각기 자기 자리에 있으면서 서로 작용하지 않는 것(不作)이 괴상壞相이다.

문 | 삼승의 법에도 6상을 적용하면 또한 력力과 무력無力, 체體와 무체無體를 논할 수 있는가?

답 | 무주 연기를 환히 깨달은 마음으로 6상을 사용하기 때문에 그렇다.

문 | 지금 이 책에서 5승에 모두 6상을 적용하는 마음과 6도인과와 소승, 삼승 등을 묶어서 보현 22위로 삼는 마음은 어떻게 다른가?

답 | 그 드러내는 바는 하나의 무주 연기의 경지이다. 다만 그 설명하는 내용이 다르다. 즉 22위는 이 『화엄경』 안의 6도 등의 법에 의거하여서 보현위로 제시한 것이다. 지금 여기에서는 원교가 주主, 삼승 등은 반伴인데, 주主는 해인정에 들어 있을 때 말씀하신 것이고 반伴은 해인정에서 벗어난 이후에 말씀하신 것이라고 하여 크게 구분하는 것을 도주圖主가 무주 연기의 마음으로 크게 다른 일승과 삼승에 의거하여 하나도 다르지 않은 무주 연기의 중도를 드러내 보인 것이다. 그러므로 드러내는 바는 비록 하나이지만 설명 내용은 다르다.

문 | (「오교장」에서 일승과 삼승의) 분상分相과 해섭該攝을 이야기하면서 "삼승이 일승을 바라보는 것에는 두 가지가 있다. 다르지 않음(不異)과 같지 않음(不一)이다."[174]고 한 것과 여기에서 "(일승과 삼승은) 상즉하지도 않고 떨어져 있지도 않으며 다르지도 않고 하나이지도 않다."고 한 것은 어떻게 다른가?

답 | (「오교장」의) 분상에서 "일승과 상즉하는 삼승과 삼승과 상즉하는 일승이 하나가 아니다."[175]라고 한 것에서 일승과 상즉하는 삼승은 근기를 따라서 이야기한 삼승으로서 높고 낮음이 있고 앞과 뒤가 있으며, 하

174 『화엄일승교의분제장』(T45, 478b).
175 『화엄일승교의분제장』(T45, 478c).

나의 모습이고 한결같이 고요하다(一相一寂). 삼승과 상즉하는 일승은 법성法性에 의거하여 이야기한 일승으로서 다함이 없는 연기이고 앞과 뒤가 없다. 따라서 이 「오교장」의 내용은 일승과 삼승의 분제分齊의 차이를 나누어 보여 준 것이다. 지금 이 『법계도』에서는 그 나누어진 일승과 삼승에 의거하여 상즉하지 않고 떨어져 있지 않음을 드러낸 것이다. 그러므로 지금 이곳에서 드러낸 바는 무주공無住空을 가리켜서 일승이라고 하고, 무주공無住空을 가리켜서 삼승이라고 한 것으로서 일승과 삼승은 하나의 체體이고 둘이 아닌 무주 연기의 뜻이다. 그러므로 다르다.

문 | 그렇다면 해섭에 해당하는가?

답 | 같은 일승의 마음으로 이야기한 것이지만 설명한 내용은 다르다. 즉 해섭에서는 일승 보법에 빠뜨리는 것 없이 포괄하므로 모든 삼승 등의 가르침이 곧바로 일승이라는 것이다. 지금 이 책에서는 해인정에 들어 있을 때 이야기한 일승과 해인정에서 벗어나서 이야기한 삼승 모두에 의거하여서 무주 일승과 무주 삼승을 드러낸 것으로서 하나의 분별도 없고 오로지 중도에 있다고 하였다. 이와 같이 일승과 삼승이 무주의 일승과 삼승이라는 것을 깨닫게 되면 (대승종교의) 일심과 진여·생멸의 두 문에 의거하여 일심을 총總, 두 문을 별別이라고 할 수도 있고, 대승초교의 본식 아뢰야에 의거하여서 아뢰야를 총總, 아뢰야식에 있는 여러 가지 종자들을 별別이라고 할 수도 있다. 왜냐하면 모든 차별 있고 서로 반대되는 존재들로서 6상으로 이루어지지 않은 것이 없기 때문이다.

문 | 만약 이 뜻을 깨달으면 삼승을 총總이라 하고 나머지를 별別이라 하거나, 소승을 총總이라 하고 나머지를 별別이라고 할 수도 있는가?

답 | 그렇다. 우선 총상과 별상이 서로 드러내는 입장에 의거하면 원교가 총상이고 삼승이 별상이다. 그렇지만 실제에 의거하여 이야기하면 소승과 삼승의 어느 것에 대하여도 이야기할 수 있다. 10지十地를 총상으로 하고 10지 중의 여러 가지 법들을 별상이라고 하는 것도 또한 삼승의

경지에서 서로 드러내는 입장에 의거하여 이야기한 것이다. 만약 상즉하지 않고 떨어져 있는 것도 아니라는 무주 연기를 깨닫게 되면 어느 것에 대하여도 6상을 논할 수 있다. 그러므로 10지에서 10개의 지地가 같지 않지만 오직 초지初地에 있는 것이고, 초지를 이루는 여러 가지들도 서로 같지 않지만 오직 한순간(一念)에 있다. 왜냐하면 3세世와 9세世는 한순간에 상즉하기 때문이다. 마찬가지로 하나하나의 존재(法)들을 따라서 모든 존재들을 포섭할 수 있기 때문에 무주 연기의 마음에서는 어떠한 것에 대하여도 6상을 적용할 수 있다.

"일승과 삼승도 …… 오직 중도에 있다."는 것은 삼승의 근기를 좋아하는 곳에서는 삼승의 법을 이야기하고, 일승의 근기를 좋아하는 곳에서는 일승의 법을 이야기하므로 일승과 삼승을 둔 것은 오직 근기에 맞춰 이롭게 하기 위한 것일 뿐이다. 그런데 삼승은 자성自性이 없으므로 삼승에만 머무르는 것이 아니고 일승도 자성이 없으므로 일승에만 머무르는 것이 아니다. 일승과 삼승은 상즉하지도 않고 떨어져 있지도 않아서 항상 중도에 있다. 『도신장』에서 "일승의 연기법은 구별하는 마음(情)으로 헤아릴 수 있는 것이 아니다. 비록 구별하는 마음으로 헤아릴 수 있는 것이 아니지만 그렇다고 멀리 다른 곳에서 구하는 것도 아니다. 구별하는 마음을 돌이키는 것이 바로 그것이다."라고 한 것에서, 일승과 삼승은 상즉하지도 않고 떨어져 있는 것도 아니어서 항상 중도에 있으므로 일승과 삼승을 서로 다른 것이라고 고집하는 구별하는 마음으로 헤아릴 수 있는 바가 아니므로 "비록 구별하는 마음으로 헤아릴 수 있는 것은 아니지만"이라고 하였고, 그렇지만 일승과 삼승을 서로 다른 것이라고 고집하는 구별하는 마음을 돌이키면 곧 앞의 일승과 삼승에 대한 집착을 움직이지 않고서도 곧바로 무주 연기 중도의 법이 되기 때문에 "그렇지만 멀리 다른 곳에서 구하는 것도 아니다."라고 하였다.

"일승별교와 삼승별교"라는 것은, 구별하는 마음에 의거하는 것으로서

6상을 사용하지 않는 것을 미루어 알 수 있다는 것이다.

(의심을 없애는 부분의 첫 번째 문답 중에서 뒷부분인 비슷한 글을 인용하여 증명하는 부분 중) 질문에 대한 직접적인 대답은 세 부분으로 구성되어 있다. 첫 번째[176]는 직접적인 대답이고, 다음의 "경전에서 이야기한 것처럼(如經) ……" 이하[177]는 『십지론』을 인용하여 증명한 것이며, 마지막의 "이 논주論主의 뜻에 준하여(准是論主) ……" 이하[178]는 앞의 뜻을 매듭짓는 것이다. 첫 번째 부분은 먼저 직접적인 대답을 한 후 "삼승의 ……" 이하에서는 (일승과 삼승의) 가르침의 분제分齊를 설명하고 있다. 직접적인 대답 부분은 먼저 비유를 들고 설명한 후 "비록 인과의 ……" 이하에서는 비유를 법에 적용하고 있다.

---

176 『법계도』 중의 "汝所問疑 義亦如是 初曲如因 乃至後曲如果 如初後不同 而唯在當中 雖因果義別 而唯住自如 依三乘方便教門 故高下不同 依一乘圓教 故無有前後 所以得知" 부분이다.

177 『법계도』 중의 "如經說 又一切菩薩不可思議諸佛法明說令入智慧地故 論曰 一切菩薩者 謂住信行地 不可思議諸佛法者 是出世間道品 明者見智得證 說者於中分別 入者信樂得證 智慧地者 謂十地智 如本分中說 此是根本入 如經 又一切菩薩不可思議諸佛法 明說令入智慧地故 此修多羅中 說依根本入有九種入 一者攝入 聞慧中攝一切善根故 如經攝一切善根故 二者思議入 思慧於一切道品中 智方便故 如經善分別選擇一切佛法故 三者法相入 彼彼義中 無量種種智故 如經廣知諸法故 四者教化入 隨所思義 名字具足善說法故 如經善說諸法故 五者證入 於一切法平等智 見道時中 善清淨故 如經無分別智清淨不離故 菩薩教化衆生 即是自成佛法 是故利他亦名自利 六者不放逸入 於修道時中 遠離一切菩提障故 如經一切魔法不能染故 七者地地轉入 出世間道品無貪等善根淨故 如經出世間法善根清淨故 復有善根 能為出世間道品因故 八者菩薩盡入 於第十地 入一切如來祕密智故 如經得不可思議境界故 九者佛盡入 於一切智入智故 如經乃至得一切智入智境界故 是諸入為挍量智義差別 次第轉勝 非根本入 一切所說十句中 皆有六種差別相門 此言說解釋 應知除事 事者謂陰界入等 六種差相者 謂總相別相成相壞相 總相者是根本入 別相者餘九 別依止本 滿彼本故 同相者入故 異相者增相故 成相者略說故 壞相者廣說故 如世界成壞故 餘一切十句中 隨義類知 論文如是" 부분이다.

178 『법계도』 중의 "准是論主立宗道理 故知雖因果信解行迴地佛自位不動 而無前後 何故 諸法各異 住自如故 一如多如 如如相不可得故 是故經云 問 云何深信佛法 答 一切諸法 唯佛所知 非我境界 若如是者 名為深信佛法 是其義也" 부분이다.

"첫 번째 꺾임(初曲)"은 (「법계도인」의 첫 번째 부분인) "법성은 원융하여(法性圓融)"를 가리키고, "마지막 꺾임(後曲)"은 (「법계도인」의 마지막 부분인) "부처라고 이름한다.(名爲佛)"를 가리킨다.

(일승과 삼승의) 가르침의 분제分齊에 대한 설명에서 "높음과 낮음이 같지 않다."고 한 것은 무주 연기를 알지 못하는 삼승의 근기와 욕구를 따르는 것이므로 인과 과가 같지 않은 것이다. 무주 연기의 일승에 의거하면 앞과 뒤가 없게 된다. 그러므로 일승과 삼승은 상즉하지도 않고 떨어져 있는 것도 아니다. "6상을 사용한다."는 것은 곧 이 앞과 뒤가 없다는 뜻이다. 일승별교와 삼승별교는 이 높음과 낮음을 같지 않다고 보는 입장이다. 그러므로 근기와 욕구에 따라서 일승과 삼승을 각기 다른 것으로 보기 때문에 높음과 낮음이 같지 않고, 무주 연기의 마음으로 일승과 삼승이 둘이 아닌 것을 보기 때문에 앞과 뒤가 없는 것이라고 할 수 있다.

문 | 앞에서는 일승별교, 삼승별교가 일승 바깥에 삼승을 두는 분상分相과 같은 것이라고 하였는데, 어찌하여 이제는 (일승별교, 삼승별교가) 삼승의 근기와 욕구를 따라서 보아 일승과 삼승을 서로 다른 것으로 고집하기 때문에 높음과 낮음이 같지 않다고 하는가?

답 | 일승 바깥에 삼승을 두는 분상은 비록 이해하는 마음의 일부이지만(解心之所分), 삼승의 집착을 따르기 때문에 일승 바깥에 삼승을 두는 것이다. 그러므로 구별하는 마음에 의거하여서 이야기하는 삼승별교 등과 같은 것이다.

(『십지경론』을 인용하여) 증명하는 부분의 처음은 따져 물은 것이고(徵), 다음에 "경전에서 이야기한 것처럼 ……" 이하가 인용하여 증명하는 부분(證)으로 『십지경』으로 증명하는 것이다. 뒤의 "논서의 내용은 이와 같다."는 화상(和尙 : 의상)의 말이다.

"경전에서 이야기한 것처럼 ……" 이하는 경전 내용을 인용한 것이고,

다음의 "논서에서 말하기를 ……" 이하는 『십지경론』의 해석이다. 뒤의 "또 일체 보살의 ……" 부분은 다시 경전의 내용을 인용한 것이다.

문 | 장공(藏公 : 법장)이 "논주(論主 : 『십지경론』의 찬술자 세친)는 네 가지 문門으로 해석하였다."고 하였는데, 어떤 글에 의거하여 네 가지 문을 세운 것인가?

답 | "경전에서 이야기하기를 일체 보살의 …… 이것이 근본되는 들어감(入)이다."가 총석현본문摠釋現本門이고, "이 수다라에서 근본되는 들어감(入)에 의하여 아홉 가지의 들어감(入)을 이야기한다." 이하가 의본개말문依本開末門이고, "이 여러 가지 들어감(入)은 지혜와 뜻의 차이를 헤아린 것으로 ……' 이하가 회말귀본문會末歸本門이고, "앞에서 이야기한 모든 10구句 ……' 이하가 본말무애문本末無礙門이다.

문 | 이 네 가지 문 중에서 어느 것이 논서의 내용이고, 어느 것이 경전의 내용인가?

답 | 앞의 두 문이 경전의 내용이고, 뒤의 두 문이 논서의 해석이다.

문 | 그렇다면 어째서 "논주가 네 가지 문으로 해석하였다."고 하는가?

답 | 논주가 경전에 의거하여 해석하였기 때문이다. 첫 번째 문의 경우 경전에서는 총구總句를 곧바로 드러내었을 뿐 다른 구체적 설명은 하지 않았다. 논주가 "또 일체 보살이라고 한 것은 10주住 · 10신信 · 10행行 · 10지地를 말한다. ……"라고 해석한 것은 총석摠釋이고, "이것이 근본되는 들어감"이라고 한 것은 앞의 내용이 근본이 됨을 드러낸 것이다. 이와 같이 하여 총석현본문을 세운 것이므로 "논주가 네 가지 문으로 해석하였다."고 한다.

문 | 총석현본문의 총석 부분은 여섯 구절로 이루어져 있는데 이들 모두가 총總인가 아니면 "들어가게 한다(令入)"와 "지혜지智慧地" 두 구절만 총인가?

답 | 원공(遠公 : 혜원)과 엄공(儼公 : 지엄)은 후자의 입장이고, 장사(藏師 : 법장)와 도주(圖主 : 의상)는 전자의 입장이다. 엄공은『소소』[179]에서 "두 번째 소위所爲의 부분은 둘로 구성된다. 앞부분은 10지十地의 법에 대하여 가소위加所爲를 밝힌 것이고, 두 번째의 "이른바 지혜 ……" 아래는 교화의 대상이 되는 사람에 대하여 가소위加所爲를 밝힌 것이다. ……사람에 대하여 가소위를 밝힌 부분은 20구절이다. ……처음과 마지막의 20구절들에서 각기 첫 구절이 총總이고 나머지 구절들은 별別이다."[180]라고 하였는데, "또 일체 보살이 불가사의한 여러 부처님의 가르침을 깨달아 그것을 설명하여 (지혜의 경지에 들어가게 하므로)"는 10지十地의 법에 대하여 가소위加所爲를 밝힌 것이므로 뒤의 두 구절만이 총이 된다. 원공도 또한 그러하다.

문 | 논서의 내용을 어떻게 이해하는 것인가?

답 | 논서에서 "이것이 근본되는 들어감"이라고 한 것은 "지혜의 경지(智慧地)에 들어가게 한다."는 구절만을 가리키는 것으로 이해한다.

문 | 여섯 구절 모두를 가리켜서 "이것이 근본되는 들어감"이라고 해석할 수는 없는가?

답 | 이타利他의 부분에서 "또 보살 10지十地의 처음과 마지막을 얻는 것이 곧 근본되는 처음과 마지막이다."라고 하였다. 이에 준한다면 자리自利의 부분에서도 "지혜지에 들어가게 한다."는 구절만을 가리켜서 "이것이 근본되는 들어감"이라 하였다고 이해해야 할 것이다.

법장은『소소』[181]에서 "첫 번째 부분은 10지十地 법의 연기의 여섯 가지 뜻에 대하여 전체적으로 논한 것이다. …… 이 여섯 가지 뜻은 융합하고 막힘이 없어서 교敎와 의義를 포괄하고, 증(證 : 현량)과 비(比 : 비량)를 포괄하고, 경境과 지智를 포괄하고, 인人과 법法을 포괄하고, 인因과 과果를 포

179 『소소』:『수현기』를 가리킨다.
180 『수현기』(T35, 50b).
181 『소소』:『탐현기』를 가리킨다.

괄하여 모든 것을 포괄하며 막힘이 없다. (이들을) 한 덩어리로 모은 것을 10지의 법이라고 한다."[182]고 하였으므로 여섯 구절이 모두 총이라고 이해하였다.

문 | 논서의 내용을 어떻게 이해하는 것인가?

답 | 여섯 구절 모두를 가리켜서 "이것이 근본되는 들어감"이라고 이해한다. 『십지론』에서 "이 20구절은 일체 보살의 자리와 이타에 의거한 것이므로 이와 같이 더한다. 앞의 10구절은 자리행에 의한 것이고, 뒤의 10구절은 이타행에 의한 것이다. 이 중에서 '일체 보살이라고 한 것은 10주住·10신信·10행行·10지地를 말한다. ……'"[183]고 하여 앞에서는 자리와 이타의 20구절을 나누었고, 그 다음에 "일체 보살" 이하의 여섯 구절에 대하여 해석하고 있다. 여섯 구절로서 자리의 10구절을 해석한 것이니, 첫 부분이 총구總句이기 때문이다.

문 | 이타의 총구는 어떻게 되는가?

답 | 법장의 뜻은 실제로는 이타의 총구總句로서 또한 "일체 보살이 불가사의한 여러 부처님의 가르침을 깨닫고 그것을 설명하여 지혜의 경지에 들어가게 한다.(一切菩薩 不可思議 諸佛法 明說)"는 네 구절을 더할 수도 있지만 자리自利의 총구에서 이미 드러났기 때문에 더하지 않는다. 그러므로 자리와 이타에서 모두 여섯 구절을 총總으로 삼는다.

문 | 도주圖主 역시 여섯 구절 모두를 총總이라고 한 것을 어떻게 알 수 있는가?

답 | 이 『법계도』의 글에서 "이러한 논주가 세우신 주장의 도리에 의거하여서 인因과 과果의 10신·10해·10행·10회향·10지의 보살과 부처님은 자신의 위치를 움직이지 않으면서도 앞과 뒤가 없다."고 하였고, 또 아

182 『탐현기』(T35, 281ab).
183 『십지론』(T26, 124c).

랫부분에서도 "『십지경론』에서 해석한 것처럼 10신·10지 보살부터 부처님까지는 6상으로 이루어진다. 이와 같이 분명히 알아야 한다."고 하였기 때문이다.

문 | 만약 "지혜의 경지(智慧地)에 들어가게 한다."는 구절만으로 총總을 삼을 경우 이것은 9가지 들어감을 포함하는 총總인가?

답 | 그렇다.

문 | 그렇다면 9가지 들어감 중에서 앞의 여덟은 원인이고, 아홉 번째가 결과가 될 것이다. 그렇다면 오직 "지혜의 경지(智慧地)에 들어가게 한다."는 구절만으로 총總을 삼는 입장에서도 "비록 인과 과로 구분되지만 10신, 10해, 10행, 10회향, 10지 보살들과 부처님은 자신의 위치를 움직이지 않으면서도 서로 앞과 뒤가 없다."고 할 수 있을 것이다. 어찌하여 이 구절을 가지고 여섯 구절 전체가 총總이 되는 근거가 될 수 있는가?

답 | 다만 두 구절만으로 총을 삼는 입장에서는 인과 과가 앞과 뒤가 없다는 것을 이야기할 수 없다. 그렇기 때문에 원공은 회말귀본문을 해석하여 "'(이 여러 가지 들어감〈入〉은) 지혜의 뜻의 차이를 헤아린 것'은 지혜의 단계(智地)의 덕德과 의義의 차이를 헤아리기 위하여 세간에서부터 부처의 경지까지에 기탁하였다는(寄) 것이다. '점차 높은 경지로 발전하는 것으로 근본적인 들어감이 아니다'는 것은 그 점차 높아지는 경지에 기탁하여서 지혜의 단계의 덕과 의의 차이를 드러낸 것이지만 그 점차 높아지는 경계들은 근본적으로 지혜의 경지에 들어가는 것이 아니다. 각 단계의 순간순간마다 모든 행行과 덕德을 다 갖추어 차이가 없으며 앞과 뒤가 없다. 시작 단계에 모두 갖춰져 있기 때문이다. 점차 높은 경지로 발전하는 모습은 없다. 단계가 없기 때문이다."라고 하였는데 이 글에 잘 나타나 있다.

문 | 아홉 가지 들어감에 있어서 어떤 부분이 비유된 단계의 모습이고 어떤 부분이 드러난 덕인가?

답 | 글에서는 다만 아홉 가지 들어감의 덕만을 드러내었다. 단계의

모습은 감추고 드러나지 않았다. 또한 10지에 들음(聞), 생각함(思), 닦음(修), 깨달음(證)이 모두 갖추어져 있기는 하지만, 들음과 생각함 다음에 깨달아 들어감(證入), 방일하지 않아 들어감(不放逸入)에서부터 부처의 단계에 완전하게 들어감(佛盡入)까지를 설정한 것은 10지 이전의 단계, 10지의 단계에서부터 부처의 경지까지의 여러 단계의 모습을 세운 것과 비슷하다. 그러므로 비록 단계의 모습을 드러내 이야기하지는 않았지만 여러 단계의 모습에 기탁하여 각 단계의 순간순간마다 갖추고 있는 덕을 드러내었다.

문 | 엄공도 여섯 구절이 모두 총總이라는 견해를 인정하였는가?

답 | 지엄의 『십현장十玄章』[184] 1권이 있는데 말과 내용이 (『화엄일승교의 분제장』 중) 「의리장」의 10현에 대한 설명과 완전하게 일치하고 있다. 그 책에서 『십지경론』을 인용하여 "10신·10지 보살이 …… 불가사의한 부처님의 가르침과 하나의 연기를 이룬다고 하고 6상의 총상과 별상 등의 뜻을 이용하여 매듭짓고 있으므로 인과 과가 동시에 있고, (여러 존재들이) 서로 포함하고 서로 일치하며, 각기 모든 것들을 포괄하고 서로 주主가 되고 반伴이 되는 것을 밝게 알 수 있다."[185]라고 하였으므로 (지엄도 여섯 구절이 총總이라는 견해를 인정하였음을) 알 수 있다.

일승법계도원통기 (상)

---

184 『십현장十玄章』: 지엄의 저술로 전해지는 『화엄일승십현문華嚴一乘十玄門』을 가리킨다. 이 책은 지엄의 저술로 알려져 왔지만 후대에 지엄에 가탁된 저술일 가능성이 있는 것으로 이야기되고 있다(石井公成, 「『一乘十玄門』の諸問題」『佛教學』12, 佛教思想學會, 1981 참조).

185 『화엄일승십현문華嚴一乘十玄門』(T45, 505c).

일승법계도원통기 下*

| 一乘法界圖圓通記 |

* 『일승법계도원통기』는 본래 상·중·하 3권으로 이루어졌지만, 현재 中卷은 逸失되어 上卷과 下卷만 전해지고 있다. 中卷은 『법계도』의 "三釋文意 文有七言三十句"(H2, 2c)부터 "此義諸法之眞源 究竟之玄宗 甚深難解 宜可深思"(H2, 5c)까지에 대해 해설한 것으로 생각된다.

㉯ 득익得益 단락의 문답 부분에 대한 해설

두 번째의 질문과 대답을 통해 의심을 없애는 부분은 세 가지 질문과 대답으로 구성되어 있는데, 모두 앞의 질문과 대답을 이어서 한다.[1] "번뇌가 끊어지지 않았으므로 성불成佛이라고 이름할 수 없다.(煩惱未斷 不名成佛)"는 것은 실제로 갖추어 이야기하면 "번뇌가 끊어지지 않아서 복과 지혜가 이루어지지 않았으므로 성불成佛이라고 이름할 수 없다.(煩惱未斷 福智未成 不名成佛)"는 것을 줄여서 말한 것이다. 이 성불成佛은 세 가지 덕을 갖추는 것이다. 번뇌를 완전히 끊어 없애는 단덕斷德, 복을 갖추는 은덕恩德, 지혜를 갖추는 지덕智德이다.

이 성불成佛의 뜻과 관련하여, **어떤 사람**은 장애를 끊어서 이루어지는 것이므로 수생불(修生佛 : 수행을 통하여 새롭게 생겨난 부처)이라고 한다. 하지만 이 주장은 받아들이기 힘들다. 만약 삼승의 형상에 따라 설명한다면 단덕은 법신이고, 지덕은 응신, 은덕은 화신이므로 법신은 본유(本有 : 본래부터 존재하는 것)이고, 응신은 수생(修生: 수행을 통하여 생겨나는 것)이다. 그렇다면 본유와 수생을 함께 갖춘 것인데 어떻게 수생이라고만 할 수 있는가. (일승)별교의 가르침에 의거한다면 어떻게 삼신의 형상을 나누어 이야기할 수 있겠는가. 그러므로 따르기 힘들다. **지금 해석**해 보건대 이 성불

---

1 『법계도』 중의 다음 부분의 내용에 대한 설명이다. "**問** 具縛有情 未斷煩惱 未成福智 以何義故 舊來成佛也 **答** 煩惱未斷 不名成佛 煩惱斷盡 福智成竟 自此已去 名爲舊來成佛 **問** 斷惑云何 **答** 如地論說 非初非中後 前中後取故 云何斷 如虛空 如是斷故 未斷已還 不名為斷 現斷已去 名爲舊來斷也 猶如覺夢睡悟不同 故建立成不成斷不斷等 其實道理諸法實相 不增不減 本來不動 是故經言 菩薩法中 不見一法減 清淨法中 不見一法增 是其事也 有人說言 如是等經文 約即理說 非即事說 若約三乘方便教門 合有此義 若依一乘如實教門 不盡其理 理事冥然 一無分別 體用圓融 常在中道 自事以外 何處得理 **問** 三乘教中 亦有寂而常用 用而常寂 如是等義 何故上言偏即理門 不即事中不自在也 **答** 理事相即故 有如是義 非謂事事相即 何以故 三乘教中 欲治分別病 會事入理爲宗故 若依別教一乘 理理相即亦得 事事相即亦得 理事相即亦得 各各不相即亦得 何以故 中即不同故 亦有具足理因陀羅尼 及事因陀羅尼等法門故 十佛普賢法界宅中 有如是等無障礙法界法門 極自在故 其餘逆順主伴相成等法門 准例相攝 隨義消息."

에는 수생과 본유의 뜻을 모두 갖추고 있다.

문 | 번뇌를 완전히 끊어 없애 비로소 성불하는 것인데 어떻게 구래성불(舊來成佛 : 먼 옛날부터 부처가 되어 있음)이라고 할 수 있는가?

답 | 번뇌를 완전히 끊어 없앴으므로 비로소 구래성불이라고 할 수 있는 것이다. 『도신장』에 다음과 같은 내용이 나온다.

(제자의 질문) : 이미 먼 옛날부터(舊來) 깨달은 사람이 무슨 이유로 스스로 깨달았음을 알지 못합니까?

(의상의 대답) : 어리석기 때문이다.

(제자의 질문) : 어리석은 사람이 어떻게 먼 옛날부터 깨달을 수 있습니까?

(의상의 대답) : 반대로 묻겠다. 꿈에서 본 호랑이는 단지 마음속의 호랑이인가?

(제자의 대답) : 단지 마음속의 호랑이입니다.

(의상의 질문) : 꿈을 꿀 때에는 마음속의 호랑이인 것을 몰랐기 때문에 무서워하다가 꿈을 깬 후에는 마음속의 호랑이인 것을 알게 되어 무서워하지 않는 것인가?

(제자의 대답) : 그렇습니다.

(의상의 질문) : 꿈을 깬 이후에 비로소 마음속의 호랑이였는가. 꿈을 꿀 때부터 마음속의 호랑이였는가?

(제자의 대답) : 실제로 이야기한다면 꿈을 꿀 때부터 마음속의 호랑이였습니다.

(의상의 질문) : 꿈을 꿀 때에는 마음속의 호랑이인 것을 몰랐는데 어떻게 꿈을 꿀 때부터 마음속의 호랑이인가?

(제자의 대답) : 그 사람이 비록 알지 못하였지만 실제로는 꿈을 꿀 때부터 마음속의 호랑이였습니다.

(의상의 대답) : 그대가 이미 잘 이야기하였다. (비유의) 대상(法)도 또한 그러하다. 어리석은 사람이 미혹되어 있다고 하여도 실제로 이야기하면 본래부터 깨닫고 있으면서 단지 알지 못할 뿐이다.

옛날부터 깨달은 상태이지만 미혹되어서 알지 못하고 있다. 번뇌를 완전히 끊으면 비로소 옛날부터 깨달았던 것을 알게 된다. 그러므로 "번뇌를 끊었으므로 비로소 구래성불이라고 할 수 있다."고 이야기한다.

문 | "처음도 아니고, 중간이나 마지막도 아니다. 처음과 중간과 마지막에 얻기 때문이다.(非初非中後 前中後取故)"라는 것은 수생의 번뇌를 끊는 것만을 이야기한 것인가, 아니면 본유의 번뇌를 끊는 뜻도 이야기한 것인가?

답 | **어떤 사람**은 수생의 끊음이라고 한다. 번뇌를 어떻게 끊는가라는 질문에 대답하면서 "처음도 아니고, 중간이나 마지막도 아니다. 처음과 중간과 마지막에 얻기 때문이다."라고 이야기하였다는 것이다. **지금 해석**해 보건대 "처음도 아니고, 중간이나 마지막도 아니다."라는 것은 끊지 않음의 뜻이고, "처음과 중간과 마지막에 얻기 때문이다."는 끊음의 뜻이다.

문 | 질문이 번뇌를 끊는 것에 대한 것이므로 대답도 또한 수생의 끊음이어야 하지 않은가?

답 | 대승에서 번뇌를 끊는 것은 연기의 본성과 같이 끊는 것이므로, 끊지 않는 것으로서 끊음을 삼는다. 그래서 "처음도 아니고, 중간이나 마지막도 아니다."는 것은 끊지 않는 것이고, "처음과 중간과 마지막에 얻기 때문이다."는 끊는 것이다. 그러므로 그와 같이 질문하고 대답한 것이다. 여러 곳에서 9세멸九世滅과 비세멸非世滅을 이야기하고 있는데, 이중 9세멸은 사멸(事滅 : 현상의 없어짐)이고, 비세멸은 이멸(理滅 : 근본적인 없어짐)이다. 『삼보장』에서 "세 번째로는 3시(三時 : 과거 · 현재 · 미래)가 아닌 것에 막

힘이 없이 3시를 이야기한다. 네 번째로는 3시에 막힘이 없이 3시가 아닌 것을 이야기한다. 경전에서 '겁劫이 비겁非劫에 들어가고, 비겁이 겁에 들어간다'고 이야기한 것 등과 같다."[2]고 하였는데, 비겁은 이치(理)이고 겁은 현상(事)이므로 "겁이 비겁에 들어간다."는 것으로 네 번째 문을 증명하였고, "비겁이 겁에 들어간다."는 것으로 세 번째 문을 증명하였다. 이로 보건대 "처음도 아니고, 중간이나 마지막도 아니다."라는 것은 이치이고 "처음과 중간과 마지막에 얻는다."는 것은 현상이다.

법장의 『소疏』(『탐현기』) 제10권에서는 다음과 같이 말한다.

> 이 글을 해석하는 데에 두 가지 방법이 있다. 첫째는 서로 바뀐다는 입장(相翻門)에 의거하여 해석하는 것이고, 두 번째는 서로 이어진다는 입장(相續門)에 의거하여 해석하는 것이다. 첫 번째 방법의 경우에는 시간적 차이가 없이 도지道智가 번뇌를 끊을 때에 지혜가 먼저 일어나고 번뇌가 뒤에 없어졌다고 보는가, 번뇌가 먼저 없어지고 지혜가 뒤에 생겨났다고 보는가, 아니면 동시에 일어났다고 보는가. 이 세 가지의 견해를 따를 경우 번뇌와 지혜 각각에 두 가지 잘못이 있어 끊음을 이룰 수 없다. 즉 지혜의 경우 스스로 무루無漏를 이룬다는 잘못(自成無漏過)과 번뇌를 없애지 못한다는 잘못(不能滅惑過)이 있고, 번뇌에는 스스로 없어진다는 잘못(自滅過)과 성도聖道를 막지 못한다는 잘못(不障聖道過)이 있게 된다. 세 가지 단계를 생각하는 것은 등불이 어둠을 없앨 때에 3시三時에 어둠을 없애지 않는 것과 같다. 이 경우에도 마찬가지이다. 『잡집론雜集論』[3] 제4권에서 "어디로부터 끊을 수 있는가? 과거로부터 끊을 수 없다. 이미 없어졌기 때문에. 미래로부터 끊을 수 없다. 아직 생겨나지

2 『삼보장』(T45, 618b).
3 『잡집론雜集論』:『대승아비달마잡집론』.

않은 것이므로. 현재로부터 끊을 수 없다. 도가 갖추어지지 않았으므로. 그러나 여러 거칠고 무거운 번뇌로부터 끊을 수 있다."고 하고 자세히 설명한 것과 같다. 경전에서 비파사나는 번뇌를 깨뜨릴 수 없다고 이야기한 것 등은 모두 이러한 뜻이다. 그러므로 "처음도 아니고, 중간이나 마지막도 아니다."라고 이야기한다.

(질문) : 『유식론唯識論』[4]에서 "성도聖道가 드러남에 번뇌의 종자가 반드시 없어진다. 저울질할 때에 양쪽 끝이 동시에 (한쪽은) 오르고 (한쪽은) 내려가는 것과 같다."고 하였으니 이에 의거하면 곧 동시라고 할 수 있다. 어째서 여기에서는 세 가지의 견해가 모두 잘못이라고 하는가?

(대답) : 거칠게 이야기하면 그렇게 볼 수 있지만 세밀하게 살피면 그렇게 보기 힘들다. 왜냐하면 만약 동시라고 하면 지혜가 스스로 생겨날 때와 번뇌가 스스로 없어지는 때가 서로 아무런 관계가 없는 것이 되니 어떻게 상대하여 다스린다(對治)고 할 수 있는가? 마치 동쪽 집에서 남자 아이가 태어날 때 서쪽 집에서 여자 아이가 죽는 것이 비록 동시에 일어난 일이라고 하여도 아무런 관련이 없어서 상대하여 다스릴 수 없는 것과 같다.

(질문) : 그렇다면 어떻게 끊는 것인가?

(대답) : 곧 이 세 가지의 견해에 의거하여서는 끊음이 이루어질 수 없다는 것을 알 때에 비로소 끊음의 뜻이 이루어진다. 이것이 끊지 않음의 끊음(不斷斷)이다. "처음과 중간과 마지막에 취하기 때문이다."라는 것은 처음과 중간과 마지막의 세 시간에서 처음도 아니고 중간이나 마지막도 아닌 때를 취하는 것으로서 세 가지 시간에서 세 가지 시간이 아닌 것을 취하는 것과 다르지 않다. 색色 등의 곳에서 진공眞空을 취하는 것이 색

4 『유식론唯識論』: 『성유식론成唯識論』. 다만 『탐현기』에 인용된 내용은 『성유식론』 원문(T31, 52b)의 내용과는 약간 차이가 있다.

등이 별도로 단공斷空을 취하는 것과 다르지 않은 것과 마찬가지이다. 이 경우 또한 그러하므로 끊음의 뜻을 잃지 않는다.

두 번째의 서로 이어진다는 입장(相續門)에 의거하는 방법은 여기에서 지혜가 생겨나고 없어질 때에 처음과 중간과 마지막의 세 시간이 서로 이어진다고 보는 것이다. 어느 때에 분명하게 번뇌를 끊는지 생각해 보면, (지혜가) 앞에 있어서는 (번뇌를) 끊을 수 없다. 이미 없어진 것이기 때문이다. (지혜가) 뒤에 있어서는 (번뇌를) 끊을 수 없다. 아직 생겨나지 않은 것이기 때문이다. 가운데도 끊을 수 없다. 머물러 있지 않기 때문이다. 그러므로 세 가지 시간 모두에 끊음의 뜻이 없다. 그렇다면 어떻게 끊는 것인가. 『십지경론』에서 "불꽃이 처음과 중간과 마지막만이 아니고 처음과 중간과 마지막을 모두 취하는 것과 같이"라고 말하였는데, 이것은 오직 처음이나 오직 중간 등만으로는 번뇌를 끊을 수 없고 앞과 중간과 뒤가 서로 이어져서 취하여야 비로소 끊음의 뜻이 있을 수 있다는 것이다.

(질문) : 세 시간이 별도로 취하였을 때에 각기 끊음을 이루지 못하였는데, 이들이 비록 합한다고 하여도 어떻게 끊음을 이룰 수 있는가?

(대답) : 어떤 사람이 세 시간을 별도로 취하여서는 각기 끊음을 이루지 못하지만 세 시간을 서로 연결하면 임시로 끊는다고 이야기할 수 있으므로 "처음과 중간과 마지막에 얻는다."라고 이야기한 것이라고 해석하였는데, 거칠게 이야기하면 그렇게 볼 수 있지만 세밀하게 살피면 그렇지 않다. 세 시간을 별도로 취하였을 때 각기 끊음을 이루지 못하였는데 이 세 시간을 모두 합한다고 해서 어떻게 끊음을 이룰 수 있겠는가. 모래 한 톨에서 기름이 나오지 않으면 많은 모래를 모아도 기름이 나오지 않는 것과 같다. **지금 해석**해 보건대 여기에서 말하는 앞과 뒤는 잘못을 교정하기 위한 말이다. 무슨 말인가 하면 사람들이 이 지혜가 앞에 있을 때에도, 중간에 있을 때에도, 뒤에 있을 때에도 각기 번뇌를 끊을

수 없으므로 곧 성지聖智가 없다고 하는 악취공이라고 생각한다. 그 잘못을 교정하여 여기에서는 처음에서 처음이 아닌 것을 취하고, 중간에서 중간이 아닌 것을 취하며, 마지막도 마찬가지이므로 성지가 없다는 것과 다르며 악취공이 아니라고 하기 위하여 "처음도 아니고, 중간이나 마지막도 아니다. 처음과 중간과 마지막에 얻기 때문이다."라고 이야기하였다.

(질문) : 여러 다른 곳에서는 성도聖道가 처음 생겨나면 곧 번뇌를 없앨 수 있다고 하는데, 어찌하여 여기에서는 처음이 아니라고 이야기하는가?

(대답) : 『비담毗曇』에 의하면 한 순간(一念)에 태울 수 있지만 처음부터 끝까지 가야 비로소 모두 없어지며, 번뇌를 다스리는 것도 마찬가지라고 하였다. 『성실론成實論』에 의하면 한 순간(一念)에 태울 수 없고 순간순간이 이어져야 비로소 없앨 수 있으며, 번뇌를 다스리는 것도 마찬가지라고 하였다. 대승 초교初敎에 의하면 첫 마음에도 끊을 수 있고, 중간과 마지막 마음도 그러하다고 하였다. 종교終敎에 의하면 연기의 본성과 같아서 (처음과 중간, 마지막의) 세 시간이 모두 끊을 수 없다. 곧 작용하지 않아야 연기가 비로소 이루어진다. 그러므로 끊지 않음이 없다.[5]

청량 징관의 다음과 같은 말씀[6]도 현수 법장의 해석과 같다.

또한 지금 경론들이 반복하여 서로 그 의미를 완전하게 밝히고 있다. 만약 끊음을 정할 수 있다면 한 순간이면 족할 터인데 어찌 (처음, 중간, 마지막의) 세 마음을 말하겠는가. 이미 (세 마음을) 모두 취하여야 비로소

5 『탐현기』(T35, 296c~297b).

6 『화엄경소』의 내용이다.

이룰 수 있다고 하였으니 무성無性이고 처음과 중간과 마지막이 없음을 알 수 있다. 처음과 중간과 마지막이 없는 것이 무성이므로 비로소 처음과 중간과 마지막에 끊음을 이룰 수 있다. 이것은 인연이므로 무성이고, 무성이므로 인연이다. 만약 첫 순간(初念)에 끊을 수 있지만 마지막 순간(後念)에 비로소 완전하게 끊는다고 한다면 이것은 『비담』에서 한 순간(一念)에 태울 수 있지만 처음부터 끝까지 가야 비로소 모두 없어진다고 한 것과 다르지 않다. 만약 첫 순간만으로는 끊을 수 없고 중간 순간과 마지막 순간까지 쌓아져야 비로소 끊을 수 있다고 한다면 이것은 『성실론』에서 한 순간(一念)에 태울 수 없고 순간순간이 이어져야 비로소 없앨 수 있다고 한 것과 다르지 않다. 종지를 잃지 않았으니 오히려 실교實教에 통할 수 있다. 만약 원교에 의한다면 끊어지는 대상이 되는 번뇌는 하나가 미혹되면 모든 것이 미혹된다. 그러므로 하나를 끊으면 모든 것을 끊으며, 끊음이 없고 끊지 않음이 없다.[7]

서로 바뀐다는 것(相翻門)은 번뇌와 지혜가 서로 바뀐다는 것이고, 서로 이어진다(相續門)는 것은 단지 번뇌를 끊는 지혜(能斷智)의 생멸이 서로 이어진다는 것이다.

"어떻게 끊는가. 허공과 같이 하여야 한다. 이와 같이 끊으므로 ……"[8] 라고 한 것은 앞에서 3시 중의 끊음의 뜻을 밝혔으므로 이제 그 끊음의 모습(斷相)을 설명하는 것이다. 2승의 사람은 번뇌의 장애[9]는 끊지만 소지所知의 장애[10]는 끊지 않는다. 이미 남은 장애가 있으므로 허공과 같이 끊

---

7 『화엄경소』(T35, 752c~753a).

8 『법계도』 중의 "云何斷 如虛空 如是斷故 未斷已還 不名為斷 現斷已去 名為舊來斷也 猶如覺夢睡悟不同 故建立成不成斷不斷等" 부분이다.

9 번뇌煩惱의 장애 : 번뇌장煩惱障.

10 소지所知의 장애 : 소지장所知障. 중생이 근본무명根本無明으로 인해 알아야 할 경계에 미혹하게 되는 장애를 말한다.

는다고 이야기할 수 없다. 보살菩薩 경지에 있는 사람은 두 장애의 생사과환生死過患을 단박에 취하여 전체를 하나(一際)로 삼아, 한 순간에 그 하나를 단박에 바꾸어 버리므로, 허공과 같이 청정하다. 『화엄약책華嚴略策』[11]에서 "번뇌는 본래 어디에서 비롯된 것이 아니요, 진리에 미혹됨에 갑자기 생겨난 것이다. 미혹된 상태에서 돌이키지 못하니 번뇌가 더욱 많아져 끝이 없다. 하늘을 덮은 엷은 구름, 그 온 곳이 없지만 순식간에 하늘을 가득 채우니 천지와 사방이 어두워지는 것과 같다. 큰 바람이 갑자기 불어와 홀연히 구름을 모두 걷어 내니 천 리千里에 한 점 구름 남지 않고, 세상의 모든 사물이 뚜렷이 드러나게 되는 것처럼, 불보살의 방편 바람이 생겨나 번뇌에 근본이 없음을 비추니 본성의 허공이 뚜렷하게 드러나고 수많은 덕이 본래대로 원만하게 되었다. 8만 가지 고뇌(塵勞)가 모두 바라밀이고 갠지스 강가의 모래알처럼 많은 번뇌(惑障)가 모두 진여이다. 눈의 티끌을 없애지 않으면 신기루 꽃(空花)이 혼란스럽게 휘날리지만 법의 눈을 맑게 하면 어떤 번뇌가 사라지지 않겠는가?"[12]라고 한 것이 바로 이것을 이야기한 것이다.

"그 실제의 도리에 있어서는 모든 존재의 참된 모습(實相)은 늘어나거나 줄어듦이 없다. ……"[13]라고 한 것은 번뇌에 쌓여 있는 속에서 하나의 존재도 줄어드는 것을 볼 수 없다. 그러므로 실제의 도리에 의거하면 끊음도 끊지 않음도 없다. 청정함 속에서 하나의 존재도 새로 생겨나는 것을 볼 수 없다. 그러므로 실제의 도리에 의거하면 부처가 되거나 되지 않거나 하는 것이 없다. 꿈속에서 본 것이 자기 마음이 그려낸 호랑이임에도 꿈속에서는 헛된 공포심을 갖게 된다. 그러나 잠에서 깨어난 후에는

11 『화엄약책華嚴略策』: 징관의 저술.

12 『화엄약책華嚴略策』(T36, 705a).

13 『법계도』 중의 "其實道理諸法實相 不增不減 本來不動 是故經言 煩惱法中 不見一法減 清淨法中 不見一法增 是其事也" 부분이다.

그것이 자기 마음속의 호랑이라는 것을 알게 되므로 두려워하지 않게 된다. 이와 마찬가지로 중생들은 본래 부처이지만 단지 번뇌 망상의 꿈으로 인하여 자신이 먼 옛날부터(舊來) 부처임을 알지 못한다. 그러나 긴 꿈에서 깨어난 후에는 자신이 부처임을 알게 된다. 그래서 『법계도』의 글에서 "꿈에서 깨어남과 꿈을 꾸는 것, 잠을 자는 것과 잠에서 깨어남의 차이가 있는 것과 같아서 부처가 됨과 되지 않음, 번뇌를 끊음과 끊지 않음의 차이가 생겨난다.(猶如覺夢睡悟不同 故建立成不成斷不斷)"라고 하였다.

문 | 지금 여기에서 말하는 끊음과 끊지 않음과 『도신장』 중의 다음 이야기는 어떻게 다른가?

(제자의 질문) : 어떤 곳에서는 "하나를 끊으면 모든 것이 끊어진다." 고 하고 다른 곳에서는 "실제로는 끊을 바가 없다."고 하는데 전자가 옳으면 후자가 잘못된 것이고, 후자가 옳으면 전자가 잘못된 것일 것입니다. 어떻게 회통시킬 수 있습니까?

(의상의 대답) : (부처의) 덕의 입장에서 이야기하면 처음부터 장애가 없었고, (중생의) 번뇌의 입장에서 살펴보면 모든 (부처의) 덕을 모두 가리었다. 만약 실제로 끊을 바가 없다고 한다면 어찌하여 미혹된 사람들이 깨달음을 얻지 못하며, 만약 끊을 바가 있다고 한다면 그 끊을 바는 어떤 것인가. (『십지경론』의) 글에서 "처음도 아니고, 중간이나 마지막도 아니다. 처음과 중간과 마지막에 얻기 때문이다."라고 하였는데, 3시를 구분하여서는 끊음의 모습을 알 수 없지만 깨달음의 경지에서는 3시를 구분함에 아무런 장애가 없다. 도리는 끊음과 끊지 않음에 있지 않다. 다만 근기에 따라서 끊음을 이야기하기도 하고 또한 끊을 바가 없다고 이야기하기도 하는 것이다.

답 | 『도신장』에서는 "하나를 끊으면 모든 것이 끊어진다."는 입장에

의거하여서는 "근기에 따라서 끊음을 이야기한다."고 하고, "실제로는 끊을 바가 없다."는 입장에 의거하여서는 "또한 끊을 바가 없다."고 이야기하였다. 지금 여기에서는 그와 달리 번뇌를 완전히 끊는 것을 끊음이라고 하고 번뇌를 완전히 끊지 않는 것을 끊지 않음이라고 한 것이므로 서로 다르다.

문 | 지금 여기에서 이야기하는 "그 실제의 도리에 있어서는 모든 존재의 참된 모습(實相)"이라는 것과 그 책(『도신장』)에서 "'근기를 위하고자 한다(欲爲機)'는 것은 가르침을 찾아서 깨달음에 들어가는 것으로 끊음과 끊지 않음이 서로 막힘이 없고 참된 모습(實相)이다."라고 이야기한 것은 어떻게 다른가?

답 | 참된 모습이라는 점에서는 같지만 설명하는 방법에 있어서는 차이가 있다. 즉 그 책(『도신장』)에서는 이미 번뇌를 끊은 이후의 단계에서 "하나를 끊으면 모든 것이 끊어진다."와 "실제로는 끊을 바가 없다."는 입장에 의거하여 막힘이 없는 참된 모습을 논하고 있고, 지금 여기에서는 "번뇌가 쌓여 있는 속에서 하나의 존재도 줄어드는 것을 볼 수 없으므로 실제의 도리에 의거하면 끊음도 끊지 않음도 없고, 청정함 속에서 하나의 존재가 새로 생겨나는 것을 볼 수 없으므로 실제의 도리에 의거하면 부처가 되거나 되지 않거나 하는 것이 없다. 하지만 꿈에서 깨어남과 꿈을 꾸는 것, 잠을 자는 것과 잠에서 깨어남의 차이가 생겨난다."고 하는 것이므로 단지 설명하는 내용에 차이가 있을 뿐이다.

문 | 그 책(『도신장』)에서 "끊음과 끊지 않음이 서로 막힘이 없고 완전한 모습(實相)"이라고 이야기한 것은 다만 본유本有인가 그렇지 않은가?

답 | 이미 "끊음과 끊지 않음이 서로 막힘이 없다."고 하였으므로 단지 본유라고만 이야기할 수 없다. 그 책에서 "만약 실제로 끊을 바가 없다고 한다면 어찌하여 미혹된 사람들이 깨달음을 얻지 못하며, 만약 끊을 바가 있다고 한다면 그 끊을 바는 어떤 것인가. (『십지경론』의) 글에서 '처음

도 아니고, 중간이나 마지막도 아니다. 처음과 중간과 마지막에 얻기 때문이다'라고 하였는데, 3시를 구분하여서는 끊음의 모습을 알 수 없지만 깨달음의 경지에서는 3시를 구분함에 아무런 장애가 없다."고 하였으므로 끊음은 끊을 바가 없다는 것과 떨어질 수 없다고 하고, 끊을 바가 없다는 것은 끊음과 떨어질 수 없다고 한다. 그러므로 실제로는 동시同時로서 인연문에서 연(緣 : 조건)이 갖추어지기 전에는 존재가 없는 것이다. 그러므로 지금 내가 수행하여 생겨난 지혜가 장애를 끊으려는 마음을 일으켜 과거의 시작도 없는 때를 돌이켜 보며 장애의 본체를 찾아볼 때에 끊을 수 있는 장애가 없는 것이 바로 "끊을 바가 없음"이고, 이와 같이 오늘 끊을 바가 없고 원래 부처였다는 것을 깨닫게 된 것은 한순간의 수행하여 생겨난 지혜가 일어난 때문에 이와 같이 된 것이라고 하는 것이 바로 "끊음"이다. 이와 같으므로 끊음은 끊을 바가 없음과 떨어지지 않고, 끊을 바가 없음은 끊음과 떨어지지 않아서 동시이고 선후가 없다.

「육상장六相章」[14]의 "이 서까래가 없다고 해서 어찌 집이 아닌가? 서까래가 없는 집은 망가진 집일 뿐 온전한 집이 아니다. 그러므로 좋은 집은 하나의 서까래에 전적으로 달려 있음을 알 수 있다. 하나의 서까래에 달려 있으므로 서까래가 바로 집임을 알 수 있다."[15]는 내용에 대하여 **어떤 사람**은 인연의 집(因緣舍)[16]이라고 하였지만 성기性起 스님은 "인연의 아버지[17]가 변계의 아들[18]을 가르치는 때이므로 실제로는 인연의 집이 아니다.

---

14 「육상장六相章」: 법장의 『화엄일승교의분제장』 중의 「의리분제장義理分齊章」의 육상원융의六相圓融義 부분을 가리킨다.

15 『화엄일승교의분제장』(T45, 508a).

16 인연의 집(因緣舍) : 존재들의 관계를 인연因緣으로 이해하는 입장에서 파악된 집. 신라 화엄교학가들은 존재들의 관계를 이해하는 입장을 변계遍計-인연因緣-연기緣起-성기性起-무주無住 등으로 구분하였다.

17 인연의 아버지 : 존재를 다른 존재와의 관계 속에서 파악하는 입장.

18 변계의 아들 : 각각의 존재를 다른 존재와 관계없는 독자적인 것으로 파악하는 입장.

옛글(古辭)에 '이 집에는 세 가지의 단계가 있다. 첫 번째는 집을 지으려고 서까래 등의 여러 구성 요소들을 모으는 때이다. 두 번째는 집을 다 지은 뒤에 여러 구성 요소들이 집을 이루게 되는 것을 보여 주는 때이다. 세 번째는 하나의 서까래를 집어내서 온전한 집과 망가진 집을 구별하여 그 하나의 서까래가 서까래가 되는 것(成椽)[19]을 생각하는 단계이다'라고 하였는데, 이 세 번째 단계는 변계를 통하여 인연을 보여 주는 것이므로 실제로는 인연을 정확하게 바라보는 것이 아니라 인연을 보여 주는 방편이라고 할 수 있다."고 하였다.

그렇지만 만일 "인연을 보여 주는 방편의 단계"라고 한다면 이 세 번째 단계에 이르러 비로소 이 하나의 서까래가 집을 이루는 서까래가 된 것이니 그렇다면 이것은 서까래의 자리가 이루어진 단계이다. 그렇게 되면 이 서까래가 서까래가 된 때에 이 서까래가 어디서 왔는지 뒤돌아 찾아보면 산에 푸른 잎의 나무로 있을 때에 서까래가 아닌 것이 아니며, 새가 이 나무의 씨를 물어다 땅에 떨어뜨린 때에도 또한 서까래가 아닌 것이 아니다. 그러므로 이 서까래는 서까래가 되지 않았다면 할 수 없지만 일단 서까래가 되었다면 집을 완성시키는 서까래이므로 이 서까래가 산에 나무로 있을 때에도 집을 온전하게 이루어지는 것을 만족시키고, 새가 씨를 물어다 땅에 떨어뜨렸을 때에도 또한 집을 온전하게 이루어지는 것을 만족시킨다. 이것이 곧 옛사람이 말한 바 "도끼를 메고 나무를 찍을 때에 집이 온전하게 이루어진다."는 뜻이며, 여러 글에서 이야기하는 "이루어지지 않으면 할 수 없지만 이루어지면 처음과 끝을 벗어난다."는 뜻이다.

「종성장種性章」[20]에서는 "성종성性種性은 본유(本有 : 본래부터 가지고 있는 것)

19 서까래가 되는 것(成椽) : 원문에는 "成緣"으로 되어 있지만 아랫부분의 내용을 고려할 때 "成椽"의 오자誤字로 생각된다.

20 「종성장種性章」: 지엄智儼의 『공목장』 권2의 「제3회십주품내본분수종성장第三會十住品內本分首種性章」을 가리킨다.

이고 습종성習種性은 수생(修生 : 닦음을 통하여 생겨나는 것)이라고 하는데, 이것은 부처님의 가르침에서 즐겨 하는 바가 아니다. 왜냐하면 무릇 종성을 논하는 것은 인연의 가르침에 따라서 이야기하는 것인데, 어찌 인연을 기다리지 않고 종성을 이야기할 수 있는가. 그러므로 지금 성종성은 본유가 될 수 없다. 또 습종성은 수생이 될 수 없다. 왜냐하면 법성法性 바깥에 수생이 있다고 한다면 연기가 무엇이 더해지는 것이 되기 때문이다. 그러므로 수생을 이야기할 수 없다."[21]고 하였다. 무릇 종성을 논하는 것은 인연의 가르침에 따르는 것이므로 닦아서 부처를 이룬 곳에 의거하여 비로소 성종성性種性의 본유를 이야기할 수 있다. 만일 닦음의 수행이 이루어지지 않았으면 이야기할 수 없다. 그러므로 습종성이 이루어질 때에 곧 성종성이 있게 된다. 이와 같이 법성의 바깥에 다시 수생이 없으므로 성종성과 습종성의 연기는 어떤 것이 먼저 있는 것도 아니고, 동시에 있는 것도 아니고 나중에 있는 것도 아니다(非初非中後). 지금 여기에서 이야기하는 것도 마찬가지이다. 오늘 내가 얻은 수생의 지혜는 인연에 의한 존재이므로 이 수생의 지혜를 얻은 이후에 비로소 시작도 없는 먼 과거로부터 끊어야 하는 장애가 없었고 본래 깨달음 상태였다고 이야기할 수 있다. 이 지혜가 생겨나기 이전에는 원래 깨달음이 아니었다. 그러므로 끊음과 끊지 않음은 동시에 연기한다.

"어떤 사람"[22]이란 3승의 사람이다.

"이치(理)와 현상(事)이 상즉하므로 이와 같은 ……"[23]이라고 한 것은

21 『공목장』(T45, 549c~550a).

22 『법계도』 중의 "有人說言 如是等經文 約即理說 非即事說 若約三乘方便教門 合有此義 若依一乘如實教門 不盡其理 理事冥然 一無分別 體用圓融 常在中道 自事以外 何處得理" 부분에 보이는 "有人"을 가리킨다.

23 『법계도』 중의 "**問** 三乘教中 亦有寂而常用 用而常寂 如是等義 何故上言偏即理門 不即事中不自在也 **答** 理事相即故 有如是義 非謂事事相即 何以故 三乘教中 欲治分別病 會事入理為宗故" 부분에 대한 설명이다.

"고요하면서 항상 쓰임이 있고, 쓰임이 있으면서도 항상 고요하다."는 것이 이치와 현상의 상즉(理事相卽)이고 현상과 현상의 상즉(事事相卽)이 아니라고 한 것이다. 3승에서는 이치와 이치의 상즉(理理相卽), 이치와 현상의 상즉(理事相卽), 현상과 이치의 상즉(事理相卽) 등 3구는 논하지만 현상과 현상의 상즉(事事相卽)은 논하지 못한다. 일승에서는 이들을 모두 다 논하므로 구별되는 것이다.

"만약 별교일승의 가르침에 의거하면 ……"[24]이라고 한 것에서는 이치와 현상의 상즉(理事相卽)에서 다시 현상과 이치의 상즉(事理相卽)의 구절을 나누면 4구의 상즉을 모두 갖추게 된다.

"각각 상즉하지 않는다.(各各不相卽)"는 것에 대해서 **어떤 사람**은 중문(中門 : 相入)이라고 하고, **어떤 사람**은 4구가 상즉하지 않는 것이라고 한다.

전자의 입장에서는 뒤에 이어서 "왜 그러한가 하면 중문과 즉문이 같지 않기 때문이다.(何以故 中卽不同故)"라고 말하고 있는 것으로 보아 앞의 세 구절[25]은 즉문(卽門 : 相卽)이고 "각각 상즉하지 않는다.(各各不相卽)"는 중문이라고 한다.

후자의 입장에서는 『삼보장』에서 "처음의 상즉하지 않는다는 것에 4구가 있다. 첫 번째는 두 가지 현상(事)이 상즉하지 않는다. 인연의 모습(緣相)으로 인해 현상이 서로 막히기 때문에. 두 번째는 두 가지 현상의 이치가 상즉하지 않는다. 둘이 아니기 때문에. 세 번째는 이치가 현상과 상즉하지 않는다. 이치는 고요하여 움직임이 없기 때문에. (네 번째는 현상이 이치와 상즉하지 않는다. 현상은 움직여서 고요하지 않기 때문에)[26] 두 번째의 상즉하는

24 『법계도』 중의 "若依別教一乘 理理相即亦得 事事相即亦得 理事相即亦得 各各不相即亦得 何以故 中即不同故" 부분에 대한 설명이다.

25 세 구절이란, "理理相卽, 事事相卽, 理事相卽"을 가리킨다.

26 네 번째는 현상이 이치와 상즉하지 않는다. 현상은 움직여서 고요하지 않기 때문에(四事理不相即 以事動非靜故) : 『삼보장』의 원문과 비교할 때 『법계도원통기』에는 이 부분이 생략되어 있다.

것에 4구가 있다. 첫 번째는 현상이 이치와 상즉한다. 연기는 정해진 성격이 없기 때문에 ……"[27]라고 하였으므로 지금 여기에서 "각각 상즉하지 않는다."고 한 것은 4구가 상즉하지 않는 것을 가리킨다고 이야기한다.

문 | "중문과 즉문이 같지 않기 때문이다.(中卽不同故)"라는 것은 무슨 말인가?

답 | 이것은 즉문이기 때문에 이치와 이치의 상즉에서부터 각각 상즉하지 않는 것까지 이야기한 것이다. 만약 중문에 의거한다면 마땅히 이치와 이치의 상입相入, 현상과 현상의 상입, 각각 상입하지 않는 것까지 이야기하였을 것이다. 그렇기 때문에 중문과 즉문이 같지 않다고 말한 것이다.

지금 해석해 보건대 "각각 상즉하지 않는다."는 것은 두 번째 입장인 4구가 상즉하지 않는다는 해석에 동의한다. "중문과 즉문이 같지 않다."고 한 것은 일승에서 중문과 즉문을 논하는 것이 3승과 달라서 이치와 이치의 상즉과 상입, 현상과 현상의 상즉과 상입, 이치와 현상의 상즉과 상입이 모두 가능하기 때문에, "같지 않다."고 한 것은 3승과 같지 않다고 한 것이다.

문 | 4구의 상즉은 법성융통문法性融通門과 연기상유문緣起相由門 중에서 어디에 해당하는가?

답 | 두 문에 모두 통한다.

문 | 그렇다면 두 문에서 이치와 이치의 상즉과 현상과 현상의 상즉은 어떻게 다른가?

답 | 법성융통문에서는 의거하는 바(所依)인 이치가 막힘없이 통하므로 의거하고 있는(能依) 현상도 또한 이치를 따라서 막힘없이 통한다. 그러므로 하나의 티끌이 의거하는 바(所依)의 이치를 남김없이 포함할 때에

27 『삼보장』(T45, 625b).

의거하는(能依) 여러 존재들이 의거하는 바의 이치를 따라서 하나의 티끌에 상즉하는 것이 현상과 현상의 상즉이다. 한편으로 의거하고 있는 여러 존재들이 의거하는 바인 이치를 따라서 막힘없이 통할 때에 이 존재와 저 존재의 이치들이 상즉하는 것이 이치와 이치의 상즉이다. 연기상유문에서는 하나가 없으면 전체도 없게 되고 전체가 없으면 하나도 없게 된다. 이와 같이 하나와 전체가 서로 말미암아서 성립할 수 있는 것이 현상과 현상의 상즉이다. 한편 현상에 차별이 있기 때문에 이치에도 차별이 있다. 이와 같이 현상과 현상의 차별되는 이치들이 상즉하는 것이 이치와 이치의 상즉이다.

문 | 이치와 이치의 상즉을 법성융통문에서 볼 수 있는가?

답 | 이치와 현상이 상즉하지 않는 이유에 대한 설명 중에서 "만약 오직 이치에만 의거하면 이치는 오직 하나의 맛(一味)이므로 상즉하고 상입할 수 없다. 만약 오직 현상에만 의거하면 서로 막히고 장애하므로 상즉하고 상입할 수 없다.(若唯約理 理唯一味 不可即入 若唯約事 互相障礙 不可即入)"[28] 고 하였으므로 이치와 현상이 다르지 않기 때문에 현상의 차별을 따라서 이치도 차별이 있게 된다. 연기상유문에서도 또한 이치와 이치의 상즉을 이야기할 수 있다.

문 | 『유마경』의 「부사의품不思議品」에 다음과 같은 내용이 있다. "그때에 장자 유마힐이 문수사리에게 '그대는 무량천만억 아승기의 국토를 돌아다녔는데 어느 부처님의 국토에 좋고 지극히 오묘한 사자좌(好上妙師子之座)[29]가 있었습니까?'라고 묻자 문수사리는 '거사가 동쪽으로 36항하사

28 징관澄觀의 『화엄경소』 권2에 같은 내용이 보인다(若唯約事則互相礙不可即入 若唯約理則唯一味無可即入. T35, 517a). 하지만 두 구절의 순서가 다르고 글자에도 차이가 있어 均如가 여기에서 인용하였는지는 명확하지 않다.

29 좋고 지극히 오묘한 사자좌(好上妙師子之座) : 『유마경』 원문에는 "好上妙功德成就師子之座"라고 되어 있다.

의 국토를 지나면 하나의 세계가 있는데 이름이 수미상須彌相이며, 그곳에 계시는 부처님의 이름은 등왕燈王[30]입니다. 지금 현재 그 부처님의 키는 8만 4천 유순由旬이고, 그 사자좌의 높이도 8만 4천 유순으로 대단히 엄숙하게 장엄되어 있습니다'라고 대답하였다. 이때에[31] 장자[32]가 신통력을 드러내자 이때에 그 부처님이 높고 넓고 아름다운 3만 4천의 사자좌를 유마힐의 방으로 보내 주었다. ……사리불이 '거사여, 일찍이 없던 일입니다.[33] 이와 같이 작은 방에 이렇게 크고 넓은 법좌들을 수용하는 것은'이라고 말하였다." 이와 같이 3승의 경전에서도 현상과 현상의 막힘없음을 많이 이야기하고 있는데 어찌하여 (『법계도』에서) "이치와 현상이 상즉하므로 이와 같은 뜻이 있는 것이고 현상과 현상의 상즉을 이야기한 것은 아니다."고 하는가?

답 |「오교장」에서 "열 번째는 현상(事)의 다름이다. 즉 집, 숲, 땅, 산 등과 같은 현상이 모두 법문이 되니 혹은 행行 혹은 위位, 혹은 교敎 혹은 의義 등이 된다. ……[34] 일체의 차별 있는 현상들이 인다라[35]와 미세[36]를 이루니 하나의 현상이 생겨남을 따라서 모두다 그와 같이 된다. 3승은 그렇지 않아서 다만 곧 공空이나 진여라고 이야기할 수 있을 뿐 일승의 설명과 같지 않다. 또한 신통하고 불가사의한 힘으로 잠깐 드러내 보일 수 있다고 하여도 저 (일승과 같이) 존재들이 그러한 상태를 계속하여 유지할 수 있지 않다."[37]라고 하였으므로 앞에서 인용한 『유마경』의 내용은 단지

30 등왕燈王 : 『유마경』 원문에는 "수미등왕須彌燈王"이라고 되어 있다.
31 이때에 : 『유마경』 원문에 있는 "於是"가 『법계도원통기』에는 생략되어 있다.
32 장자長者 : 『유마경』 원문에는 "長者 維摩詰"이라고 되어 있다.
33 『유마경』(T14, 546ab).
34 『화엄교의일승분제장』 원문에 있는 "而不壞其事 仍一一塵中 皆具足"이 생략되었다.
35 인다라 : 인다라망경계문을 의미한다.
36 미세 : 미세상용안립문을 의미한다.
37 법장의 『화엄교의일승분제장』 중 일승과 삼승의 차이점을 10가지로 나누어 설명한 「시설이상施設相異」 중의 내용이다(T45, 484b).

신통하고 불가사의한 힘으로 잠시 드러내 보인 것일 뿐 존재들의 본래 그러한 상태를 이야기한 것이 아니므로 (3승에서는 현상과 현상의 상즉의 뜻이 없다고 이야기한 것이) 잘못된 것이 아니다. 그 『유마경』에서는 이어서 "오직 사리불과 여러 불보살들은 불가사유不可思惟라는 이름의 해탈을 가지고 있는데, 보살들이 이 해탈에 머무르면 능히 수미산과 같이 높고 넓은 것을 겨자씨 속에 넣으면서도 양자의 크기를 줄이거나 늘리지 않을 수 있다. 수미산의 본래 모습을 그대로 유지하고 4천왕과 도리천의 여러 천인天人들이 자신들이 겨자씨 속에 들어가는 것도 알지 못한다. 오직 헤아릴 수 있는 사람들만이 수미산이 겨자씨 속에 들어가는 것을 본다."고 하였는데 그것은 이러한 까닭이다.

문 | (현상과 현상의 상즉의 근거로 이야기되는) 열 가지 이유(十所以)[38] 중의 생각하기 어려운 해탈(難思解脫)과 이 『유마경』의 내용은 어떻게 다른가?

답 | 3승에서는 신통력으로 잠시 드러낸 것으로서 실제의 모습(實德)이 아니지만 일승에서의 변화는 곧바로 실제의 모습(實德)으로서 다르다.

"또한 이치(理)의 인다라와 현상(事)의 인다라 등의 법문을 모두 갖추고 있다."[39]에서 등等은 이치와 현상(理事)의 인다라와 현상과 이치(事理)의 인다라를 가리킨다.

"10불十佛과 보현보살의 법계의 집(法界宅)"[40]이라고 한 것과 관련하여 『법계도』의 앞부분에서 말한 "인因과 과果의 두 자리가 법성의 집(法性家)

---

38 『탐현기』(T35, 124a), "問有何因緣令此諸法得有如是混融無礙 答因緣無量難可具陳 略提十類釋此無礙 一緣起相由故 二法性融通故 三各唯心現故 四如幻不實故 五大小無定故 六無限因生故 七果德圓極故 八勝通自在故 九三昧大用故 十難思解脫故." ; 『화엄경소수소연의초』 권9(T36, 68c), "疏 五圓教等者 義廣理深 非略可盡 故彰其宏奧 別立一門 然在立教之終 故須略舉 言十十法門者 一一法門 一一法中 多明十故 十身十忍十眼十通十種玄門 出十所以表義無盡 彰異餘宗 故文文之中多皆十句 一一十句 六相圓融方顯教圓 廣如下辯 如經宗辯者 即是第六宗趣門也."

39 『법계도』 중의 "亦有具足理因陀羅尼 及事因陀羅尼等法門故"를 가리킨다.

40 『법계도』 중의 "十佛普賢法界宅中 有如是等無障礙法界法門 極自在故"를 가리킨다.

안의 진실한 덕용德用으로서 성품이 중도에 있다."[41]고 했을 때의 법성의 집 및 인다라니의 집(因陀羅尼家), 미세의 집(微細家)과 여기에서 말한 법계의 집은 하나이다. 만약 앞에서 이야기한 법성중도法性中道가 오로지 내증內證이라고 한다면 이미 집에 돌아왔다(歸家)고 한 것은 본성을 깨달은 것이므로 법성과 돌아온 집은 서로 다르지 않아서 둘 다 내증이 되어야 할 것이다. 그런데 내증에서는 인다라를 논하지 않았는데, 어찌하여 집에 돌아왔다고 할 때의 집에 대해서는 법계다라니의 집, 인다라니의 집, 미세의 집 등으로 이야기하는가.[42] 그러므로 10불十佛의 깨달음에 의거할 때에는 비록 내증이지만 이미 10불과 보현보살의 법계의 집이라고 하였으므로 보현보살의 경계에도 통하는 것이니 어찌 내증이기만 하겠는가. 그러므로 여기에서 말하는 법계의 집과 앞에서 이야기한 법성의 집은 서로 다르지 않아서 오로지 외화外化이며 나타나 있는 바(所現)인 내증과 막히지 않는 것이다.

『약소』(『수현기』)에서 "성인의 경지는 둘이니 곧 이치(理)와 인식(量)의 두 법이다. 이 둘에 각기 두 가지의 법인다라망 경계가 있으니 '이치 속의 인식(理中量)'과 '인식 속의 일부분(量中之一分)'이다."[43]라고 하였는데, 이에 대하여 **어떤 사람**은 "'이치 속의 인식'은 부처의 외향外向이고 '인식 속의 일부분'은 보현보살의 내향內向이므로 오직 부처의 외향과 보현보살의 내향에서 인다라를 이야기할 수 있다. 오직 부처의 내증에 의거하거나 보현보살의 외향에 의거하여서는 논할 수 없다."고 하였다. **지금 해석**해 보건대 이치와 인식의 두 법은 이치(理)의 인다라와 현상(事)의 인다라이고, '이치

41 『법계도』 중에서 자상字相에 대해 설명하는 부분 중의 "何故始終兩字 安置當中 表因果兩位 法性家內 真實德用 性在中道故"이다.

42 『법계도』 중의 "歸家者 證本性故 家者何義 陰覆義 住處義故 所謂法性真空 覺者所住 故名為宅 大悲善巧蔭覆眾生 名曰為舍 此義在三乘 一乘方究竟 何以故 應法界故 所謂法界陀羅尼家 及因陀羅家 微細家等 此是聖者所依住故 名曰為家" 부분을 가리킨다.

43 『수현기』(T35, 19a).

속의 인식'은 이치와 현상(理事)의 인다라, '인식 속의 일부분'은 현상과 이치(事理)의 인다라이다. 그러므로 이것은 4구의 인다라이다.

세 번째의 나머지 예를 든 부분[44] 중에서 "역순逆順과 주반主伴이 서로 이루어 주는 등의 ……"라고 한 것은 앞에서 법계의 집에 이치와 현상의 인다라들이 모두 갖추어져 있고 서로 막힘없음을 밝히고 지금 나머지 역순 등을 드러낸 것이다. 역逆은 오열중비五熱衆鞞[45]이고, 순順은 6바라밀의 바른 행동이다. "등"은 인법人法, 교의敎義 등의 10법과 동시구족문 등의 나머지 문들을 가리킨다.

나. 연기다라니의 대의大義 설명에 대한 해설

지금까지는 전체의 세 번째 단락인 석문(釋文 : 글의 내용을 따라가면서 해석하는 것)에서 두 단으로 나눈 중의 첫 부분인 본문 내용을 곧바로 해석하는 부분이었다. 이 아래부터는 두 번째 부분인 다라니의 전체적 의미에 대한 료간(料簡 : 나누어 분석적으로 설명함)이다. 이 료간은 세 부분으로 이루어져 있는데, 첫 번째의 "만약 (연기의 참된 모습의 다라니를) 보고자 하면 ……" 이하에서는 연기다라니의 뜻을 곧바로 드러내고 있다. 두 번째의 "묻는다. 초교初敎에서부터는 ……" 이하에서는 질문과 대답으로 삼승과 다른 점을 드러내 보이고 있다. 세 번째 부분은 많은 내용을 설명하는 다른 책들에 미룬 것(推廣)이다.

가) 연기다라니의 뜻에 대한 직접적 설명에 대한 해설

첫 번째 곧바로 드러낸 부분은 다시 둘로 구성되어 있다. 앞부분은 다라니의 뜻을 곧바로 드러낸 것이고 아랫부분인 "지금까지 설명해 온 것

---

44 『법계도』 중의 "其餘逆順主伴相成等法門 准例相攝 隨義消息"을 가리킨다.

45 오열중비五熱衆鞞 : 오열五熱은 사방과 머리 위에 뜨거운 열을 두고서 고행하는 것으로 외도外道의 수행을 의미한다.

……" 이하는 앞의 내용을 정리한 것이다. 앞부분은 다시 두 부분으로 구성되어 있다. 앞에서는 수전법數錢法에 의거하여 다라니의 뜻을 드러내고 있고, 뒤의 "동전 중에서 ……" 이하에서는 비유를 통하여 수전법을 설명하고 있다. 앞의 부분은 다시 두 부분으로 구성되어 있는데, 먼저 앞에서는 하나하나의 현상(一事)에 열 개의 동전이 갖추어져 다함이 없음을 드러내고 있고, 뒤의 "하나하나의 동전 중에 …… 그에 준해 알 수 있다."에서는 하나하나의 동전에 모두 수전법을 해석하는 10현문이 갖추어져 있음을 드러내고 있다.

(가) 수전법數錢法 설명에 대한 해설

(다시 하나하나에 열이 갖추어져 있음을 드러내는) 앞부분은 셋으로 구성되어 있다. 가장 앞부분은 전체 내용을 드러낸 것이고, 그 다음의 "이 중에 두 가지가 있으니 ……" 이하는 중문과 즉문을 따로 따로 해석한 것이며, 마지막의 "지금까지 설명한 오는 것과 가는 것 ……" 이하는 중문과 즉문의 두 문 전체에 대하여 질문과 대답을 통해 의심을 없앤 것이다.

㉮ 수전법數錢法의 개요 설명에 대한 해설

첫 번째 (전체 내용을 드러낸) 부분[46]과 관련하여 어떤 사람은 "연기의 참된 모습(緣起實相)"은 내증이고, 수전법의 중문과 즉문은 내증을 드러내는 방편이라고 한다. **지금 해석**해 보건대 중문이 곧 연기이고, 즉문이 곧 연기의 참된 모습으로서 모두 내증이 아니다. 그래서 여기에서는 연기의 참된 모습과 중문을 설명하고서 끝 부분에 "연기의 오묘한 이치(緣起妙理)"라고 하였고, 「의리장」에서는 "또한 현상(事)의 동전에 의거하여 저 일승

46 『법계도』 중의 "若欲觀緣起實相陀羅尼法者 先應覺數十錢法 所謂一錢乃至十錢 所以說十者 欲顯無量故" 부분이다.

연기의 다함없는 다라니법을 비유한다."[47]고 하였으며, 또 『화엄종요華嚴宗要』[48]에서는 "여기에서 설명하려는 바(所詮)인 보법普法을 밝히는 뜻은 …… 바로 이 화엄경이 설명하려는 바(所詮)의 뜻이기 때문이다."라고 하였으니 모두 같은 뜻이다.

문 | 수전법의 비유는 누가 처음 창안한 것인가?

답 | 지엄이다. 『보법기普法記』[49]에서 "수전법은 지엄 법사가 말씀하신 뜻이고, 의상 법사가 전해 온 말씀으로서 이 뜻을 생각하고 헤아려보니 도리가 있는 것이다. 이에 지금 그것에 대하여 서술한다."라고 하였고, 또 『화엄종요』에서는 "이 수전법의 방법은 지엄 법사에게서 비롯된 것으로 또한 도리가 있으므로 이제 그것을 택한다."고 하였다. 그러므로 수전법이 지엄으로부터 나온 것임을 알 수 있다. 당나라에서는 법장과 징관, 신라에서는 의상과 원효가 세상에 이것을 유통시켰다.

문 | 동체同體와 이체異體는 수전법인가? 중문과 즉문은 수전법인가?

답 | 둘 다 그러하다. **지금 해석**해 보건대 동체와 이체, 중문과 즉문을 막론하고 만일 동전을 헤아리는 비유를 쓰면 수전법이고, 만약 동전을 헤아리는 비유를 쓰지 않으면 수전법이 아니다. 동체와 이체, 중문과 즉문에 대하여는 지엄 이전에 두순 화상 등이 또한 말씀하셨지만 동전을 헤아리는 비유에 의거하여서 연기법을 드러낸 것은 지엄으로부터 시작된 것이다.

문 | 경전과 논서에서 동전을 헤아리는 비유를 이야기하고 있는 것이 있는가?

---

47 『화엄일승교의분제장』(T45, 504c). 원문에서는 "이치를 드러내는 현상의 동전에 의거하여 저 일승 연기의 다함없는 다라니법을 비유한다.(約現理事錢中 況彼一乘緣起無盡陀羅尼法)"고 하여 약간의 차이가 있다.

48 『화엄종요華嚴宗要』: 원효가 『화엄경』의 중심 내용을 정리한 저술.

49 『보법기普法記』: 원효의 저술.

답 | 다만 논서에서 별시의취別時意趣를 해석하는 가운데에 "동전 한 개 …… 백 개, 천 개"라고 이야기하고 있다. 경전에는 그러한 내용이 없다. 그렇지만 연기법을 보여 주는 가장 좋은 방편이므로 취한 것이다.

문 | 수전법의 뛰어난 이점은 무엇인가?

답 | 『개종기開宗記』[50]에서는 "수전법은 생사에 집착하는 병을 다스리는 가장 좋은 약이고 열반의 무애한 공덕(德)을 이루는 가장 뛰어난 가르침이다."라고 하였다. 만일 수전법을 배우면 보는 곳마다 집착이 없게 되고 듣는 곳마다 집착이 없게 되므로 생사에 집착하는 병을 다스리는 가장 좋은 약이라고 하였다. 수전법을 배우면 자기 몸을 떠나지 않고서도 하나하나의 터럭 구멍에서 많은 부처님의 바다를 보고, 하나하나의 티끌에서 많은 부처님의 세계를 볼 수 있으며, 자신이 머무르는 곳이 부처님의 법계임을 보고 또한 자기의 몸이 부처님 스스로의 몸이고, 자신의 마음이 부처님의 지혜임을 보게 되므로 열반의 무애한 공덕을 이루는 가장 뛰어난 가르침이라고 하였다. 그러므로 연기관을 배우고, 보현행을 수행하고자 하는 사람들은 마땅히 수전법의 방법을 따라야 비로소 가능할 것이다. 그렇기 때문에 (『법계도』에서) "만일 연기 실상의 다라니 법을 보고자 하면 먼저 마땅히 수십전법數十錢法을 배워야 한다."고 하였다.

㉯ 중문中門과 즉문卽門의 설명에 대한 해설

(두 번째의 중문과 즉문을) 따로 해석하는 부분[51] 중 앞의 구절은 중문과 즉

---

50 『개종기開宗記』: 신라 화엄학자인 연기緣起의 저술.

51 『법계도』 중의 다음 부분이다. "此中有二 一者 一中十 十中一 二者 一即十 十即一 初門中有二 一者向上來 二者向下去 言向上來中 有十門不同 一者一 何以故 緣成故 即是本數 乃至十者一中十 何以故 若無一十即不成 仍十非一故 餘門亦如是 准例可知 言向下去中 亦有十門 一者十 何以故 緣成故 乃至十者十中一 何以故 若無十 一即不成 仍一非十故 餘亦如是 如是往反勘當 即知 一一錢中 具足十門 如本末兩錢中具足十門 餘八錢中 准例可解 **問** 既言一者 何得一中名為十也 **答** 大緣起陀羅尼法若無一 一切即不成

문을 나열하였고, 그 뒤의 "첫 번째 문에 둘이 있는데, 첫 번째는 ……" 이하는 두 문 각각의 내용을 따로 해석한 것인데, 앞의 중문에 대해서는 먼저 오고 가는 뜻에 대하여 설명한 후 뒤의 "하나의 문에 10문을 완전하게 포섭하여 다할 수 있는가 아닌가?" 이하는 다함(盡)과 다하지 못함(不盡)에 대하여 논한 것이다.

처음의 (중문과 즉문을 나열함과) 관련하여서 말한다.

문 | 여기에서 중문은 "위로 향하여 오고, 아래로 향하여 간다.(向上來向下去)"고 하고 즉문은 "위로 향하여 가고, 아래로 향하여 온다.(向上去向下來)"고 하였는데, 「의리장」에서는 이체의 중문에 대하여는 "위를 향하여 헤아리고, 아래를 향하여 헤아린다.(向上數向下數)"고 하고 즉문에 대하여는 "위를 향하여 가고, 아래를 향하여 온다.(向上去向下來)"고 하였고, 동체의 중문과 즉문에서 따로 위를 향함(向上)과 아래를 향함(向下), 오는 것(來)과 가는 것(去)의 뜻을 구별하지 않았다.[52] 한편 지상(至相 : 지엄을 가리킴)의 『십현장』[53]에서는 이체의 중문과 즉문에 대하여 모두 "위를 향하여 가고,

---

定知如是其相 如所言一者 非自性一緣成故一 乃至十者 非自性十 緣成故十 一切緣生法 無有一法定相有性 無自性故 即不自在者 即生不生生 不生生者 即是不住義 不住義者 即是中道 道義者 即通生不生 故龍樹云 因緣所生法 我說即是空 亦說為是假名 亦是中道義 即其義也 中道義者 是無分別義 無分別法不守自性故 隨緣無盡 亦是不住 是故當知 一中十 十中一 相容無礙 仍不相是 現一門中具足十門 故明中智 一門中有無盡義如一門 餘亦如是 **問** 一門中攝十盡不 **答** 盡不盡 所以者何 須盡即盡 須不盡即不盡故 其義云何 以一事辨一多故即盡 以異事辨一多故即不盡 文一事中一多義不相是 即是多 一事故即是一 四句 護過去非顯德 准之可解 異事亦准同 **問** 須何義 **答** 須者緣成義 何以故因緣法一不差故 別別諸事門中 准例如是 緣起妙理 應如是可知故 第一門訖 第二門 此中二門 一者向上去之 二者向下來 初門中十門不同 一者一 何以故 緣成故 乃至十者一即十 何以故 若無一 十即不成故 緣成故 第二門中亦有十門 一者十 何以故 緣成故 乃至十者 十即一 若無十 一即不成故 餘者准例 以此義故 當知一一錢中 具足十門 **問** 如上多門一時俱圓耶 前後不同耶 **答** 即圓即前後不同 何故如是 須圓即圓 須前後即前後 何以故 法性家內德用 自在無障礙故 由緣成故 皆得如是."

52 『화엄일승교의분제장』(T45, 503b~504a)에 관련된 내용이 서술되어 있다.

53 지상至相의 『십현장十玄章』: 지엄至儼의 저술로 전해지는 『화엄일승십현문華嚴一乘十玄門』을 가리킨다.

아래를 향하여 온다.(向上去向下來)"고 하였다.[54] 이와 같이 서로 같지 않은 것은 무슨 뜻인가?

답 | **어떤 사람**은 중문에서는 (다른 것들을) 가지고 가고, 가지고 오며, 즉문에서는 가고 오는 것이라고 한다. 즉 중문에서는 오는 문에서는 뒤의 아홉을 가지고 첫 번째로 오고, 가는 문에서는 앞의 아홉을 가지고 열 번째로 향하며, 즉문에서는 첫 번째가 두 번째와 일치하고, 첫 번째가 세 번째와 일치하고 …… 첫 번째가 열 번째와 일치하며, 열 번째가 아홉 번째와 일치하고, 열 번째가 여덟 번째와 일치하고 …… 이와 같이 열 번째가 첫 번째와 포섭된다(具).

문 | 10개의 동전에서의 오고 가는 것은 어떤 것인가?

답 | 중문의 10개의 동전에서 첫 번째는 오는 뜻은 있지만 가는 뜻은 없고, 열 번째는 가는 뜻은 있지만 오는 뜻은 없다. 향하문은 이와 반대이다. 중간의 나머지 동전들은 오고 가는 두 가지 뜻을 모두 가지고 있다. 즉문의 10개의 동전에서 첫 번째는 가는 뜻은 있지만 오는 뜻은 없고, 열 번째는 오는 뜻은 있지만 가는 뜻은 없다. 향하문은 이와 반대이다. 중간의 나머지 동전들은 오고 가는 두 가지 뜻을 모두 가지고 있다.

문 | 왜 그러한가?

답 | 중문에서는 첫 번째 동전에 뒤의 아홉 개가 와서 포섭될 뿐, 첫 번째 동전 앞에 첫 번째 동전으로 가서 포섭될 다른 동전이 없기 때문에 (첫 번째 동전에는) 오는 뜻만 있고 가는 뜻은 없다. 열 번째 동전은 앞의 아홉 개의 동전이 가서 합쳐질 뿐, 열 번째의 동전 뒤에는 열 번째 동전으로 와서 포섭될 동전이 없으므로 (열 번째 동전에는) 오직 가는 뜻만 있고 오는 뜻은 없다. 향하문은 이와 반대이다. 중간의 나머지 동전들은 그 앞의 동전들은 가서 포섭되고, 뒤의 동전들은 와서 포섭되므로 오는 뜻과 가는

54 『화엄일승십현문』(T45, 514b)에 관련된 내용이 서술되어 있다.

뜻이 갖추어져 있다. 즉문에서의 첫 번째 동전은 두 번째부터 열 번째까지의 동전과 일치되니 가는 것만 있고, 이 첫 번째의 동전 앞에는 와서 포섭될 다른 동전이 없으므로 (첫 번째의 동전에는) 가는 뜻만 있고 오는 뜻은 없다. 열 번째의 동전은 아홉 번째부터 첫 번째까지의 동전과 일치하니 오는 것만 있고, 이 열 번째의 동전 뒤에는 가서 일치할 수 있는 다른 동전이 없으므로 오직 오는 뜻만 있고 가는 뜻이 없다. 향하문은 이와 반대이다. 중간의 나머지 동전들은 앞의 동전들이 와서 포섭되고, 뒤의 동전들로 가서 포섭되므로 오는 뜻과 가는 뜻이 갖추어져 있다.

문 | 그렇다면 중간의 나머지 동전들은 오는 뜻과 가는 뜻이 모두 갖추어져 있는데, 어째서 다 같이 위를 향하고(向上), 아래를 향한다(向下)고 하는가?

답 | 실제로는 이야기한 것처럼 오는 뜻과 가는 뜻을 모두 가지고 있다. 그렇지만 첫 번째 동전에 오는 뜻만 있고 가는 뜻이 없으므로 그 첫 번째 동전에 의거하여 "위로 향하여 온다."는 이름을 붙이고, 열 번째 동전에는 가는 뜻만 있고 오는 뜻이 없으므로 그 열 번째 동전을 따라서 "아래를 향하여 간다."고 이름 붙인다.

어떤 사람은 위를 향함과 아래를 향함, 오는 것과 가는 것의 뜻은 모두 헤아리는 주체(能數)인 마음에 의거하여 이야기한 것일 뿐 헤아림의 대상(所數)에 의거한 것이 아니라고 말한다. 만일 헤아리는 주체인 마음이 열 번째에 있으면서 (하나의 현상에) 각기 10개의 동전을 갖추고 있는 10개의 동전을 헤아릴 때에는 첫 번째에서 열 번째로 헤아리는 것이 모두 나의 헤아리는 주체의 마음을 향하여 오는 것이므로 "위를 향하여 온다."고 하고, 열 번째에서 첫 번째로 헤아리는 것은 나의 헤아리는 주체인 마음의 반대 방향으로 가는 것이므로 "아래를 향하여 간다."고 한다. 만일 헤아리는 주체인 마음이 첫 번째 동전에 있으면서 10개의 동전을 헤아릴 때에는 열 번째에서 첫 번째로 헤아리는 것은 나의 헤아리는 주체인 마음을 향하여 오는 것이므로 "아래를 향하여 온다."고 하고, 첫 번째에서 열 번째로 헤아리는 것은 나의 헤아림의 주체인 마음을 향하여 오는 것이 아니고 열 번째를 향하여 가는 것이므로 "위를 향하여 간다."고 한다. 이 때문에 이 중문에서는 헤아리는 주체인 마음이 열 번째에 있기 때문에 "위를 향하여 오고, 아래를 향하여 간다."고 한다. 아래의 즉문과 지상(지엄) 스님의 『십현장』에서 이체의 중문과 즉문에 대해 모두 "위를 향하여 가고, 아래를 향하여 온다."고 한 것은 헤아리는 주체인 마음이 첫 번째에 있기 때문이다.

(이 두 가지 입장 중에서) 뒤의 입장에 대하여는 『법계도』의 뒷부분에서 "지금까지 이야기한 가고 오는 뜻의 그 모습은 어떠한가? 스스로의 순서는 움직이지 않으면서 항상 가고 온다."고 하고, 청량이 "'가고 오면서 움직이지 않는다'는 것은 하나가 전체에 들어가되 하나의 자리는 그대로 있고, 전체가 하나로 들어가지만 전체의 자리는 그대로 있는 것"[55]이라고 하여 스스로의 위치가 움직이지 않는 것을 그대로 있는 것, 서로 일치하고 들어가는 것을 오는 것과 가는 것이라고 하였는데 어떻게 오는 것과 가는 것을 오로지 헤아림의 주체인 마음에 의거한다고 이야기할 수 있는가. 이 까닭에 이 주장은 따르기 어렵다.

지금 해석해 보건대 "위를 향함"과 "아래를 향함"은 헤아림의 주체인 마음에 의거한 것이고, 오는 것과 가는 것은 헤아림의 대상에 의거한 것이다. 10개의 동전을 놓고서 첫 번째에서 열 번째로 헤아리면 "위를 향함"이고 열 번째에서 첫 번째로 헤아리면 "아래를 향함"이다. 포섭하는 주체(能具)에 의거하면 오는 것이고, 포섭되는 대상(所具)에 의거하면 가는 것이다. 즉 첫 번째가 포섭하는 주체가 될 때에 그 뒤의 아홉으로 와서 포섭되는 것이므로 "위를 향하여 온다."고 한다. 포섭되는 대상의 입장에서 포섭하는 주체를 대비시키면 뒤의 아홉이 첫 번째로 향하여 가서 포섭되는

55 『화엄경수소연의초』(T36, 231b)의 내용이다.

것이므로 "아래를 향하여 간다."고 한다. 이런 식으로 만약 열 번째를 포섭하는 주체로 하였을 때에는 앞의 아홉이 열 번째로 와서 포섭되는 것이므로 온다고 하고 포섭되는 대상의 입장에서 합치는 주체인 열 번째를 바라보면 앞의 아홉이 포섭되는 대상으로서 포섭하는 대상을 향하므로 간다고 한다. 그러므로 앞에서는 포섭하는 주체에 서서 온다고 하고 포섭되는 대상에 서서 간다고 한다. 청량이 "'가고 오면서 움직이지 않는다'는 것은 하나가 전체에 들어가되 하나의 자리는 그대로 있고, 전체가 하나로 들어가지만 전체의 자리는 그대로 있는 것"이라고 한 것에서 하나가 전체로 들어갈 때에 포섭하는 주체에 입각한 것을 온다고 하고, 포섭되는 대상에 입각한 것을 간다고 한 것이고, 전체가 하나로 들어갈 때에 하나가 포섭하는 주체가 되고 전체는 포섭되는 대상이 되므로 온다고 하였다. 만약 포섭되는 대상의 입장에서 본다면 가는 것이다. 그러므로 하나가 전체에 들어가고 전체가 하나에 들어가는 것이 가고 오는 뜻이다. 하나와 전체가 각각의 모습을 깨뜨리지 않는 것이 움직이지 않는다는 뜻이다. 이와 같으므로 오고 가는 것은 헤아림의 대상이 오고 가는 것이다.

(중문에 대한 설명 중) 첫 번째의 오는 것과 가는 것의 뜻에 대하여 곧바로 설명하는 부분은 앞에서는 하나하나의 현상에 열 개의 동전이 포섭되어 있음을 곧바로 설명하고 있고, 뒤의 "이미 하나에 (10개가) 갖추어졌다." 이하는 하나하나의 현상에 다함없이 포섭되어 있음을 드러낸 것이다. 앞부분은 다시 둘로 구성되어 있다. 첫 번째는 오는 것과 가는 것에 대하여 설명한 부분이고 뒤의 "이미 하나라고 하였는데 ……" 이하는 질문과 대답으로 의심을 없애는 것이다. 첫 번째 부분은 다시 둘로 이루어져 있으니, 앞부분에서는 오는 것과 가는 것에 대하여 곧바로 해석하고 있고, 뒤의 "이와 같이 오고 가며 살펴보면" 이하는 정리하는 것이다. 앞부분은 먼저 장문章門을 나열한 후, 뒤의 "위를 향하여 오는 것에 10가지가 있다." 이하에서 두 문에 대하여 나누어 해석하고 있다. 앞부분인 장문章門을 나열

하는 것에서는 반복하여 앞의 “첫 번째에 열 번째가 들어 있다.(一中十)”는 것을 가리켜 “위를 향하여 온다.”고 하였고, 반복하여 앞의 “열 번째에 첫 번째가 들어 있다.(十中一)”는 것을 가리켜 “아래를 향하여 온다.”고 한다.

문 | 위를 향함과 아래를 향함의 두 문에는 각기 10문을 갖추고 있는데, 어찌하여 오는 것에 대한 문에는 “첫 번째에 열 번째가 들어 있다.(一中十)”고 하고, 가는 것에 대한 문에는 “열 번째가 첫 번째에 들어 있다.(十中一)”고 하는가?

답 | 두 문이 각기 10문을 갖추고 있다. 하지만 오는 것에 대한 문은 첫 번째로부터 이름을 얻은 것이므로 “첫 번째에 열 번째가 들어 있다.(一中十)”고 하였다. 가는 것에 대한 문도 또한 그러하다.

문 | 위를 향하여 오는 것과 아래를 향하여 가는 것은 무슨 뜻을 나타낸 것인가?

답 | 『개종기』에서 생사를 버리고 열반을 향하는 것을 위를 향하여 온다고 하고, 열반을 버리고 생사를 향하여 중생을 교화하는 것을 아래를 향하여 간다고 한다. “여실如實한 도리를 타고 와서(來) 정각을 이룬다.”거나 “잘 오신 이, 세존이시여!(善來世尊)” 등은 바로 이런 뜻이다.

지금 해석해 보건대 대연기법계의 역순을 두루 갖추고 자유로운 뜻을 드러내기 위하여 “위를 향하고”, “아래를 향한다.”고 말하였을 뿐이다.

“위를 향하여 온다고 이야기하는 것에 10문이 있는데, 같지 않다.”는 것은 먼저 10문을 드러낸 것이고, 그 아래는 10문에 대한 해석이다. 해석에서는 먼저 하나의 문에 대하여 해석하였고, 뒤의 “나머지 문들도 또한 이와 같다.” 이하는 나머지들도 그러하다는 것을 이야기한 것이다. 앞부분의 (먼저 10문을 드러낸 것은) 제대로 갖추어 이야기하면 마땅히 “첫 번째의 문에 10가지가 있다.”고 했어야 한다.

“첫 번째(一者)는 첫 번째(一)이다. 왜냐하면” 등은 간략하게 말한 것이다. 동전에는 위전位錢, 체전體錢, 덕전德錢 등이 있다. 처음의 "첫 번째(一者)"는 위전이고, 그 다음의 "첫 번째(一)"는 체전이며, 뒤의 "첫 번째에 들어 있는 두 번째(一中二)"라는 것 등은 덕전이다.

"이것이 본수本數이다."라는 것에 대하여 말한다.

문 | 1이 본수인가 아니면 10이 본수인가?

답 | 전자이다.

문 | (『화엄경』) 제4회 중의 정진림 보살精進林菩薩의 게송에 이르기를 "10진법의 수법에서 한 단위씩 늘려 가면 무량에 이르는 것과 같다. 수법에는 체성이 없지만 지혜가 있어서 그것을 구별한다."고 하였으므로 10도 본수인데 어째서 그렇지 않다고 하는가?

답 | 열 개의 수를 드러낼 때에는 1이 본수이고, 백과 천 등의 수를 드러낼 때에는 10이 본수이다. 경에서는 무량을 드러내고자 한 것이므로 10도 본수가 될 수 있지만 여기에서는 하나가 열을 갖추고 있음을 드러내고자 하는 것이므로 1을 본수로 삼는다.

문 | "나머지에서 동전을 갖추고 있다."[56]는 것은 무엇인가?

답 | **어떤 사람**은 다음과 같이 이야기한다. 만약 오는 다섯 번째 문에서라면 "첫 번째는 다섯 번째, 두 번째는 다섯 번째에 들어 있는 첫 번째, 세 번째는 다섯 번째에 들어 있는 두 번째, 네 번째는 다섯 번째에 들어 있는 세 번째, 다섯 번째는 다섯 번째에 들어 있는 네 번째, 여섯 번째는 다섯 번째에 들어 있는 여섯 번째, 이런 식으로 열 번째는 다섯 번째에 들어 있는 열 번째"이다. 만약 오는 아홉 번째 문이라면 "첫 번째는 아홉 번째, 두 번째는 아홉 번째에 들어 있는 첫 번째, 세 번째는 아홉 번째에 들어 있는 두 번째, 네 번째는 아홉 번째에 들어 있는 세 번째, 이런 식으로

56 『법계도』 중의 "(向上來中) 餘門亦如是 准例可知 …… (向下去中) 餘亦如是 如是往反勘當即知 一一錢中 具足十門 如本末兩錢中具足十門 餘八錢中 准例可解" 부분을 가리킨다.

아홉 번째는 아홉 번째에 들어 있는 여덟 번째, 열 번째는 아홉 번째에 들어 있는 열 번째"이다. 만약 가는 다섯 번째 문이라면 "첫 번째는 여섯 번째, 두 번째는 여섯 번째에 들어 있는 열 번째, 세 번째는 여섯 번째에 들어 있는 아홉 번째, 네 번째는 여섯 번째에 들어 있는 여덟 번째, 다섯 번째는 여섯 번째에 들어 있는 일곱 번째, 여섯 번째는 여섯 번째에 들어 있는 다섯 번째, 일곱 번째는 여섯 번째에 들어 있는 네 번째, 이런 식으로 열 번째는 여섯 번째에 들어 있는 첫 번째"이다. 만약 가는 아홉 번째 문이라면 "첫 번째는 두 번째, 두 번째는 두 번째에 들어 있는 열 번째, 세 번째는 두 번째에 들어 있는 아홉 번째, 네 번째는 두 번째에 들어 있는 여덟 번째, 다섯 번째는 두 번째에 들어 있는 일곱 번째, 여섯 번째는 두 번째에 들어 있는 여섯 번째, 이런 식으로 열 번째는 두 번째에 들어 있는 첫 번째"이다.

어떤 사람은 다음과 같이 이야기한다. 만약 오는 다섯 번째 문에서라면 "첫 번째는 다섯 번째, 두 번째는 다섯 번째에 들어 있는 네 번째, 세 번째는 다섯 번째에 들어 있는 세 번째, 네 번째는 다섯 번째에 들어 있는 두 번째, 다섯 번째는 다섯 번째에 들어 있는 첫 번째, 여섯 번째는 다섯 번째에 들어 있는 여섯 번째, 일곱 번째는 다섯 번째에 들어 있는 일곱 번째, 이런 식으로 열 번째는 다섯 번째에 들어 있는 열 번째"이다. 만약 오는 아홉 번째 문이라면 "첫 번째는 아홉 번째, 두 번째는 아홉 번째에 들어 있는 여덟 번째, 세 번째는 아홉 번째에 들어 있는 일곱 번째, 네 번째는 아홉 번째에 들어 있는 여섯 번째, 다섯 번째는 아홉 번째에 들어 있는 다섯 번째, 이런 식으로 아홉 번째는 아홉 번째에 들어 있는 첫 번째, 열 번째는 아홉 번째에 들어 있는 열 번째"이다. 만약 오는 열 번째 문이라면 가는 첫 번째 문과 같으므로 "첫 번째는 열 번째, 두 번째는 열 번째에 들어 있는 아홉 번째, 세 번째는 열 번째에 들어 있는 여덟 번째, 네 번째는 열 번째에 들어 있는 일곱 번째, 다섯 번째는 열 번째에 들어 있는 여섯 번째, 여섯 번째는 열 번째에 들어 있는 다섯 번째, 일곱 번째는 열 번째에 들어 있는 네 번째, 이런 식으로 열 번째는 열 번째에 들어 있는 첫 번째"이다. 만약 가는 다섯 번째 문이라면 "첫 번째는 여섯 번째, 두 번째는 여섯 번째에 들어 있는 일곱 번째, 세 번째는 여섯 번째에 들어 있는 여덟 번째, 네 번째는 여섯 번째에 들어 있는 아홉 번째, 다섯 번째는 여섯 번째에 들어 있는 열 번째, 여섯 번째는 여섯 번째에 들어 있는 다섯 번째, 일곱 번째는 여섯 번째에 들어 있는 네 번째, 일곱 번째는 여섯 번째에 들어 있는 세 번째, 이런 식으로 열 번째는 여섯 번째에 들어 있는 첫 번째"이다. 만약 가는 아홉 번째 문이라면 "첫 번째는 두 번째, 두 번째는 두 번째에 들어 있는 세 번째, 세 번째는 두 번째에 들어 있는 네 번째, 네 번째는 두 번째에 들어 있는 다섯 번째, 이런 식으로 여덟 번째는 두 번째에 들어 있는 아홉 번째, 아홉 번째는 두 번째에 들어 있는 열 번째, 열 번째는 두 번째에 들어 있는 첫 번째"이다. 만약 가는 열 번째 문이라면 오는 첫 번째 문과 같으므로 "첫 번째는 첫 번째, 두 번째는 첫 번째에 들어 있는 두 번째, 세 번째는 첫 번째에 들어 있는 세 번째, 네 번째는 첫 번째에 들어 있는 네 번째, 다섯 번째는 첫 번째에 들어 있는 다섯 번째, 이런 식으로 열 번째는 첫 번째에 들어 있는 열 번째"이다. 그렇기 때문에 가는 것의 첫 번째와 오는 것의 마지막 동전을 갖추고 있는 것이 다르지 않고, 오는 것의 첫 번째와 가는 것의 마지막 동전을 갖추고 있는 것이 다르지 않다.

지금 해석해 보건대 후자가 옳다.

문 | 중문에서 오는 것과 가는 것 두 문에 대한 해석을 매듭짓는 부분에서 "이와 같이 오고 가며 살펴보면 곧 하나하나의 동전에 10문을 갖추고 있음을 알 수 있다."고 하여 여러 동전들이 각기 10문을 갖추고 있음을 드러내었는데, 어찌하여 그 뒤에서 "처음(本)과 끝(末)의 두 동전이 10문을 갖추고 있는 것처럼 나머지 8개의 동전도 앞의 예와 같으니 가히 알 수 있다."고 하는가?

답 | 매듭짓는 부분에서 "곧 하나하나의 동전에 10문을 갖추고 있음을 알 수 있다."고 한 것은 앞에서 하나하나의 동전이 각기 10문을 갖추고 있음을 매듭지은 것이고, "처음과 끝의 두 동전이 10문을 갖추고 있는 것처럼 ……"이라고 한 것은 처음과 끝의 두 동전이 10문을 갖추고 있는 것을 나머지 8개의 동전도 10문을 갖추고 있는 것의 모범으로 제시한 것이다. 즉 앞에서 이미 하나하나의 동전에 10문이 갖추어져 있음을 살피고서 "곧 하나하나의 동전에 10문을 갖추고 있음을 알 수 있다."고 한 것은 하나하나가 10문을 갖추고 있는 뜻은 이미 다 드러났다. 그러므로 이제는 처음과 끝의 동전들을 나머지 동전들이 10문을 갖추고 있는 것의 모범으로 제시한 것이다.

문 | 무엇이 처음(本)이고 무엇이 끝(末)인가?

답 | 처음 동전은 바로 오는 것의 처음에 해당한다. 또한 이 처음에는 가는 것의 마지막도 해당한다. 끝 동전은 바로 가는 것의 처음에 해당한다. 또한 여기에는 오는 것의 마지막도 해당한다. 앞의 글에서는 단지 오는 것의 처음과 가는 것의 처음이 동전을 모두 갖추고 있는 모습만을 드러내었고 오는 것의 마지막과 가는 것의 마지막이 동전을 모두 갖추고 있는 모습은 드러내지 않았다. 오는 것의 처음과 가는 것의 마지막을 합하여 처음으로 하고, 오는 것의 마지막과 가는 것의 처음을 합하여 끝으로 하고서 "처음과 끝의 두 동전이 10문을 갖추고 ……"라고 하였으므로 오는 것의 처음과 가는 것의 마지막 동전을 갖추고 있는 모습이 같고, 오는 것의 마지막과 가는 것의 처음 동전을 갖추고 있는 모습이 같음을 알 수 있다.

질문과 대답으로 의심을 없애는 부분[57]에서 다음과 같이 말한다.

---

57 『법계도』 중의 "**問** 旣言一者 何得一中名為十也 **答** 大緣起陀羅尼法若無一 一切即不成

“이른바 하나라고 하는 것은 스스로의 본성이 하나가 아니라 인연에 의하여 하나를 이룬 것이다. (……) 열이라고 하는 것은 스스로의 본성이 열이 아니라 인연에 의하여 열을 이룬 것이다.”라고 한 부분에서 중략된 부분을 갖춰서 이야기하면 “이미 열이라고 하였는데 어떻게 열에 하나가 있을 수 있는가?”라는 질문이 있고 나서 “열이라고 하는 것은 스스로의 본성이 열이 아니라 ……”가 이어져야 한다.

“모든 인연으로 생겨난 존재로서 정해진 스스로의 본성을 가지고 있는 것은 하나도 없다. ……”라고 한 것은 앞부분 모두에 대하여 스스로의 본성이 없다는 뜻을 드러낸 것이다.

“자재自在하지 않은 것은 곧 생겨나지만 생겨나지 않는 것(生不生)이다.”[58]라는 것에서 연기에 의하여 눈앞에 드러나는 것은 생겨남이고, 연기에 스스로의 본성이 없는 것은 생겨나지 않음이다. 「의리장」에서 “자성이 없다면 어떻게 하나와 전체가 연기를 이루는가? 단지 본성이 없음으로 말미암아서 하나와 전체가 연기를 이룰 수 있다.”[59]고 하였으므로 본성이 없다는 것이 생겨나지 않음이고 하나와 전체가 연기를 이루는 것이 생겨

定知如是其相 如所言一者 非自性一緣成故一 乃至十者 非自性十 緣成故十 一切緣生法無有一法定相有性 無自性故 即不自在者 即生不生生 不生生者 即是不住義 不住義者即是中道 道義者 即通生不生 故龍樹云 因緣所生法 我說即是空 亦說為是假名 亦是中道義 即其義也 中道義者 是無分別義 無分別法不守自性故 隨緣無盡 亦是不住 是故當知 一中十 十中一 相容無礙 仍不相是 現一門中具足十門 故明中智 一門中有無盡義 如一門 餘亦如是 **問** 一門中攝十盡不 **答** 盡不盡 所以者何 須盡即盡 須不盡即不盡故 其義云何 以一事辨一多故即盡 以異事辨一多故即不盡 文一事中一多義不相是 即是多 一事故即是一 四句護過去非顯德 准之可解 異事亦准同 **問** 須何義 **答** 須者緣成義 何以故 因緣法一不差故 別別諸事門中 准例如是 緣起妙理 應如是可知故 第一門訖” 부분이다.

58 『법계도』 원문에는 “卽不自在者 卽生不生生”으로 뒤에 “生”이 하나 더 있다. “자재하지 않은 것은 (곧) 생겨나지만 생겨나지 않는 생겨남이다.”의 의미로 해석된다.

59 『화엄일승교의분제장』(T45, 503c).

남이다.

인용하여 증명하는 부분[60]에서 "나는 곧 공空이라고 한다."는 생겨나지 않음을 증명하는 것이고, "또한 가명假名이라고 한다."는 생겨남을 증명하는 것이며, "또한 중도의 뜻이다."는 생겨남과 생겨나지 않음에 모두 통하는 중도의 뜻을 증명하는 것이다.

"서로 포용하여 막힘이 없고 그러면서도 동일한 것이 아님을 마땅히 알아야 한다."는 앞에서 이야기한 "이른바 하나라고 하는 것은 스스로의 본성이 하나가 아니라 인연에 의하여 하나를 이룬 것이다. …… 스스로의 본성이 열이 아니라 ……"에 대하여 매듭짓는 부분이다.

"이미 하나의 문에 …… 무진無盡의 뜻이 있다."는 이미 하나의 문에 열을 갖추고 있으면 하나가 곧 무진無盡의 본수本數를 드러내는 것이므로 하나의 문에 무진의 뜻이 있다는 것이다.

"하나의 문에 열을 온전하게 다 갖추는가(盡) 온전하게 다 갖추지 못하는가(不盡). ……"라는 것은 앞에서 "하나의 문에 무진의 뜻을 가지고 있다."고 한 것은 법계의 존재들을 모두 다 포괄하고 있다는 뜻이지만 "하나의 문이 그러한 것처럼 나머지 문들도 또한 그러하다."라고 한 것은 또한 다 포괄하지 못하는 존재가 있다는 것이므로 "하나의 문에 열을 온전하게 다 갖추는가, 온전하게 다 갖추지 못하는가."라고 물은 것이다. 대답의 뜻은 하나의 문에 법계의 모든 존재들을 다 포괄하고 있으므로 온전하게 다 갖추고 나머지 문들도 또한 그와 마찬가지로 모든 것을 다 포괄하여 남김

60 『법계도』 중의 "龍樹云 因緣所生法 我說即是空 亦說為是假名 亦是中道義 即其義也" 부분이다.

이 없지만 (모든 존재들을) 다 포괄하고 있는 나머지 문들은 하나의 문에 포함되는 것이 아니므로 온전하게 다 갖추지 못한다는 것이다.

문 | 지금 여기(『법계도』)에서의 "온전하게 다 갖춤과 온전하게 다 갖추지 못함"과 장공(藏公 : 법장)의 『십현장』에서 "하나의 문에 열을 온전하게 다 포섭하는가 그렇지 못한가? 온전하게 다 포섭한 것이기도 하고 그렇지 못한 것이기도 하다. 왜냐하면 하나에 열을 포함하기 때문에 온전하게 다 포섭한 것이고, 열에 하나를 포함하기 때문에 온전하게 다 포섭하지 못한 것이다."[61]라고 한 것은 같은 뜻인가?

답 | **어떤 사람**은 처음부터 끝까지 모두 다르다고 하고, **어떤 사람**은 처음은 다르지만 끝은 같다고 하며, **또 어떤 사람**은 표현은 다르지만 뜻은 같다고 한다.

첫 번째 입장에는 두 가지 견해가 있는데, 첫째 견해에 의하면 여기에서 "다른 현상(異事)도 같음(同)에 준한다."고 하였으므로 앞의 "온전하게 다 갖춤과 온전하게 다 갖추지 못함"은 모두 동체同體에 의거하여 이야기한 것이다. 그러고 나서 이체異體를 이야기한 것이므로 이체의 현상(異體之事)도 동체에 준한다고 한 것이다. 이처럼 여기에서는 동체에 의거하였는데, 법장은 이체의 중문中門에서 이야기한 것이므로 다르다. 둘째 견해에 의하면 한 종류의 10지가 있는데 그 하나하나의 지地에 각기 10지가 갖춰져 있을 때에 첫 번째 지(初地)인 환희지는 하나의 현상(一事)이고 그 뒤의 여러 지에 갖춰져 있는 환희지들은 하나(一)와 여럿(多)을 설명하는 것이다. 두 번째 지인 이구지離垢地는 다른 현상(異事)이고 앞과 뒤의 여러 지에 갖춰져 있는 이구지들은 다른 현상으로서 하나(一)와 여럿(多)을 설명하는 것이다. 그러므로 처음의 환희지를 부를 때에 뒤의 여러 지들에 있는 환희지들이 함께 "환희지"라고 외친다. 이구지를 부를 때에는 앞과

61 『화엄일승교의분제장』(T45, 503c).

뒤의 여러 지에 있는 이구지들이 함께 "이구지"라고 외친다. 이것이 의상의 "온전하게 다 갖춤과 온전하게 다 갖추지 못함"의 뜻이다. 법장의 뜻은 첫 번째 지를 부를 때에 두 번째의 이구지부터 열 번째의 법운지까지가 각각 자신들의 이름을 외친다는 것이다. 『십구장』에서 "오늘 하나의 이름을 부를 때에 모든 이름들이 모두 하나의 이름에 들어 있다. 듣는 것을 논할 때에 하나의 이름을 들으면 모든 이름을 그대로 듣는 것이다. 만약 중생의 이름만을 듣고 부처와 보살의 이름들을 듣지 않으면 다섯 가지 잘못이 있게 된다. 곧 첫째 바르게 믿지 않음, 둘째 용맹함에서 물러서는 것, 셋째 다른 사람을 속이는 것, 넷째 부처님을 헐뜯는 것, 다섯째 법을 가벼이 여기는 것이다. 하나를 부를 때에 모든 것이 외치는 것에 두 가지 뜻이 있다. 첫째는 법장의 뜻으로서 하나의 이름을 부를 때에 모두 각각 스스로의 이름을 부르는 것이고, 둘째는 의상의 뜻으로서 하나의 이름을 부를 때에 모두 다 같이 하나의 이름을 부르는 것이다."[62]라고 하였다. 이를 해석하여 "상대덕(相大德 : 의상)의 '온전하게 다 갖춤과 온전하게 다 갖추지 못함'은 10개의 10층탑을 나열하고서 첫째 탑의 첫 번째 층을 부를 때에 나머지 아홉 개 탑의 첫 번째 층들이 '첫 번째 층'이라고 동시에 외치고, 첫째 탑의 두 번째 층을 부를 때에 나머지 아홉 개 탑의 두 번째 층들이 '두 번째 층'이라고 외친다는 뜻으로서 이것은 횡진법계橫盡法界이다. 장공(藏公 : 법장)의 하나의 이름을 부를 때에 모두가 각기 스스로의 이름으로 외친다는 뜻은 한 개의 10층탑을 세우고서 첫 번째 층을 부를 때에 '나는 첫 번째 층이다' …… '나는 열 번째 층이다'라고 각기 스스로의 이름을 외친다는 뜻으로서 이것은 수진법계竪盡法界이다."[63]라고 하였다.

두 번째 입장은 『십구장』에서 "첫 번째의 법장은 하나의 이름을 부를

---

62 『십구장원통기』(H4, 49a).

63 『십구장원통기』에 비슷한 내용이 인용되고 있다(H4, 50a).

때에 모두 각각 자신의 이름을 외치는 것이고, 두 번째 의상은 하나의 이름을 부를 때에 모두 오로지[64] 하나의 이름으로 외치는 것이다."[65]라고 하였으므로 처음은 서로 다르다. 그렇지만 그 책의 다음 부분에서 "어째서 열이 모두 하나의 이름을 외친다는 뜻이 법장의 뜻과 같게 되는가? 각각 스스로의 자리를 움직이지 않아야 비로소 한꺼번에 열이 모두 하나의 이름을 외칠 수 있다. 하나의 연기법에 이 두 가지 뜻을 갖추고 있는데 (의상과 법장은) 서로 한 가지 뜻을 드러낸 것이다. 그러므로 궁극적인 뜻은 같다."고 하였으므로 끝은 같다.

문 | 의상의 횡진법계와 법장의 수진법계, 그리고 10지·10탑의 비유는 어떻게 다른 것인가?

답 | 두 분은 모두 한 종류의 열 개의 동전에 의거하였으므로 하나의 10층탑으로 비유한다면 첫 번째 층을 부를 때에 두 번째, 세 번째 층들이 "첫 번째 층"이라고 외치는 것이 의상의 "하나의 이름으로 외친다."는 뜻이고, 첫 번째 층을 부를 때에 두 번째, 세 번째 층들이 모두 자기의 이름으로 외치는 것이 법장의 "스스로의 이름으로 외친다."는 뜻이다. 10지에 의거하여도 그러하다. 그러므로 두 스님의 뜻은 횡(橫)이라고 하면 모두 횡이고 수(竪)라고 하면 모두 수이다.

그렇지만 두 스님의 뜻은 표현은 다르지만 내용은 완전히 같다고 보아야 한다. 왜냐하면 두 스님 모두 오는 첫 번째 동전이 열 개의 동전을 모두 포섭하는 것을 "온전하게 다 갖춤(盡)"이라고 하고 나머지 동전들이 모두 포섭하는 것은 첫 번째가 포섭하는 것이 아니므로 "온전하게 다 갖추지 못함(不盡)"이라고 한다. 그러므로 두 스님은 모두 같은 뜻이다.

문 | 『십구장』에서 "법장은 하나의 이름을 부를 때에 모두 각각 자신

64 오로지(唯) : 『십구장』 본문에서는 "다 같이(共)"라고 하였다.
65 『십구장원통기』(H4, 49a).

의 이름을 외치는 것이다. ……"라고 하여 이와 같이 서로 다른데 어째서 같다고 하는가?

답 | 고전古傳은 지금 질문한 것과 같지만 이 주장은 받아들이기 힘들다. 왜냐하면 법장은 "첫 번째는 비유로 보여 주는 것으로서 수십전법數十錢法과 같다. 10을 이야기하는 이유는 완전한 수로 하여 다함이 없음을 드러내고자 하는 것이다."[66]라고 하였고, 지금 이 책에서는 "만약 연기 실상의 다라니법을 보고자 하면 먼저 마땅히 수십전법을 배워야 한다. 이른바 동전을 첫 번째부터 열 번째까지 헤아리는 것이다."라고 하여 두 스님이 모두 한 종류의 열 개의 동전에 의거하여서 논하고 있으므로 다르지 않다.

문 | 『십구장』에서 "법장은 하나의 이름을 부를 때에 모두 각각 자신의 이름을 외치고, 의상은 하나의 이름을 부를 때에 모두 오로지 하나의 이름으로 외친다."라고 한 것을 표현이 다르다고 이야기할 수 있는가?

답 | 『십구장』은 옛 말씀(古辭)으로 다르게 회통할 방법이 없다. 그렇지만 이 『십구장』의 내용은 따르기 힘들다. 의상이 하나의 이름을 부를 때에 모두 오로지 하나의 이름으로 외친다는 것은 앞에서 처음 (하나의 동전이 열 개의) 동전을 갖출 때에도 또한 그렇게 외쳤다는 것인가, 아니면 "온전하게 다 갖춤과 온전하게 다 갖추지 못함"을 논함에 이르러서 비로소 그렇게 외쳤다는 것인가? 만약 앞에서 동전을 갖출 때에도 그렇게 외쳤다고 한다면 법장의 "하나에 열이 있고, 열에 하나가 있다." 등의 뜻과 다르지 않다. 어떻게 법장은 모두 스스로의 이름으로 외치고 의상은 모두 하나의 이름으로 외친다고 할 수 있는가? 만약 "온전하게 다 갖춤과 온전하게 다 갖추지 못함"을 논함에 이르러서 비로소 그렇게 외쳤다고 한다면 지금 이 책에서 "하나의 문에 열을 온전하게 다 갖추는가(盡) 온전하게 다

66 『화엄일승교의분제장』 중 「의리분제」의 '十玄緣起無礙義' 중의 내용이다(T45, 503b).

갖추지 못하는가(不盡). ……"라고 한 것은 앞에서 논한 이미 이루어진 문에 대한 문답일 것이다. 어떻게 "온전하게 다 갖춤과 온전하게 다 갖추지 못함"을 논하는 곳에 이르러 외침을 논할 수 있는가. 또한 "법장은 모두 스스로의 이름으로 외치고 의상은 모두 하나의 이름으로 외친다."고 하는 것에서 그 열 개의 위치에 의거하여 첫 번째를 부를 때에 두 번째, 세 번째 등이 모두 첫 번째의 이름으로 외치는 것이 하나의 이름(一名)으로 외치는 것이고, 첫 번째를 부를 때에 나머지 두 번째, 세 번째 등이 각기 두 번째, 세 번째라는 스스로의 이름으로 외치는 것이 스스로의 이름(自名)으로 외치는 것이라고 하는 것인가, 아니면 위치만이 아니라 금·은·구리·철·기와·나무 등의 열 개의 동전에 의거하여서 첫 번째 금으로 된 동전을 부를 때에 은·구리·철 등의 동전들이 모두 금동전이라고 외치는 것이 하나의 이름(一名)으로 외치는 것이고, 첫 번째 금으로 된 동전을 부를 때에 은·구리·철 등의 동전들이 스스로의 이름으로 외치는 것이 스스로의 이름으로 외치는 것이라고 하는 것인가? 만일 후자라고 한다면 법장이 "하나에 열을 포함하기 때문에 온전하게 다 포섭한 것이고, 열에 하나를 포함하기 때문에 온전하게 다 포섭하지 못한 것이다."고 한 것은 위치에 의거하여 이야기한 것이고 금속에 은·구리 등을 포섭한다는 뜻이 아닌데 어떻게 첫 번째 금으로 된 동전을 부를 때에 은·구리·철 등의 동전들이 모두 스스로의 이름으로 외치는 뜻이라고 할 수 있는가? 또한 비록 한 종류의 열 개의 금으로 만든 동전에 의거하여서 각기 스스로의 자리를 정하여서 두 번째, 세 번째 등이 되었을 때에 같은 종류의 금으로 만든 동전이기 때문에 하나에 열을 포섭하고 열에 하나를 포섭한다고 말할 수 있는 것이다. 어떻게 하나에 열을 포섭하고 열에 하나를 포섭하는 것이 곧바로 금으로 된 동전을 부를 때에 은·구리·철 등의 동전들이 모두 스스로의 이름으로 외치는 뜻이라고 할 수 있는가? 또한 만약 자리에 의거하여서 첫 번째를 부를 때에 두 번째, 세 번째 등이 모두 하나의 이름으로 외치는 것을 의상의 뜻이라고 한다면 의상 또한 (오는 문에서) "첫 번째는 하나이다. 인연으로 이루어졌으므로. …… 열 번째는 하나에 열이 들어 있다."라 하고 가는 문은 이와 반대로 이야기하였지 "하나에 하나가 들었고, 열에 열이 들었다."고 말하지 않았다. 어떻게 모든 자리가 모두 하나의 이름으로 외치는 것을 의상의 뜻이라고 하는가? 또한 "하나의 현상(一事)으로 하나와 여럿을 설명하므로 온전하게 다 포섭하는 것"이라고 하였는데 만약 같은 하나가 열 개 있다면 비록 같은 하나라고 하더라도 하나의 현상에 들어 있는 하나와 여럿의 뜻이 서로 일치하는 것이 아니므로 첫 번째의 하나, 두 번째의 하나 …… 열 번째의 하나가 되어 이와 같이 각기 스스로의 자리를 갖게 되어 하나에 들어 있는 열(一中十), 열에 들어 있는 하나(十中一)라고 한다. 어떻게 첫 번째를 부를 때에 모두가 다 같이 첫 번째의 이름으로 외치는 것을 의상의 뜻이라고 할 수 있는가? 이와 같으므로 이 내용은 받아들이기 힘들다.

문 | 그렇다면 받아들이기 어려운 점을 어떻게 이해해야 하는가?

답 | 영관靈觀[67] 대덕이 말하기를 "의상도 모두가 하나의 이름을 외친다는 것과 모두가 스스로의 이름을 외친다는 두 가지 뜻을 함께 가지고 있었고, 법장도 그러하였다. 즉 의상의 뜻 중에서 '하나의 현상에 들어 있는 하나와 여럿의 뜻이 서로 일치하지 않는 것이 여럿이다'는 모두가 스스로의 이름으로 외치는 것이고, '하나의 현상이므로 곧 하나이다'는 모두가 하나의 이름으로 외치는 것이다. 법장의 뜻 중에서 「육상장」에서 '나머지 들보와 기와 등이 모두 곧바로 서까래이다'라고 한 것은 하나의 이름으로 외치는 것이고, 『십현장』에서 '하나에 들어 있는 열, 열에 들어 있는 하나'라고 한 것은 스스로의 이름으로 외치는 것이다. 『사나품소』[68]에서

---

67 영관靈觀 : 의상의 제자. 구체적 행적은 알려져 있지 않다.

68 『사나품소』 : 『탐현기』 중의 『화엄경』 「사나품」을 해석한 부분.

'전체가 상즉하지만 스스로의 자리는 그대로이다'[69]라고 하였는데, '전체가 상즉'하는 것은 하나의 이름으로 외치는 것이고, '스스로의 자리는 그대로'라는 것은 스스로의 이름으로 외치는 것이다."라고 하였다. 그렇지만 이 해석에도 문제가 있다.

「육상장」의 내용은 상즉의 뜻일 뿐으로 시방세계가 곧 하나의 티끌과 상즉한다는 것이다. 대들보나 기와 등이 하나의 서까래가 된다는 뜻은 아니다. 그리고 (『십현장』의) "첫 번째에 열 번째가 들어 있고 열 번째에 첫 번째가 들어 있다."는 것은 단지 자리에 의거하여 이야기한 것일 뿐이다. 만약 존재 자체에 대하여 이야기한다면 같은 존재의 이름인지 다른 존재의 이름인지 말하기 힘들다. 따라서 이 글을 인용하여서 모두가 스스로의 이름으로 외쳤다고 이야기하는 것은 받아들이기 힘들다. 『사나품소』의 내용은 이 역시 상즉으로서 모두가 하나의 이름이 되었다고 이야기하는 것이 아니다. 비록 하나하나의 존재에 의거하여도 "전체가 상즉하지만 스스로의 자리는 남아 있다."고 이야기할 수 있다. 그러므로 "전체가 상즉"하는 것은 하나의 이름으로 외치는 것이고, "스스로의 자리는 남아 있"는 것은 스스로의 이름으로 외치는 것이라고 해석하는 것은 받아들이기 힘들다.

문 | 이와 같이 받아들이기 힘들다면 법장과 의상 두 스님의 이름을 외치는 것은 어떻게 이해해야 하는가?

답 | 두 스님의 뜻은 논하는 대상에 따라서 이해해야 한다. 즉 두 스님이 모두 10개의 금으로 만든 동전에 의거하였을 때에는 두 스님 모두 하나의 이름으로 외치는 것을 이야기하고, 두 스님이 금·은·구리·철 등 여러 가지 재료로 만든 동전에 의거하여서 말씀하실 때에는 두 스님 모두 각기 스스로의 이름을 외친다고 하신다. 만약 10보법에 의거한다면 사람 10명에 의거하여서 상즉과 상입을 이야기하는 것도 가능하고, 사람(人)·

69 『탐현기』(T35, 160a).

대상(法), 가르침(敎)·뜻(義) 등의 여러 법에 의거하여서 상즉과 상입을 설명하는 것도 가능하다. 그러므로 두 스님이 단지 사람에 의거하여서 말씀하실 때에는 하나의 이름으로 외치는 것이고, 사람(人)·대상(法)·가르침(敎)·뜻(義) 등을 모두 포괄하여서 말씀하실 때에는 스스로의 이름으로 외치는 것이다.

문 | 의상이 "하나의 현상으로 하나와 여럿을 설명하였으므로 완전히 다 포괄한다.(盡)"고 한 것은 단지 하나하나의 법에 의거하여서 하나와 여럿을 설명하였기 때문에 완전히 다 포괄한다고 한 것이므로 곧 하나의 이름으로 외치는 것이다. 어째서 논하는 대상에 따라서 두 가지 뜻으로 구분할 수 있는가?

답 | "하나의 현상으로 하나와 여럿을 설명하였으므로 완전히 다 포괄한다.(盡)"는 것은 하나의 문을 하나의 현상이라고 하고, 여러 가지가 갖추어져 있는 것을 여럿이라고 한 것이지 하나하나의 법에 의거하여 논하였기 때문에 하나의 현상이라고 한 것이 아니다. 지금 이 책에서 "완전히 다 포괄함과 완전히 다 포괄하지 못함(盡不盡)"을 이야기한 것은 오는 것의 첫 번째에서 열을 모두 포섭하는 것을 "완전히 다 포괄한다."고 하고 다른 문에는 완전하게 다 포섭되지 못하여서 "완전히 다 포괄하지 못한다."고 한 것이다.

문 | 앞에서 "하나의 문에 열 개의 문을 다 갖추고 있다."고 할 때의 하나의 문은 오는 것의 첫 번째인가, 동시에 가는 것의 마지막이기도 한가라고 물었을 때 후자와 같다고 대답하였는데, 그렇다면 하나의 문에 열을 포섭한 것이 완전히 다 포괄한 것인가 그렇지 않은가를 이야기할 때에도 (그 하나의 문은) 오는 것의 첫 번째와 가는 것의 마지막 모두를 포함하여야 할 것이다. 어찌하여 오는 것의 첫 번째라고 하는가?

답 | 앞에서는 오는 것의 첫 번째와 가는 것의 마지막을 함께 들었지만 지금 여기에서 완전히 다 포괄하는 것과 완전히 다 포괄하지 못하는

것을 논할 때에는 오직 하나의 문만을 들었다.

문 | 갖춰져 있는 것은 아홉인데 어째서 열을 모두 포섭하고 있다고 하는가?

답 | 포함하는 주체와 포함되는 대상들을 모두 합하였기 때문이다.

문 | 그렇다면 열을 완전하게 포섭하였다는 것은 오직 포함하는 주체인 첫 번째의 완전하게 포섭함과 포섭하지 못함을 이야기하는 것인가, 아니면 포함되는 여럿의 완전하게 포섭됨과 포섭되지 못함을 이야기하는 것인가?

답 | 질문한 두 가지 뜻과 같으며 두 가지 뜻이 모두 갖춰져 있다.

지금 해석해 보건대 포함되는 여럿의 완전하게 포섭됨과 포섭되지 못함을 이야기하는 것이다. 앞에서 "하나의 문에 무진의 뜻이 있음을 분명히 안다."고 하였으므로 법계의 존재들이 이미 완전하게 포섭되었음을 밝힌 것이다. 그런데 다시 "하나의 문과 마찬가지로 다른 문들도 이와 같다."고 하였으므로 온전하게 포섭하지 못하는 존재가 있다고 생각될 수 있다. 그래서 이 때문에 "하나의 문에 열을 다 완전하게 포섭하는가 그렇지 않은가?"라고 질문한 것이므로 포함되는 대상의 완전하게 포섭됨과 포섭되지 못함인 것을 알 수 있다.

"하나의 현상으로 하나와 여럿을 설명하였으므로 완전히 다 포괄한다.(盡)"는 것은 하나의 문이므로 "하나의 현상으로"라고 하였다. 앞의 하나의 일을 가리켜서 하나라 하였고, 열 번째까지이므로 여럿이라고 하였다. 그러므로 "하나와 여럿을 설명한다."고 하였다.

"다른 현상(異事)으로 하나와 여럿을 설명하므로 완전히 다 포괄하지 못한다.(不盡)"는 것은 오는 것의 뒤의 아홉 가지 다른 현상에서 각기 하나와 여럿을 설명하는 것이다. 첫 번째의 문에서 완전하게 다 포괄하는 것이 아니므로 완전하게 다 포괄하지 못한다고 한다.

"또한 하나의 현상(一事)에서 하나와 여럿의 뜻이 서로 일치하지 않는 것이 곧 여럿이고 하나의 현상이므로 곧 하나이다."라는 것에 대하여 말한다.

어떤 사람은 앞에서는 동교에서의 완전하게 다 포괄함과 다 포괄하지 못함을 논한 것이고, 이 부분은 별교에서의 완전하게 다 포괄함과 다 포괄하지 못함을 논한 것이라고 한다. **어떤 사람**은 다시 완전하게 다 포괄하는 것 가운데에서 완전하게 포괄함과 그렇지 못함을 논한 것이라고 한다. **지금 해석**해 보건대 앞의 "하나의 현상으로 하나와 여럿을 설명한다."고 한 것에서 어떤 것이 하나이고 어떤 것이 여럿인지 알지 못하기 때문에 지금 여기에서 그것을 설명하여 "하나의 현상에서 하나와 여럿의 뜻이 서로 일치하지 않는 것이 곧 여럿이고 ……"라고 이야기한 것이다.

문 | 앞에서 "하나의 현상으로 하나와 여럿을 설명한다."고 할 때의 하나와 여럿은 "하나의 현상에서의 하나와 여럿의 뜻이 서로 일치하지 않는 것"이라고 할 때의 하나와 여럿과 어떻게 다른가?

답 | 표현이 다를 뿐이다. 앞에서는 앞의 하나의 현상을 가리켜서 하나라 하고, 열 모두를 가리켜서 여럿이라고 하였다. 뒤에서의 하나는 앞과 같으므로 하나의 현상이라고 하였고, 이 하나의 문에 있는 하나와 나머지 아홉을 모두 가리켰으므로 "하나와 여럿의 뜻이 서로 일치하지 않는 것"이라고 하였다. "곧 여럿"은 앞의 "완전히 다 포괄한다."고 할 때 가리킨 여럿이다.

문 | "다시 말한다.(又云)"고 한 것으로 보아 앞의 완전히 다 포괄함 중에서 다시 완전히 다 포괄함과 그렇지 않음을 논한 것 같지 않은가?

답 | 그렇지 않다. 앞에서 "하나의 현상으로 하나와 여럿을 설명한다."고 하고 다시 그 "하나와 여럿"에 대하여 해석하는 것이므로 "다시"라

고 한 것이다.

"4구四句로 잘못을 막고(護過), 틀린 것을 배제하고(去非), 덕을 드러낸다.(顯德)"에 대하여 말한다.

어떤 사람은 셋으로 나누어 해석한 것으로 첫 번째는 잘못을 막고, 두 번째는 틀린 것을 배제하며, 세 번째는 덕을 드러낸 것이라고 한다.「의리장」의 3성의三性義[70]의 내용에 준한다면 잘못을 막는 것은 분별하여 집착하는 것을 막는 것이고,[71] 틀린 것을 배제하는 것은 집착의 잘못을 드러내는 것이며,[72] 덕을 드러내는 것은 그 뜻을 드러내 보이는 것[73]에 해당한다.

어떤 사람은 잘못을 막고 틀린 것을 배제하는 것과 덕을 드러내는 것의 두 부분이라고 한다.

지금 해석해 보건대 후자의 뜻을 따른다.

4구에 대해「의리장」에 의하면 오로지 완전하게 다 포괄함과 그렇지 않음에 대하여만 논할 수 있지만 지금 여기에서는 완전하게 다 포괄함과 그렇지 않음의 4구와 하나와 여럿의 4구를 다 포괄할 수 있다. 하나와 여럿의 4구를 "틀린 것을 배제하는" 입장에서 논하면 "하나인가, 아니다. 하나의 현상에서 하나와 여럿이 서로 일치하지 않기 때문에. 여럿인가, 아니다. 하나의 현상이므로. 하나이면서 여럿인가, 아니다. 두 가지 성질이 없기 때문에. 하나도 아니고 여럿도 아닌가, 아니다. 덕을 갖추고 있기 때문에."가 된다. "덕을 드러내는" 입장에서 논하면 "하나인가, 그렇다. 하나의 일이므로. 여럿인가, 그렇다. 하나와 여럿의 뜻이 서로 일치하지 않기 때

70 『화엄일승교의분제장』의「의리분제문」중의 3성동이의三性同異義 부분을 가리킨다.

71 3성三性 각각에 대해 有無四句를 통해 오해를 막는 부분을 가리킨다(T45, 499c~500a).

72 3성三性 각각에 대해 有나 無 등으로 집착할 때 생길 수 있는 오류들을 지적하는 부분을 가리킨다(T45, 500a~501b).

73 3성三性 각각에 대해 진실한 뜻을 드러내는 부분을 가리킨다(T45, 501b~c).

문에. 하나이면서 여럿인가, 그렇다. 덕을 갖추고 있으므로. 하나도 아니고 여럿도 아닌가, 그렇다. 두 가지 성질이 없으므로."가 된다. 완전하게 다 포괄함과 그렇지 않음의 4구를 "틀린 것을 배제하는" 입장에서 논하면 "완전하게 다 포괄하는가, 아니다. 다른 현상으로 하나와 여럿을 설명하기 때문에. 완전하게 다 포괄하지 못하는가, 아니다. 하나의 현상에서 하나와 여럿을 설명하기 때문에. 완전하게 다 포괄하기도 하고 완전하게 다 포괄하지 못하기도 하는가, 아니다. 두 가지 성질이 없으므로. 완전하게 다 포괄하는 것도 아니고 완전하게 다 포괄하지 못하는 것도 아닌가, 아니다. 덕을 갖추고 있으므로."가 된다. "덕을 드러내는" 입장에서 논하면 "완전하게 다 포괄하는가, 그렇다. 하나의 현상에서 하나와 여럿을 설명하기 때문에. 완전하게 다 포괄하지 못하는가, 그렇다. 다른 현상으로 하나와 여럿을 설명하기 때문에. 완전하게 다 포괄하기도 하고 완전하게 다 포괄하지 못하기도 하는가, 그렇다. 덕을 갖추고 있으므로. 완전하게 다 포괄하는 것도 아니고 완전하게 다 포괄하지 못하는 것도 아닌가, 그렇다. 두 가지 성질이 없으므로."가 된다. 이와 같이 이야기할 수 있다.

문 | 3성의에 준하면 셋으로 나누어 해석할 수 있는데 어째서 둘로 나누어 해석하는가?

답 | 잘못을 막는 것이 곧 틀린 것을 배제하는 것으로 서로 다른 뜻이 아니다. 또한 그 책(『의리장』)에서는 집착의 잘못을 드러낸다고 하고 틀린 것을 배제한다고 하지 않았다. 그 책에 준할 수 없다.

"다른 현상(異事)도 준하여 같다."는 것은 앞에 준하여서 "다른 현상으로서 하나와 여럿을 설명"하는 것의 하나와 여럿을 해석하는 것이다. 그러므로 마땅히 "다른 현상에서의 하나와 여럿의 뜻이 서로 일치하지 않는 것이 여럿이고 하나인 것이 하나이다. 이와 같이 준하여 같다."고 하여야 한다. 이 말에 의거하면 앞의 4구의 "틀린 것을 배제하고 덕을 드러낸다.

……"는 하나와 여럿의 4구가 된다.

"하여야 함(須)은 인연으로 이루어지는 뜻이다."라는 것은 그렇게 되어야 할 곳에서 그렇게 되는 것이다.

"서로 다른 여러 현상들에서도 예에 준하는 것이 이와 같다."는 것은 오는 것의 뒤의 9문과 가는 것의 10문에서도 앞에 준하여서 완전하게 다 포괄함과 다 포괄하지 못함을 논하는 것을 드러내었다. 오는 것의 두 번째 문에서는 "두 번째의 현상으로 하나와 여럿을 분별하기 때문에 완전하게 다 포괄하고, 서로 다른 현상으로 하나와 여럿을 분별하기 때문에 온전하게 다 포괄하지 못한다."고 하고, 세 번째 문에서는 "세 번째의 현상으로 하나와 여럿을 분별하기 때문에 완전하게 다 포괄하고, 서로 다른 현상으로 하나와 여럿을 분별하기 때문에 온전하게 다 포괄하지 못한다."고 하여야 하며, 이런 식으로 열 번째 문에서는 "열 번째의 현상으로 하나와 여럿을 분별하기 때문에 완전하게 다 포괄하고, 서로 다른 현상으로 하나와 여럿을 분별하기 때문에 온전하게 다 포괄하지 못한다."고 하여야 한다. 가는 문은 이와 반대이다.

문 | 여러 문에서 "하나의 현상으로 하나와 여럿을 분별한다."고 할 수도 있는데, 왜 "두 번째의 현상(二事)", "세 번째의 현상(三事)" 등으로 이야기하는가?

답 | 당체當體에 의거하면 모두 하나이므로 하나와 여럿이라고 하고, 또 하나의 현상이라고 한다. 그렇지만 다른 문을 구별하려는 것이므로 "두 번째의 현상(二事)", "세 번째의 현상(三事)" 등으로 이야기한다.

두 번째인 상즉문은 둘로 구성되어 있다. 앞부분은 곧바로 해석하는 것이고 뒤의 "이상의 많은 문들 ……" 이하는 동시와 전후의 뜻에 대한 질문과 대답이다. 앞부분은 다시 두 부분으로 되어 있다. 첫 부분은 곧바로 해석하는 것이고, "마땅히 알아야 한다." 이하는 매듭짓는 것이다.

하나가 열에 상즉하는 것에 대하여 말한다.

문 | 하나가 열(여럿)과 상즉할 때에 하나가 유有이고 여럿이 공空이며, 여럿이 현상과 상즉할 때 여럿이 유有이고 하나가 공空인가, 아니면 이와 반대인가?

답 | 질문한 두 가지 뜻 모두와 같다. **어떤 사람**은 상즉하기 이전의 공과 유와 상즉한 이후의 공과 유, 두 가지의 뜻을 갖추고 있다고 한다. **지금 해석**해 보건대 하나의 유의 문에서 하나가 여럿과 상즉하고, 여럿이 하나와 상즉한다. 여럿의 유의 문에서도 마찬가지이다. 「의리장」의 동체同體 상즉문(卽門)에 대한 설명에서 "첫 번째는 하나이다. 왜 그러한가. 인연으로 이루어졌기 때문이다. 하나는 열과 상즉한다. …… 그러므로 열이 곧 하나이다."라 하고 가는 문에서는 "첫 번째는 열이다. 왜 그러한가. 인연으로 이루어졌기 때문이다. 열은 하나와 상즉한다. …… 그러므로 첫 번째의 하나가 곧 열이다."[74]라고 하였는데, 하나의 유의 문에서는 처음에 하나가 열과 상즉한다고 내세우고(標) 마지막에서는 열이 하나와 상즉한다고 말한다. 여럿의 유의 문에서는 처음에 열이 하나와 상즉한다고 말하고 뒤에서 하나가 열과 상즉한다고 말하기 때문이다.

문 | 하나의 유의 문에서 하나는 이루는 주체(能成)이고 여럿은 이루어지는 대상(所成)인가, 아니면 이와 반대인가?

답 | **어떤 사람**은 전자라 하고, **어떤 사람**은 후자라 하고, **또 어떤 사람**은 두 가지 뜻을 모두 갖추었다고 한다. 첫 번째 입장은 하나의 유의 문에서 하나가 유체有體로서 여럿을 이루기 때문이다. 『료간』[75]에서 "하나의 연은 능히 일으키고 능히 이루며, 많은 연들은 일으켜지고 이루어진다."[76]

74 『화엄일승교의분제장』(T45, 504bc).

75 『료간』: 『탐현기』의 「제구현의리분제第九顯義理分齊」 중의 이체상즉의異體相即義에 대한 설명 부분으로 본문의 내용을 축약한 것이다. 66쪽 주 82 참조.

76 『탐현기』(T35, 124b).

고 하였다. 그러므로 하나는 유체이고, 여럿은 무체無體이다. 여래장의 체가 6도를 능히 이루는 것이지, 여래장이 6도에 의하여 이루어지는 것이 아니다. 이와 같이 하나의 유의 문에서 하나는 유체로서 이루는 주체이고 여럿은 무체로서 이루어지는 대상이 된다.

두 번째 입장은 하나의 유有의 문에서 현상이 덕을 갖추는 것으로 본다. 그러므로 여럿을 포괄하여 하나가 덕을 갖추는 것을 이루는 것이므로 하나는 이루어지는 대상이고 여럿이 이루는 주체이다. 「광명각품소」[77]에서 "만약 하나가 없으면 모든 연緣들이 스스로의 체體를 온전히 잃는다. 왜 그러한가 하면 하나가 없을 때에 여럿이 이뤄지지 않고, 이뤄지지 않으면 연緣이 될 수 없기 때문이다. 그러므로 하나가 있으면 모든 것이 있고 하나를 없애면 모든 것이 없게 된다."[78]고 한 것이 바로 그것이다.

지금 해석해 보건대 세 번째 입장을 취한다. 「의리장」에서 "첫 번째는 하나이다. 왜 그러한가. 인연으로 이루어졌기 때문이다. 하나는 열과 상즉한다."고 한 것에서 "첫 번째는 하나이다. 왜 그러한가. 인연으로 이루어졌기 때문이다."의 경우 여기의 하나는 많은 연을 모아서 이루어진 것이므로 하나는 이루어진 대상이고 여럿이 이루는 주체이다. 그 다음에 "하나가 열과 상즉한다. 왜 그러한가. 하나가 없으면 열이 곧 이루어지지 않기 때문이다."라는 것은 하나를 얻어야만 비로소 열이 이루어질 수 있는 것으로서 하나가 이루는 주체가 되고 열은 이루어지는 것이 된다. 그렇기 때문에 하나의 유의 문에서는 하나가 이루는 주체이고 여럿이 이루어지는 대상이면서 또한 그와 반대가 되는 두 가지 뜻을 모두 갖추고 있다.

---

77 「광명각품소光明覺品疏」: 『탐현기』 중의 『화엄경』 「광명각품」에 대한 해석 부분. 『법계도원통기』의 원문에는 「광각품소光覺品疏」라고 하였다.

78 『탐현기』(T35, 173a).

(상즉문의) 질문과 대답을 통하여 의심을 제거하는 부분[79]에 대하여 말한다.

문 | 어찌하여 중문中門의 마지막에서는 완전히 다 포괄함(盡)과 다 포괄하지 못함(不盡)을 논하고 즉문卽門의 마지막에서는 동시에 원만함(圓)과 원만하지 못함(不圓)을 논하는가?

답 | 옛글(古辭)에서 "대력大力과 인연因緣의 뜻을 얻는지 못 얻는지 알기 위하여 중문의 마지막에서는 완전히 다 포괄함(盡)과 다 포괄하지 못함(不盡)을 논하고, 유체有體와 무체無體의 뜻을 얻는지 못 얻는지 알기 위하여 즉문卽門의 마지막에서는 동시에 원만함(圓)과 원만하지 못함(不圓)을 논하였다."고 하였다. **지금 해석**해 보건대 즉문은 법성法性의 인연에 의거하여서 그 하나와 여럿의 당체當體가 상즉함을 보여 주는 것이므로 동시에 원만함과 원만하지 못함을 논하기에 편리하고, 중문은 그 체의 힘(力)과 쓰임(用)에 의거하여서 그 유력有力과 무력無力이 서로 포섭하는 뜻을 보여 주는 것이므로 완전하게 다 포괄함과 다 포괄하지 못함을 논하기에 편리하기 때문일 따름이다. 실제로는 서로 바꾸어 논하여도 또한 지장이 없다.

문 | "곧 동시에 원만하기도 하고, 곧 앞뒤가 있기도 하다."는 것은 무슨 말인가?

답 | **어떤 사람**은 하나의 문에서 법계의 존재들을 완전하게 다 포괄하는 것은 동시에 원만하고, 다른 문에서 완전하게 다 포괄하는 것을 포괄하지 못하는 것은 앞뒤가 있는 것이라고 한다. **지금 해석**해 보건대 별도로 유통되고 있는 지상(至相 : 지엄)의 『십현장』 1권—혹은 지엄이 쓴 것이 아니라고도 하지만—에서 "만약 하나와 여럿이 연緣을 기다려서 이루

79 앞의 단락 구분에서는 질문과 대답(問答)이라고만 하고 의심을 제거한다(除疑)는 말은 하지 않았다.

어지는 것은 동시인 것인가 앞뒤가 있는 것인가? 연에 의하여 이루어지는 것이므로 늘 동시이면서 앞뒤가 있다. 그 까닭은 하나가 열에 상즉하고 열이 하나에 상즉하므로 늘 동시이고, 위를 향하여 가고(向上去), 아래를 향하여 오므로(向下來) 늘 앞뒤가 있다."[80]라고 하였는데, 지금 이 책의 입장도 마찬가지이다. 하나가 열에 상즉하고 열이 하나에 상즉하므로 동시에 원만하고, 오고 가는 뜻이 있으므로 앞뒤가 있는 것이다. 「의리장」에서는 "곧 동시에 원만하고 곧 앞뒤가 있는 것이다. 어째서인가. 이 법성法性의 연기는 역逆과 순順을 모두 갖추고 동체同體로서 어긋나지 않으며 체體의 작용(用)이 자유로와 막힘이 없기 때문이다."[81]라고 하였는데, 역逆과 순順을 모두 갖추었다는 것은 앞뒤가 있는 것이고, 동체同體로서 어긋나지 않는 것은 동시에 원만한 것이다. 그리고 체體의 작용(用)이 자유로워 막힘이 없다는 것은 앞의 둘 모두에 해당하는 것이다. 아래를 향하는 것(向下)은 역逆이고 위를 향하는 것(向上)은 순順이므로 역逆과 순順을 모두 갖추었다는 것은 앞의 『십현장』의 "위를 향하여 가고(向上去), 아래를 향하여 오므로(向下來) 늘 앞뒤가 있다."는 뜻이다. 동체同體로서 어긋나지 않는 것은 동시에 동체同體라는 뜻이므로 앞의 『십현장』의 "하나가 열에 상즉하고 열이 하나에 상즉하므로 늘 동시"라는 뜻이다.

(수전법으로 다함이 없음〈無盡〉을 보여 주는 부분의) 세 번째의 질문과 대답으로 의심을 없애는 부분에서, "스스로의 자리를 움직이지 않고서 항상 오고 간다."는 것에 대하여 말한다.

문 | 중문中門은 자리가 움직이지 않는 문이고 즉문卽門은 자리가 움직이는 문인데 어째서 이와 같이 말하는가?

---

80 『화엄일승십현문』(T45, 514c).

81 『화엄일승교의분제장』(T45, 504a).

답 | 중문과 즉문의 움직이고 움직이지 않음은 여기에서 말하는 움직이고 움직이지 않음과 다르므로 잘못된 것이 없다. 즉 지금 여기에서 움직이지 않는다고 하는 것은 근본을 향한다는(向本) 뜻으로서 법성法性의 스스로의 자리가 원래 움직이지 않기 때문에 움직이지 않는다고 한 것이다. 이 법성의 연에 따르는(隨緣) 뜻에 의거하여 오고 감과 중(中 : 상입), 즉(卽 : 상즉)의 뜻을 이야기하는 것이다. 법성이 이루는 인연법 중에서 즉문은 인연의 당체當體가 온전하게 상즉하는 것으로서 여럿이 하나와 상즉할 때에 여럿의 자리는 없어지고 하나에 일치되므로 자리가 움직이는 문이다. 중문은 인연의 힘과 작용이 서로 포섭하고 들어가는 것으로서 하나가 여럿을 포섭할 때에 여럿은 스스로의 자리를 무너뜨리지 않고서 하나에 들어가므로 자리를 움직이지 않는 문이다. 그러므로 서로 다르다.

"이른바 다르다는 뜻"은 한 종류의 열 개의 동전에 의거할 때에 차별적 인식을 가진 사람(遍計之人)은 이 동전들이 인연에 의하여 이루어진 것을 알지 못하므로 이 열 개의 동전 중의 첫 번째 동전은 두 번째나 세 번째 동전이 아니라고 생각한다. 삼승의 사람은 인연에 의하여 이루어졌다는 것을 일부 알지만 인因은 직접적이고 연緣은 간접적이라고 잘못 생각하기 때문에 진실 그대로의 인연을 알지 못한다. 일승에 이르러서야 비로소 인과 연에 직접적이거나 간접적인 것이 없다는 궁극적인 진실 그대로의 인연의 뜻을 알게 된다. 이 인연에 힘이 있어 결과(果)를 생겨나게 하는 뜻이 곧 연기가 눈앞에 드러나는 것(緣起現前)이고, 정해진 성품이 없어 공空하고 평등한 뜻이 연기에 정해진 성품이 없다는 것(緣起無性)이며, 공空과 유有가 막힘이 없다는 뜻이 성기性起이다. 이 인연에 정해진 성품이 없어 공空하고 평등하다는 뜻에 의거하여 "연기는 성품에 따라 분별이 없어서 상즉하고 상융(相融 : 상입의 뜻)하여 평등한 뜻을 드러내니 제일의(第一義 : 眞諦)를 바르게 따르는 것이다."라고 말하였고, 공과 유가 막힘이 없다는 뜻에 의거하여서 “(세제世諦를 따라 관하여) 제일의제로 들어간다.”[82]고 말하였다.

“같음(同)의 뜻은 앞의 용수의 해석과 같다.”는 것은 앞에서 인용하였던 (『중론』의) “인연으로 생겨나는 법 ……”의 구절로서 생겨남과 생겨나지 않음의 막힘이 없는 중도를 이야기한 것을 가리킨다.

“하나하나의 동전을 …… 이해할 수 있다.”는 것은 이 열 개의 동전을 동시문으로 보면 (서로를) 모두 갖추고 있는 열 개의 동전이고, 인다라문으로 보면 인다라처럼 (서로 갖추고 있는 것을 다시 서로 갖추고 있는) 열 개의 동전이 된다. 이와 같이 하여 회전문(唯心廻轉善成門) 등이 있다.

(나) 보법普法의 설명에 대한 해설

(연기다라니의 뜻을 드러내는 것 중에서) 두 번째의 비유를 들어서 법을 드러내는 부분에서는 열 개의 동전으로 10보법普法을 비유하고 있다. 수전법의 뜻에서 연에 의하여 생겨나는 여러 존재들은 스스로의 성품이 없기 때문에 끝내 얻을 수 없음을 나타내었다. 그런데 미혹된 사람은 변계遍計에 의해 나타난 사물을 고집하여 연기의 법을 알지 못하게 된다. 그러므로 법을 드러내는 사유(事由 : 逗遛의 번역)가 전혀 다르다는 뜻을 다시 수전법에 의하여 보이고 있다.

다라니를 드러내는 것에 곧바로 의거한 부분[83]은 (『화엄경』) 「현수품」에서 “보살은 생사에 대하여 처음 발심할 때에 한결같이 깨달음을 구하니 마음이 견고하여 움직일 수 없다. 그 한 마음의 공덕은 깊고 넓음이 끝이 없어서 여래가 나누어 말씀하셔도 한 겁이 다할 때까지 마칠 수 없다. 하물며 헤아릴 수 없고 끝이 없는 겁 동안 여러 바라밀을 모두 갖추어 닦아 온 여

82 『법계도』 중의 “是故經云 隨順觀世諦 卽入第一義諦” 부분을 가리킨다.
83 『법계도』 중의 “經云 初發心菩薩 一念功德不可盡者” 부분을 가리킨다.

러 단계의 보살들의 공덕과 수행에 있어서이리오! 시방세계의 모든 여래들이 그의 무한한 공덕을 말하고자 하여도 또한 모두 다 말할 수 없도다. 지금 내가 보살의 공덕의 일부분만을 이야기하니 마치 새가 허공의 일부만을 지나가는 것과 같고 대지의 작은 티끌과도 같다."[84]는 내용이다.

문 | 여래가 어찌하여서 보살의 공덕을 모두 다 찬탄할 수 없는가?

답 | **어떤 사람**은 보살은 일승이고 부처는 삼승이기 때문이라고 하고, **어떤 사람**은 총상은 다 이야기할 수 있지만 별상은 다 이야기할 수 없기 때문이라고 하고, **어떤 사람**은 보살의 공덕은 끝이 있음(盡)과 끝이 없음(不盡)을 갖추고 있으므로 끝이 있음에 대해서는 다 찬탄할 수 있고 끝이 없음에 대해서는 다 찬탄할 수 없다고 하며, **어떤 사람**은 부처와 보살은 모두 일승이지만 보살의 공덕이 법성法性의 근원의 끝까지 다 이르는 것이므로 다 찬탄할 수 없다고 한다. 만약 다 찬탄한다면 법성에 끝남이 있는 것이 되므로 큰 잘못이 되기 때문에. **지금 해석**해 보건대 마지막 해석이 맞다. 즉 『4권소』[85]에서 "부처는 행덕의 방편의 보상報相이고 법은 체실體實의 보편普遍으로서, 서로 일치하지 않아서 따로 논한다. 그러므로 다 찬탄할 수 없다."고 하였다. 이 공덕의 법은 부처가 있고 없음에 관계없이 성性과 상相이 상주하는 법성에 일치하기 때문에 능히 다 찬탄할 수 없는 것이다.

문 | 부처가 방편의 보상이므로 다 찬탄할 수 없다는 것은 무슨 말인가.

답 | 과거의 부처님은 닦아 이루어 열반에 드셨고, 뒤의 부처님도 마찬가지이다. 그러므로 방편의 보상에 머무르신다. 법은 체실體實의 보편普遍이므로 과거의 부처님이 발심하고 공덕을 쌓아서 부처가 될 수 있었고, 뒤의 부처님들도 또한 그러하였다. 그러므로 이 법의 공덕은 부처가 있음

84 60권본 『화엄경』(T9, 432c).

85 『4권소』: 미상. 내용상 『화엄경』을 주석한 『화엄경소』인데, 현재 알려진 『화엄경』 주석서 중 4권으로 되어 있는 것은 혜광慧光의 『약소略疏』뿐이다.

과 없음에 관계없이 성性과 상相이 상주한다. 그러므로 다 찬탄할 수 없다.

문 | "지금 내가 보살의 공덕의 일부분만을 이야기한다."고 하였는데 이 일부분은 다 찬탄할 수 있는가?

답 | (『화엄경』) 「발심공덕품」에서 "불자佛子여, 비록 어떤 사람이 있어 동방 아승기세계의 중생들에게 모든 즐거움의 도구를 한 겁 동안 공양하고 나서 5계를 청정하게 닦으라고 가르치고, 남쪽과 서쪽과 북쪽 사방과 상·하의 세계의 중생들에게도 또한 이와 같이 하였다면, 불자佛子여 그대의 생각에 어떠한가? 그 사람의 공덕이 많은가 그렇지 않은가? 제석帝釋이 '불자여, 여러 부처님들을 제외하고 그 나머지 모든 사람들은 그 사람의 공덕을 능히 헤아릴 수 없을 것입니다'라고 말하였다. 법혜法惠보살이 제석에게 말하였다. '불자여, 처음 발심한 보살의 공덕을 백으로 나눈다고 하여도 그 사람의 공덕은 그 백으로 나누어진 것의 하나에도 미치지 못할 것입니다. 천으로 나누고, 백천으로 나누고, 억으로 나누고, 백억으로 나누고, 천억으로 나누고, 백천억으로 나누고, 백나유타로 나누고, 천나유타로 나누고, 헤아릴 수 없이 큰 수로, 비유할 수 없이 큰 수로, 말할 수 없이 큰 수로 나눈다고 하여도 그 사람의 공덕은 그렇게 나누어진 것의 하나에도 미치지 못할 것입니다."라고 하였다. 이에 대해 『소』[86]에서는 "다만 전체에 비교하여 같지 않다고 할 수 있지만 어떻게 말할 수 없이 큰 수로 나누었을 때 그 한 조각에도 미치지 못할 수 있는가? 이 처음 발심한 공덕은 법계와 같아서 나눌 수 없기 때문이다. 비록 말할 수 없이 큰 수로 나눈 것의 한 조각이라고 하더라도 또한 법계에 두루 미친다. 양의 많고 적음에 상관없이 모두 비할 수 없는 것이다."[87]라고 하였다. 그러므로 비록 일부분이라고 하더라도 또한 다 찬탄할 수 없다.

86 『소』: 『탐현기』의 해당 부분에 대한 주석을 가리킨다.
87 『탐현기』(T35, 205c).

문 |『화엄경』에서 “이때 하늘의 제석이 법혜보살에게 아뢰었다. ‘불자佛子여, 처음 발심한 보살은 어떠한 공덕장功德藏을 성취하는 것입니까?’ 법혜보살이 대답하였다. ‘불자여, 그 경지는 매우 깊어서 알기 어렵고, 믿기 어렵고, 이해하기 어렵고, 말하기 어렵고, 통달하기 어렵고, 분별하기 어렵습니다. 그렇지만 제가 부처님의 신력神力을 받아 갖추어 말씀드립니다.’”[88]라고 하였는데, 비록 일부분이라도 다 찬탄할 수 없다면 왜 이 경전에서는 갖추어 말한다고 한 것인가?

답 | 갖추어 이야기한다는 것은 다만 다 이야기할 수 없다는 것을 갖추어 이야기한다는 것일 뿐이고 그 공덕을 다 이야기한다는 것이 아니다. 왜냐하면 경전의 앞부분에서 여러 가지 공덕을 많이 이야기하고서 그것들을 저 처음 발심한 보살의 공덕에 대비하여서 “말할 수 없이 큰 수로 나눈다고 하여도 그 사람의 공덕은 그렇게 나누어진 것의 하나에도 미치지 못할 것입니다.”라고 하였으므로 보살의 공덕장을 다 이야기할 수 있다고 한 것이 아님을 알 수 있다. 그러므로 갖추어 이야기한다고 하였다. 다만 다 이야기할 수 없는 뜻을 갖추어 말한다는 것일 뿐이다.

영관靈觀 스님은 “(『법계도』의) ‘처음 발심한 보살의 한 순간의 공덕을 다 이야기할 수 없다고 하는 것은 첫 번째 동전과 같다. 왜냐하면 첫 번째 문에 의거하여 다함이 없음(無盡)을 드러내었기 때문이다’는 첫 번째 문(初門)의 동체同體이고, ‘하물며 헤아릴 수 없고 끝이 없는 (시간 동안 여러 바라밀을 모두 갖추어 닦아온) 여러 단계의 보살들의 공덕이라는 것은 두 번째 이후의 동전들과 같다. 왜냐하면 다른 문에 의거하여 이야기하기 때문이다’는 두 번째 문(第二門)의 동체同體이며, ‘처음 발심할 때 곧바로 정각을 이룬다는 것은 첫 번째 동전이 열 번째의 동전과 상즉하는 것과 같기 때문이다. 왜냐하면 행行의 체體에 의거하여 이야기하기 때문이다’는 이체異體이다. 왜냐

88 60권본『화엄경』(T9, 449c).

하면 '첫 번째 문에 의거하여 다함이 없음(無盡)을 드러내었기 때문이다'는 첫 번째 문에 갖추어진 덕이고, '두 번째 이후의 동전들과 같다. 왜냐하면 다른 문에 의거하여 이야기하기 때문이다'는 두 번째 이후의 여러 문에 갖추어진 덕이며, '첫 번째 동전이 열 번째의 동전과 상즉하는 것과 같기 때문이다'라는 것은 여기에서 나열한 동전에 의거하여 첫 번째의 동전이 열 번째의 동전과 상즉하기 때문에 이체이다."라고 하였다. **지금 해석**해 보건대 동체와 이체를 막론하고 "첫 번째 문에 의거하여 다함이 없음(無盡)을 드러낸다."는 것은 첫 번째 문의 다함이 없음을 가리킨 것이고, "두 번째 이후의 동전들 ……"은 두 번째 이후의 여러 문들이며, "첫 번째 동전이 열 번째 동전에 상즉하기 때문"이라는 것은 앞에서는 다만 첫 번째 문과 다른 문들의 다함이 없음을 드러내고 갖춰져 있는 덕에 대하여는 설명하지 않았기 때문에 지금 여기에서는 첫 번째 문에 갖춰져 있는 다함이 없는 덕을 드러내고자 한 것이다.

"행行의 체體에 의거하여 이야기하기 때문이다."에 대하여 **어떤 사람**은 "처음 발심하는 것이 모든 수행의 근본이므로 이 마음에서 곧바로 정각을 이룬다. 그러므로 행行의 체體에 의거하여 이야기하였다. 믿음을 채워서 성불하는 사람은 행동이 진실되다(行實)."[89]고 하였다. 이와 같이 깊게 보아야 한다. **지금 해석**해 보건대 글에 의거하여 드러난 바를 따져보면 앞에서는 첫 번째 문에 다함이 없이 갖춰져 있는 법의 당체當體에 의거하여 이야기하였다. 그러므로 비유(能況)로서 이야기하면 첫 번째 동전이 열 번째 동전과 상즉하고, 비유하고자 하는 바(所況)로 이야기하면 처음 발심할 때에 곧 정각을 이루는 것이다. 이와 같이 보아야 한다.

---

89 행동이 진실되다(行實) : 『법계도기총수록』에 수록된 「대기」에도 비슷한 내용이 나오는데, 여기에는 "信滿成佛 是行佛"(T45, 762b)이라고 하여 "行實" 대신 "行佛"이라고 하고 있다. 이를 따를 경우 위의 문장은 "믿음을 채워서 성불하는 사람은 수행으로 이룬 부처이다."로 해석하여야 할 것이다.

"어찌하여 같은 곳에 머리와 다리를 함께 두는가?"에 대하여 말한다.

문 | "같은 곳에 머리를 함께 한다."는 것과는 어떻게 다른가?

답 | 다르다. 아랫부분에서 "같은 곳에 머리를 함께 한다."고 한 것은 머리를 나란히 한다는 뜻이고, 지금 "같은 곳에 머리와 다리를 함께 둔다."는 것은 머리와 다리를 나란히 한다는 뜻이다. 실제로는 "어찌하여 같은 곳에 다리와 머리를 나란히 하는가?"라고 말하였어야 한다.

"두류逗留"라는 것은 일이 말미암는 것(事由)이다.

"아야阿耶"는 아버지이다.

"모습에 의거하여 말하기 때문에 믿는 마음을 내기 때문이다."라는 것은 드러난 모습에 의거하여 이야기하기 때문에 낮은 근기의 믿음을 냄으로 머리와 다리가 각기 다르다는 등으로 이야기한다는 것이다.

"원교 일승 ……"에서는 어린 아이가 태어나는 한 순간이 곧 9세世를 포괄한다. 옛글(古辭)에서 "한 살 먹은 어머니가 50년 동안 임신하여 51살의 사나이를 낳았다."[90]고 하였는데, 한 살짜리 어머니는 처음 발심한 것이고, 50년 동안 임신한 것은 수행의 50단계이며, 51살의 사나이를 낳았다는 것은 등각等覺과 묘각妙覺의 불과佛果를 이루었다는 것이다.

"인연으로 말미암아 이루어졌기 때문"이라는 것은 앞의 "모습에 의거하여 말하는" 것에 상대되고, "도리에 의거하여 말한다."는 것은 앞의 "믿는 마음을 낸다."는 것에 상대된다.

"하나라는 것은 무슨 뜻인가? 하나라는 것은 하나여서 분별이 없다는 뜻이다. ……"에 대하여 말한다.

문 | "하나는 머무르지 않는다는 뜻이고, 같다는 것은 하나여서 분별이 없다는 뜻이다."라고도 말할 수 있는가?

답 | 서로 바꾸어 말하여도 가능하다. 다만 모습이 늘어나는 순서대

---

90 『법계도기총수록』에 수록된 「대기大記」의 내용과 일치한다(T45, 762b).

로 이야기한 것일 뿐이다. 즉 모든 존재들이 하나의 몸이라는 것이 하나여서 분별이 없는 뜻이므로 "하나라는 것은 하나여서 분별이 없는 뜻"이라고 하였다. 같다는 것은 이것과 저것이 조화하여 같다는 뜻이다. 그래서 이것은 스스로의 성품이 없어서 저것과 같고 저것은 스스로의 성품이 없어서 이것과 같다는 것이므로 "같다는 것은 머무르지 않는 뜻"이라고 하였다.

"같은 곳에 머리를 함께 한다는 것은 서로 알지 못한다는 뜻이다."는 것은 머리를 들면 옆에 다리가 없고, 다리를 들면 옆에 머리가 없어서 서로 알지 못한다는 것이다.[91]

"경전에 이르기를 ……"에 대하여, "나지도 않고 없어지지도 않는다."는 것은 앞의 "고요함과 쓰임이 하나의 모습(寂用一相)" 중의 고요함(寂)을 증명하고, "인연에 의하여 있다."는 것은 쓰임(用)을 증명한다.

"6상六相은 앞에서 이야기한 바와 같다. ……"에 대하여 말한다.

문 | 지금 이 책에서는 "이 6상이라는 용어가 법성의 집에 들어가는 중요한 문이고 다라니 창고를 열 수 있는 좋은 열쇠이다."라 하고 「육상장」에서는 "4구四句와 6상이 모두 법에 들어가는 방편"[92]이라고 하였다. 6상 이외에 별도로 들어가는 곳이 있는가, 아니면 6상이 곧바로 들어가는 법성인가?

답 | 두 가지 뜻이 있다. 첫 번째 뜻은 들어가는 곳은 증분이고 6상은 연기분이므로 6상은 법에 들어가는 방편이라고 하였다고 한다. 두 번째 뜻은 6상의 연기가 곧 법성의 집이고 다라니 창고로서 별도의 들어갈 곳이 없다는 것이다. 그런데 후자의 견해도 타당하고, 6상 이외에 별도로 들

91 『법계도기총수록』에 인용된 「대기」에 이와 비슷한 설명이 제시되고 있다(T45, 762c).
92 『화엄일승교의분제장』(T45, 503a).

어가는 곳이 있다고 하는 것도 타당하다. 왜냐하면 방편에는 무주방편無主方便, 발취방편發趣方便, 집성방편集成方便의 셋이 있기 때문이다. 발취방편은 가행加行 방편으로 견도見道에 들어가는 일곱 가지 방편이다. 그러므로 방편 외에 별도의 들어갈 곳이 있다. 집성방편은 여러 가르침을 교묘하게 모아 이룬 것으로서 곧 6상 방편이다. 6상이 곧 법이므로 따로 들어갈 곳이 없다.

문 | 두 번째 뜻에서 6상은 무엇에 해당하고, 들어갈 곳은 무엇에 해당하는가?

답 | 6상은 해행解行의 인因이고 법성의 집과 다라니 창고는 과해果海의 법을 깨닫는 것이다. 『법계도』 중에서 "망상을 쉬지 않으면(叵息妄想)"부터 "자량資糧을 얻는다."까지는 수행의 방편이고, "다라니의 다함이 없는 보배로"부터 "참된 보배 전각을 장엄한다."까지는 수행으로 얻는 이익이다. 이것들은 궁실窮實로서 이 책의 내용에 의거하면 법성의 집이다. "집에 돌아가 분수에 맞게 ……"라고 한 것은 이에 의거하면 돌아갈 법성의 집을 말한 것이다. 이것은 곧 다라니의 다함없는 보배로 장엄한 참된 보배 전각이다. 『법계도』의 글에서 이 집을 해석하여 또한 "법계다라니의 집 및 인다라의 집, 미세의 집"이라고 하였는데, 이는 불과佛果를 만족하여서 법성의 집에 들어가 다라니 창고를 열어 법성의 집을 장엄한다는 뜻이다. 이것은 모두 과해果海를 깨달은 곳에 의거하여서 법성의 집, 다라니 창고라고 한 것이다. 그러므로 6상은 여기에 들어가는 방편이다. 그래서 해행解行의 인因으로 본다.

문 | 그것은 실제돈實際頓에서는 인다라나 미세를 말하지 않기 때문인가?

답 | 돈(頓 : 실제돈)과 원(圓 : 궁실원)에서는 모두 10문과 10법을 갖추고 있다. 글[93]에서 "일승법의 뜻은 출출세出出世에서 깨닫는 것으로 나머

93 글(文) : 『공목장』의 「융회삼승결현명일승지묘취融會三乘決顯明一乘之妙趣」 중의 내용

지 때에는 그것을 보고(見) 듣고(聞) 생각하여(比) 이해하고(解) 수행한다(行)."[94]고 하였다. 그러므로 실제돈에서도 또한 인다라를 갖추고 있다. 지금 여기(『법계도』)에서는 궁실원에 의거하여 법성의 집, 인다라니의 집, 미세의 집이라고 하였다.

문 | 6상이 궁실에 들어가는 방편이라고 한다면 궁실에서는 6상을 쓰지 않는가?

답 | 실제돈에서 이미 6상을 갖추고 있는데 어찌하여 궁실원에서 쓰지 않겠는가. 또한 해행인解行因에서 6상의 눈을 뜨고 궁실에 들어가는 뜻에 의거하여서 6상을 법에 들어가는 방편이라고 하였다. 즉 집에 들어가기 위해서는 문을 거쳐야 하므로 집과 문을 상대하여서 "법성의 집에 들어가는 중요한 문"이라고 하였다. 보배 창고를 열기 위해서는 열쇠가 필요하므로 창고와 열쇠를 상대하여서 "다라니 창고를 여는 좋은 열쇠"라고 하였다.

(연기다라니의 뜻을 드러내는 부분 중) 뒷부분은 앞의 내용을 매듭짓는 것이다. 그중에 "위에서 밝힌 연기법"이라고 한 것은 앞의 "만약 연기의 실상을 보고자 하면 ……" 이하에서 밝힌 뜻을 모두 매듭짓는 것이다.

문 | 위에서 밝힌 것은 모두 일승의 연기다라니법이므로 앞에서 이야기한 뜻을 모두 종합하여 매듭짓는다고도 할 수 있는데, 어째서 오직 앞의 "만약 연기의 실상을 보고자 하면 ……" 이하의 뜻만을 매듭짓는다고 하는가?

답 | 앞에서 밝힌 것으로 연기다라니법이 아닌 것이 없지만 앞부분에서는 단지 「법계도인」의 내용만 해석하고 연기다라니의 뜻에 대해서는 해

이다.

94 『공목장』(T45, 586b).

석하지 않았다. 이 부분에 이르러 자세하게 해석하였으므로, 앞의 "만약 연기의 실상을 보고자 하면 ……" 이하의 뜻을 매듭짓는 것을 알 수 있다. 그러므로 「법계도인」의 내용을 해석하는 부분을 끝내면서 "연기다라니의 뜻은 아래와 같이 해석한다."고 하였다.

"또한 일승의 막힘없는 말솜씨(辯才)[95]를 논한 것으로 볼 수도 있다."는 것은 앞에서 이야기된 것(所說)인 연기법을 매듭지었으므로 지금 여기에서는 이야기하는(能說) 말솜씨를 자세히 해석하는 것이다.

문 | 앞부분은 3승에도 함께 적용되는 뜻이고 지금 여기에서는 일승의 막힘없는 말솜씨를 논하는 것이므로 3승의 분제分齊가 아니라는 뜻에서 "또한 …… 볼 수도 있다."라고 했는데 어째서 그렇지 않다는 것인가?

답 | 그렇지 않다. 앞에서는 이야기된 것(所說)인 연기법에 대하여 설명하였고, 여기에서는 이야기하는(能說) 말솜씨가 3승의 분제分齊가 아니라는 것을 설명하는 것일 뿐이다.

나) 일승一乘과 삼승三乘의 다라니의 차이 설명에 대한 해설

(연기다라니대의의 료간 중) 두 번째의 질문과 대답으로 일승과 3승의 차별을 드러내 보이는 부분에는 세 차례의 질문과 대답이 있다. 첫 번째는 잘못을 고치는 것(簡濫)이고, 두 번째는 경전으로 증명하는 것(教證)이고, 세 번째는 뜻으로 증명하는 것(義證)이다.

첫 번째 질문과 대답에서 "여러 존재들이 곧 공空이다."는 것은 대승시교이고, "여러 존재들이 곧 진여이다."는 것은 대승종교이다.

두 번째 질문과 대답에서 "원교 일승의 분제分齊"라고 이야기한 것에

95 변재辯才 : 『법계도』 원문에는 "辨大體"로 되어 있다. 이 경우는 "일승의 무애를 논함으로써 大體를 설명한 것이다."로 해석할 수 있을 것이다.

대하여 **어떤 사람**은 실제돈이라고 하고, **어떤 사람**은 실제돈과 궁실원을 갖춘 것이라고 한다. 첫 번째 입장은 제5 원교의 실제돈이라는 것으로, 『화엄일승교의분제장』에서) 분상문分相門[96]과 해섭문該攝門[97]은 실제돈에 해당하고, 그 분상문에서 경전의 증명으로 『화엄경』「현수품」과 「십지품」 제9지의 게송을 인용하고 있는데,[98] 지금 여기에서도 그와 마찬가지이다.[99] 또한 『현담』[100]의 돈교에 대한 설명에서 제9지의 게송을 인용하고, 원교에 대한 설명에서 지영상분地影像分[101]의 "대해大海로 인하여 10보산十寶山 있는 것과 같이(如因大海有十寶山)"라는 내용을 인용하고 있으므로 그러함을 알 수 있다.

문 | 『법계도』의 뒷부분의 뜻으로 증명하는 부분(義證)에서 "만약 교敎와 의義의 분제分齊가 이와 상응하면 곧 일승원교 및 돈교에 해당한다."고 하였으므로, 이 경전으로 증명하는 부분(敎證)의 원교 또한 돈교와 원교를 모두 포함하는 것이 아닌가?

답 | 10문과 10법은 돈교와 원교에 모두 해당하므로 상응하고 온전히

---

96 분상문分相門 : 일승이 삼승과 다른 점을 설명하는 내용이다.

97 해섭문該攝門 : 일승이 삼승을 포괄하는 점을 설명하는 내용이다.

98 『화엄일승교의분제장』의 첫 번째 장인 「건립일승建立一乘」의 분상문分相門 중 "難信易信差別"에서 『화엄경』「현수품」의 내용 일부를 인용하고 있고, 이어서 '約機顯理差別'에서는 「십지품」 제9지의 게송을 인용하고 있다(T45, 478b).

99 『법계도』에서는 "經云" 이하에서 『화엄일승교의분제장』의 분상문分相門 중에 인용되어 있는 『화엄경』「현수품」의 내용과 「십지품」 제9지의 게송을 구분하지 않고 이어서 인용하고 있다.

100 『현담』:『수현기』 앞부분의 『화엄경』에 대한 개설적 설명을 가리킨다. 『수현기』는 「一歎聖臨機德量由致」·「二明藏攝分齊」·「三辨教下所詮宗趣及能詮教體」·「四釋經題目」·「五分文解釋」 등 5단락으로 구성되어 있는데, 이 중 앞의 네 단락이 『현담』에 해당한다.

101 지영상분地影像分 : 『화엄경』「십지품」 중의 십지十地에 대한 설명 중의 한 단락을 가리킨다(인용된 내용은 T9, 575a). 『십지경론』에서는 십지의 내용을 방편작만족지분方便作滿足地分 · 득삼매만족분得三昧滿足分 · 득수위분得受位分 · 입대진분入大盡分 · 지석명분地釋名分 · 신통력무상유상분神通力無上有上分 · 지영상분地影像分 · 지이익분地利益分 등 8단락으로 구분하였다(T26, 913c).

갖추고 있는 것은 돈교와 원교에 해당한다고 하였다. 제5 원교는 바로 실제돈이다. 아래에서는 다만 "일승과 3승의 분제의 다른 뜻을 어떻게 알 수 있는가."라고만 하고 원교의 이름은 들지 않았다. 그러므로 일승에는 돈교와 원교를 갖추고 있음을 알 수 있다. 지금 이 부분에서는 "스스로 3승 이외에 별도로 원교가 있음을 알 수 있는 까닭은 무엇인가."라고 하여서 원교를 따로 들고 있다. 그러므로 원교는 실제돈이라는 것을 알 수 있다.

지금 해석해 보건대 바로 오직 실제돈이지만 겸하여 궁실원을 갖추고 있다. 그러므로 제5 원교에도 실제돈과 궁실원을 모두 포함하고 있고, 분상문分相門과 해섭문該攝門에서도 또한 실제돈과 궁실원을 갖추고 있다. 『법계도』 아랫부분인 뜻으로 증명하는 부분(義證)에서 "상응하고 온전히 갖추고 있는 것은 돈교와 원교에 해당한다."고 하였으므로 경전으로 증명하는 이 부분(敎證)에서도 마찬가지이다.

문 | 『현담』에서 두 번째 돈교에 해당한다고 이야기하면서 제9지의 게송을 인용하였으므로 지금 여기의 원교도 오직 실제돈에 해당하지 않는가?

답 | 이것은 앞에서 (점교, 돈교, 원교의) 문을 나열한 것 중의 두 번째이므로 돈교에 해당한다고 한 것이다. 그렇지만 3승 이외에 돈교와 원교가 있음을 증명할 때에 다른 글을 인용한 곳이 없으므로 이 글 역시 돈교와 원교를 아울러 증명하는 것을 알 수 있다.

문 | 원교에 대한 증명에서는 이미 "대해大海로 인하여 10보산十寶山이 있는 것과 같이(如因大海有十寶山)"라는 내용을 인용하고 있으므로 제9지의 게송은 오직 돈교만을 증명하는 것이 아닌가?

답 | 앞에서는 제9지의 게송을 인용하여서 3승 이외에 따로 돈교와 원교가 있음을 증명하였고, 뒤에서는 "대해大海로 인하여 ……"의 글을 인용하여 앞의 제9지의 게송이 세 번째 원교의 뜻을 아울러 증명하고 있음을 증명하였다. 그러므로 앞과는 다르다. 즉 "대해大海로 인하여 10보산十寶山이 있는" 것과 같이 부처의 지혜로 인하여 보살의 10지十地가 있다. 하

나하나의 산 아래에 모두 큰 바다가 있고 하나하나의 보살지에 모두 불과佛果가 있다. 이와 같이 이미 하나하나의 보살지에 모두 불과가 있으므로 하나하나의 티끌에 모두 불과가 있음을 알 수 있다. 만약 하나하나의 티끌에 모두 불과가 있음을 깨달으면 움직이는 곳마다 모두 부처님의 일을 만족시키게 된다. 이와 같은 원교의 뜻을 증명하고자 하여 이 지영상분地影像分의 글을 또 다시 인용한 것일 뿐이다. 『제9지게송소』[102]에서 "성문·연각·점오·돈오가 넷이 되고, 또 일승과 3승이 넷이 된다."[103]고 하였는데, 일승과 3승이 넷이 될 때의 일승은 실제돈과 궁실원을 갖추고 있고, 성문·연각·점오·돈오가 넷이 될 때의 돈은 오직 실제이다. 『현담』에서는 이 두 가지 해석 모두에 의거하여서 "이 글을 증명으로 하여 일승, 돈교, 삼승의 차별을 알 수 있다."고 하였다. 그러므로 일승에는 돈교와 원교를 갖추고 있고, 돈교는 오직 실제이다. 이 책에 인용되고 있는 「현수품」의 내용은 이 3승에서 "대승을 추구하는 것은 오히려 쉽다."고 이야기하고 있으므로 3승 외에 별도로 "이 법을 믿을 수 있는 것은 매우 어려운" 별교일승이 있음을 알 수 있다. 「오교장」(『화엄일승교의분제장』)에서 이 게송을 인용하면서 "믿기 어려움과 믿기 쉬움의 차별(難信易信差別)"이라고 이름하고 있는 것은 3승의 대승은 믿기 쉽고 별교일승은 믿기 어려움을 드러내기 위한 것이다. 제9지의 4개의 게송[104] 중에서 앞의 셋은 3승을 증명하는 것이고 마지막 게송은 일승을 증명하는 것이다.

문 | 앞의 세 게송이 증명하는 3승은 지쌍(地叜) 3승[105]인가, 문상門相 3

102 『제9지게송소』:『수현기』 중의 「십지품」 제9지 게송에 대한 주석 부분이다.

103 『수현기』(T35, 72a). 문장의 표현은 약간의 차이가 있다.

104 『화엄일승교의분제장』(T45, 478b), "①若衆生下劣 其心厭沒者 示以聲聞道 令出于衆苦 ②若復有衆生 諸根小明利 樂於因緣法 為說辟支佛 ③若人根明利 有大慈悲心 饒益諸衆生 為說菩薩道 ④若有無上心 決定樂大事 為示於佛身 說無盡佛法." 여기서 인용한 게송은 『화엄경』「십지품」 중 제9지에 나오는 게송이다.

105 지쌍(地叜) 3승 : 하4교의 3승으로 추정된다.

승[106]인가?

답 | 옛글(古辭)에서 신림덕神林德이 당나라에 가기 이전에는 문상 3승이라고 했었는데 당나라에 들어갔다 돌아온 뒤에는 지쌍 3승이라고 했다고 한다. **어떤 사람**은 이와 반대로 이야기하지만 옛글(古辭)이 그러하므로 **지금**은 지쌍 (3승)으로 **해석**한다.

문 | 이것은 『화엄경』에서 이야기한 것인데 어떻게 지쌍이라고 하는가?

답 | 비록이 『화엄경』에서 이야기한 3승이지만 그러나 대비하여 별교일승을 드러내기 위한 것이므로 하(4교의) 3승이다.

문 | 네 번째 게송 전체가 실제돈과 궁실원을 증명하는가 아니면 구절을 나누어서 증명하는가?

답 | 비록 구절을 나누어서 증명한다는 주장이 있기는 하지만 **지금**은 전체가 함께 증명하는 것으로 **해석**한다. "만약 위없는 마음이 있어(若有無上心)"라는 것은 실제돈과 궁실원의 근기를 모두 가리키는 것이고, "다함이 없는 불법을 이야기한다.(說無盡佛法)"는 것도 실제돈과 궁실원 모두를 가리킨다. 그러므로 구절을 나누어 증명하는 것이 아님을 알 수 있다.

"성인의 말씀이 손바닥의 밝은 구슬과 같으니 놀라거나 이상하게 생각하지 말라."고 한 것은 앞에 인용한 경전의 내용을 가리킨다.

세 번째 질문과 대답 중에서, "일승과 3승의 분제分齊가 다른 뜻을 어떻게 알 수 있는가? ……"라고 말한 것과 관련하여 말한다.

문 | 앞에서 경전을 인용하여 증명하여 일승과 3승의 차이를 이미 설명하였는데, 무엇 때문에 여기에서 이와 같이 묻는 것인가?

106 문상門相 3승 : 『화엄경』의 3승.

답 | 뜻을 인용하여 증명하기 위하여서 이와 같이 하였다.『법계도』의 서문에서 "이치와 가르침에 의거하여 간략히 반시盤詩를 지었다."고 하였는데, 이치는 뜻의 이치(義理)이고 가르침은 경전의 말씀(聖敎)이다. 그러므로 경전을 인용하여 증명하고 나서 이제 다음으로 뜻을 인용하여 증명하기 위하여 이와 같이 말한 것이다. (『화엄일승교의분제장』) 분상문의 마지막에서 "그 별교일승에서 밝히고 있는 행行·위位·인因·과果 등의 모습이 저 3승에서 제시하는 분제分齊와 완전히 달라서 같지 않음은 널리 경전의 내용에 자세하지만 간략하게 아래와 같이 설명한다. 비록 경전의 증명이 없다고 하여도 그 뜻의 이치(義理)에 의거하여 그 주장하는 바(宗)를 구분하여야 하는데, 하물며 경전의 내용이 어두운 구름을 가르듯 밝게 보여주고 있음이리오."[107]라고 하였는데, 지금 이것도 그와 마찬가지이다. 앞에서 경전을 인용하여 증명하였고 다음으로 뜻을 인용하여 증명함으로써 일승과 3승을 구별하고자 하는 것이다.

(세 번째 질문과 대답 중) 대답은 세 부분으로 이루어져 있다. 앞의 "또한 10문에 의지하면 곧바로 알 수 있다."는 것은 제목(標)이고, 다음의 "첫 번째 동시구족상응문 ……" 이하는 개별적으로 해석한 것이고, 뒤의 "이와 같은 10문을 모두 갖추고 원만한 것은 ……" 이하는 자세한 내용은 다른 책들에 있다고 미룬 것이다.

첫 번째 제목(標) 부분에서, "또한 10문에 의지하면"이라고 한 것은 「오교장」의 '시설이상施設異相'[108]에서 10가지의 차이에 의거하여 일승과 3승을 구별하고 있고,[109]『5권소』[110]에서 천왕天王의 법에 의거하여 일승과 3

107『화엄일승교의분제장』(T45, 478b).

108 시설이상施設異相 :『화엄일승교의분제장』 중의 여덟 번째 부분이다.

109『화엄일승교의분제장』의 「시설이상」에서는 시이時異·처이處異·주이主異·중이衆異·소의이所依異·설이說異·위이位異·행이行異·법문이法門異·사이事異 등 일승과 3승의 차이 10가지를 한다.

110『5권소』: 지엄의『화엄경』 주석서인『수현기』를 가리킨다.

승을 구별하고 있는데,[111] 여기에서도 해석하는(能釋) 10문에 의거하여 일승과 3승의 차이를 구별하고 있기 때문에 "또한"이라고 하였다.

두 번째 개별적 해석에서는 먼저 10문에 대하여 설명하고 뒤의 "이상의 10현문은 ……" 이하에서는 일승과 3승의 가르침의 분제分齊를 구분하고 있다.

(첫 번째의 10문에 대한 설명 중) '동시구족상응문同時具足相應門'에 대하여, **어떤 사람**은 이 문이 총總이고, 뒤의 9문은 별別이라고 하는데, 『료간』(『탐현기』)의 '동이원비同異圓備'[112]에서 앞에서 설명한 9문을 모두 총괄하여 동시구족同時具足이라고 하고 있는 것에서 알 수 있다고 한다. **어떤 사람**은 10문이 모두 서로 총이 될 수 있고 별이 될 수 있다고 하는데, 『십현장』에서 "그런데 이 10문은 하나의 문마다 곧 나머지 문들을 포섭하므로 모두 다 온전하게 갖추지 않은 것이 없다."[113]고 이야기한 것에서 알 수 있다고 한다. **지금 해석**해 보건대 『강목장』에서 동시문을 해석할 때 총과 별 두 가지 뜻을 함께 갖추고 있는 것으로 보아 어느 하나로 결정할 수 없다.

"동시同時"에 대해서 **어떤 사람**은 해인시海印時라 하고, **어떤 사람**은 오시午時, 미시未時 등 어떤 것을 따라서도 말할 수 있다고 한다. **지금 해석**해 보건대 두 뜻을 모두 갖추고 있다.

문 | 『십현장』에서 "이것은 해인삼매에 의거하여 분명하게(炳然) 동시에 드러내어 이루었다."[114]고 하였으므로 오직 해인시에 의거한 것이 아닌가?

---

111 『수현기』(T35, 15b).

112 동이원비同異圓備 : 『탐현기』에서 일승의 무애無礙를 설명하는 10가지 이론 중 연기상유緣起相由의 내용으로, 동체同體와 이체異體를 나누어 연기상유를 설명한 것을 종합하는 설명을 제시하고 있다.

113 『화엄일승교의분제장』(T45, 507ab).

114 『화엄일승교의분제장』(T45, 505a).

답 | 여러 존재가 모두 갖추어져서 상응하는 것은 바로 해인정을 얻는 순간이다. 그렇지만 이와 같은 깨달음을 얻으면 시간과 존재는 나의 움직임을 따라서 상응하고 모두 갖추어지는 것이므로 의거하는 것마다 동시이다.

"인人·법法, 이理·사事 ……"는 『대료간』, 『지귀장』, 「의리장」 등에서는 모두 10쌍의 대립항(對)으로 법을 구별하고 있는데[115] 지금 여기에서는 단지 5쌍의 대립항 10개의 법法만을 세우고 있는 것은 아마도 『보법장』[116]을 따랐기 때문이라고 생각된다. 그 10쌍의 대립항으로 법을 구별하는 것 중에서 앞의 5쌍의 대립항 10개의 법을 취한 것으로 뒤의 5쌍의 대립항은 인人·법法을 나눈 것이므로 비록 5쌍의 대립항이지만 또한 빠뜨린 것이 없다.

"문門"은 큰 지혜(通智)가 지나다닌다(遊履)는 뜻이다.

"상응하여 앞뒤가 없다."는 것에 대하여 **어떤 사람**은 10법이 시간과 더불어 상응하여 앞뒤가 없다는 것이라 하고, **어떤 사람**은 이 10보법이 하나하나의 법을 따라서 서로 알지 못한다(不相知)는 뜻이라고 한다.

"인다라망경계문因陀羅網境界門"의 인다라망은 여기 말로는 "하늘 임금(天主)의 그물"로서 각 그물코에 있는 구슬들이 서로에 비추어지고 서로를 비추고 있는 것으로서 일승의 연기법이 거듭하여 계속되는(重重) 것과 같다. 『십구장』에서 "안으로 향하여 중심을 찾으니 들어갈수록 바깥이고, 바깥을 향하여 끝을 찾으니 나갈수록 안이다."라고 하였는데, 존귀한 집에

---

115 『탐현기』와 『지귀장』에서는 一教義, 二理事, 三境智, 四行位, 五因果, 六依正, 七體用, 八人法, 九逆順, 十應感 등의 10대對를 들고 있고(T35, 123b; T45, 594a), 『화엄일승교의분제장』에서는 一教義, 二理事, 三解行, 四因果, 五人法, 六分齊境位, 七師弟法智, 八主伴依正, 九隨其根欲示現, 十逆順體用自在 등의 10대對를 들고 있다(T45, 505a).

116 『보법장普法章』: 미상. 이름으로 볼 때 현재 전해지지 않는 원효元曉의 『보법기普法記』를 가리킬 가능성이 있지만 명확하지 않다.

서는 여러 겹의 담장을 쌓아 두기 때문에 처음 하나의 담장 안으로 들어가서 '이것이 집이구나'라고 생각하지만 다시 또 하나의 담장이 나타나고 이렇게 거듭하여 계속되기 때문에 "들어갈수록 바깥"이라고 하고, 처음 하나의 담장을 벗어나면 '이제 나왔구나'라고 생각하지만 다시 또 하나의 담장이 나타나고 이렇게 거듭하여 계속되기 때문에 "나갈수록 안"이라고 한 것이다.

문 | 다른 문들도 또한 증지證智[117]의 경계인데 어째서 오직 이 문에만 경계라고 하였는가?

답 | 물어본 것과 같이 다른 문들도 모두 증지의 경계이다. 그렇지만 『십지론』에서 "제망(帝網 : 인다라망)의 차별은 진실된 뜻의 모습이고, 진실된 뜻의 모습은 증지證智의 경계이다."[118]라고 하였다. 이 『십지론』의 내용을 따라서 문의 이름을 세운 것일 뿐이다.

"여기에 앞의 10문을 갖추고 있다."는 것에 대하여 말한다.

문 | 한 종류의 10법을 가리키는가, 아니면 서로 다른 10법을 가리키는가?

답 | 두 가지 뜻이 모두 맞다. 비록 10문이 각기 갖추고 있지만 "앞의 10문을 갖추고 있다."고 하였으므로 한 종류라고 하여도 되고, 연기법은 필요한 곳이 무엇이든 따라서 새롭게 문을 만들지만 섞이지 않기 때문에 서로 다른 것이어도 된다. 만약 오직 한 종류라고 하면 어떻게 10문·100문·1,000문 등을 이룰 수 있겠는가?

"비유를 따라 다를 뿐이다."라는 것은 만약 존재(法)를 따라서 다른 것이라면 "거듭하여 계속됨을 따라서 다를 뿐이다."라고 했어야 할 것이다.

---

117 증지證智 : 참된 지혜를 깨달음, 혹은 참된 지혜를 깨달은 사람을 말한다.

118 『십지경론』(T26, 139c). 이 책에서 인용한 문장은 『십지경론』 원문(帝網差別者 眞實義相故 如業幻作故 …… 眞實義相者 唯智能知)과는 약간의 차이가 있다.

문 | 어째서 첫 번째의 동시구족상응문에는 이와 같은 말이 없는가?

답 | 첫 번째 문은 다른 문과 구분할 필요가 없기 때문이다. 만약 뒤의 문들과 대비하여 구분한다면 "앞뒤가 없음을 따라 다를 뿐"이라고 해야 할 것이다.

"나머지는 그것에 준한다."는 것에 대하여 **어떤 사람**은 지금 여기에서는 10법에 의거하여 이와 같이 10문을 설명하였는데, 다시 나머지 법들에 의거하여 10문을 논할 때에는 그에 준한다는 것이라고 하였다. **어떤 사람**은 이미 동시문에서 이와 같이 10법을 모두 갖추고 있음을 밝혔으므로 다른 문에 의거할 때에는 "인법人法인다라, 교의教義인다라, ……," "인법人法상즉, 교의教義상즉, ……" 등으로 이야기해야 하기 때문에 나머지는 준할 수 있다고 말한 것이라고 한다. **어떤 사람**은 『십현장』에서는 10문에 대하여 각기 경전(聖教)을 인용하여 증명하였는데 지금 여기에서는 인용하지 않았으므로 나머지는 그에 준할 수 있다고 이야기한 것이라고 한다. **지금 해석**해 보건대 마지막 견해를 따른다. 『십현장』에서는 각 문마다 경전을 인용하였는데 "나머지는 그것에 준한다."는 이 말이 없고, 『약소』(『수현기』)의 앞부분[119]과 이 책에서는 경전을 인용하지 않았는데 "나머지는 그것에 준한다."는 이 말이 있으므로 그러함을 알 수 있다.

문 | 어째서 『약소』에는 각 문마다 모두 이 말을 하고 있는데 지금 여기에서는 오직 두 번째 인다라망경계문과 열 번째 탁사현법생해문에서만 이야기하고 있는가?

답 | 『약소』에서 모두 이야기하고 있는 것은 각 문들이 모두 경전을 인용해야 했기 때문이다. 지금 여기에서는 간략함을 따라서 두 곳에만 이야기하고 나머지는 그와 같음을 보인 것이다.

"비밀은현구성문秘密隱現俱成門"에 대하여 **어떤 사람**은 감춤(隱)과 드러

119 『수현기』(T35, 15b).

남(現)이 비밀스럽게 함께 이루어지는 뜻이라고 하고, **어떤 사람**은 비밀의 숨음(隱)과 드러난 것의 드러남(現)이 함께 이루어지는 뜻이라고 한다. **지금 해석**해 보건대 두 가지 뜻을 모두 갖추고 있다. 『십현장』에서 "하나의 티끌에서 정수(正受 : 삼매)에 들어가 모든 티끌에서 삼매로부터 일어나고, 모든 티끌에서 정수(正受 : 삼매)에 들어가 하나의 머리털의 끝에서 삼매로부터 일어나니 이와 같이 자유롭게 여기에서 감추고 저기에서 드러나며 정수正受에 들어가고 삼매로부터 일어남이 동시에 비밀스럽게 이루어진다."[120]고 하였으므로 첫 번째 해석이 타당하고, 『금사자장』에서 "감춤(隱)은 비밀이고, 드러남(現)은 드러내는 것"[121]이라고 하였으므로 두 번째 해석도 타당하다.

"연緣을 따라 다를 뿐이다."에 대하여 **어떤 사람**은 수연(須緣 : 앞으로 갖추어야 할 연)이라고 하지만 **지금 해석**해 보건대 기연(機緣 : 이미 갖추어진 연)이다. 『십현장』에서 "이 『화엄경』에서 이르기를 '시방세계에 연緣이 있으므로 오고 가고 들어오고 나가면서 중생들을 구제한다'고 하였다."는 내용을 인용하고 있는 것에서 알 수 있다.

"미세상용안립문微細相容安立門"에 대하여 **어떤 사람**은 미세는 포함하는 것(能含)이고, 상용은 포함되는 것(所含)이며, 안립은 둘 다에 해당한다고 하는데, 『료간』(『탐현기』)에서 "이문異門으로 동체同體의 상입相入의 뜻을 포섭하므로 미세문을 드러낸다."고 하였으니 이체異體의 미세한 하나의 티끌이 동체同體의 상용하는 존재들을 포섭하여 미세문을 이루기 때문이라고 한다. **어떤 사람**은 미세는 포함되는 것(所含)이고, 상용은 포함하는 것(能含)이며, 안安은 세우는 방식이고, 립立은 세워지는 것으로서 그 미세한 법을 받아들여 편안하게 세웠다는 뜻이라고 한다.

---

120 『화엄일승교의분제장』(T45, 506b).

121 『금사자장운간류해金師子章雲間類解』(T45, 665c). 이는 정원淨源이 법장의 『금사자장』에 대해 주석한 문헌이다.

"일다상용문一多相容門"이란 하나(一)와 여럿(多)이 서로 받아들이고 포섭하는 것인데 여기에서는 하나에 미세한 여러 존재(法)들을 포함하여 분명히(炳然) 안립安立하였다는 것을 말한다. **지금 해석**해 보건대 징관의 『연의초』에서 "유리병에 많은 겨자씨를 담아 두니 병을 통해서 뚜렷이 보이는 것과 같다. 그런데 미세에는 모두 세 가지 뜻이 있다. 첫 번째는 포함되는 것(所含)의 미세로서 겨자씨〔와 병의 관계와 같다. 하나의 터럭 구멍은 여러 세계를 다 받아들이지만 그 여러 세계들은 하나의 터럭 구멍을 다 채우지 못할 때, 터럭 구멍은 본래의 모습(性)과 일치하는 것으로 겨자씨를 담고 있는 유리〕병과 같고, 여러 세계들은 외형(相)을 가지고 있는 것으로서 유리병 안에 들어 있는 겨자씨와 같다.[122] 두 번째는 포함하는 것(能含)의 미세로서 한 티끌이나 한 올의 머리카락이 능히 포함하는 것이니 아래에서 인용하여 증명하는 것과 같다. 세 번째는 알기 어려움(難知)의 미세로서 크지 않은 조그만 티끌이 작지 않은 이 세상을 능히 포용한다는 것으로 알기 어렵다는 뜻이다. 하나가 여럿을 능히 포함하는 것을 곧 상용相容이라 하고, 각 존재가 모두 그러한 것을 상용이라고 하며, 하나와 여럿이 부서지지 않는 것을 안립安立이라고 한다."[123]고 하였으므로 세 가지 뜻을 모두 갖추고 있다.

"모습을 따라서 다를 뿐이다."라는 것은 분명하고(炳然) 가지런하게 드러난 모습을 가리킨다. 『십현장』(『화엄일승십현문』)의 미세문에서 "이것은 모습(相)에 대하여 이야기하는 것으로서 하나의 조그만 티끌은 곧 작은 모습이고 무량한 부처님의 국토와 수미산, 금강산 등은 곧 큰 모습이다. 다만 연기의 참된 덕으로서 작은 모습과 큰 모습이 서로를 포용하니 천인天

122 『연의초』의 원문은 "所含微細 猶如芥瓶 以毛孔能受彼諸刹 諸刹不能遍毛孔故 以毛據稱性 即如瑠璃之瓶 刹約存相 故如芥子在內"인데 밑줄 그은 부분(해석문의 〔 〕부분)이 결락되어 있다. 필사상 누락된 것으로 생각된다.

123 『연의초』(T36, 79b).

人들이 신통력으로 하는 것이 아니므로 편안하게 자리잡는다(安立)."[124]고 하였다.

"십세격법이성문十世隔法異成門"에 대하여 『십현장』(『화엄일승십현문』)에서 "이와 같이 10세世는 연기의 힘에 의하여 상즉하고 상입하지만 3세世를 잃지 않는다. 10세世는 비록 동시이지만 10세世를 잃지 않는다."[125]고 한다.

문 | 이 9세世[126]를 모아서 하나의 순간을 이루면 이 종합적인 하나의 순간도 하나의 존재(法)를 따로따로 성립하게 하는가?

답 | 그렇다. 전체와 개별이 같지 않기 때문에 잘못된 것이 아니다.

"제장순잡구덕문諸藏純雜具德門"은 (『화엄경』) 「십장품十藏品」[127]의 시장施藏, 계장戒藏 등의 문에 의거한 것이다. 그래서 "문門을 따라서 다를 뿐이다."라고 하였다.

"일다상용문一多相容門"에 대하여 『십구장』에서 "미세상용문과 일다상용문이 어떻게 다른가? 신림이 답하였다. 서로 받아들이는 것은 둘 다 같다. 무슨 인因으로 서로 받아들이는가를 말하기 위하여 하나와 여럿이 서로 받아들인다(一多相容)고 하였고, 서로 받아들이는 모습이 어떠한가를 말하기 위하여 미세하게 받아들인다(微細相容)고 하였다."[128] 어떤 존재(法)와 어떤 존재(法)가 서로 받아들이는가 하면 하나(一)와 여럿(多)이 서로 받아들이고, 또 이 받아들이는 모습은 미세하여 알기 어렵다.

"이치(理)를 따라서 다르다."는 것은 상입문은 인과도리因果道理의 문이

---

124 『화엄일승십현문』(T45, 516c).

125 『화엄일승십현문』(T45, 517a).

126 구세九世 : 과거 · 현재 · 미래의 3세世에 각각 다시 과거 · 현재 · 미래를 상정한 9차원의 시간.

127 「십장품十藏品」: 『화엄경』의 「십무진장품十無盡藏品」을 가리킨다. 『법계도기총수록』에 인용된 『대기』에서는 "諸藏純雜具德者 依十無盡藏品立也"라고 한다.

128 『십구장원통기』(H4, 67bc).

라는 것이다. 연기를 이루는 주체인 인因 외에 이루어지는 과법果法이 있기 때문에. "이치(理)를 따른다."고 할 때의 이치는 인과도리因果道理의 이치(理)를 가리킨다.

"쓰임(用)을 따라서 다르다."는 것은 상즉문은 덕용자재德用自在의 문이라는 것이다. 인연의 당체當體는 곧 공空이고 곧 인因이고 곧 과果로서 인因 외에 이루어지는 과果를 설정하지 않고 인이 곧 과가 되기 때문이다. "쓰임(用)을 따른다."고 할 때의 쓰임은 덕용자재德用自在의 쓰임(用)을 가리킨다.

"또한 성품에 의할 수 있다."의 성품은 무주無住의 법성法性을 가리킨다.

문 | 다른 문에서는 무주의 법성에 의하지 않기 때문에 이 말을 하지 않는 것인가?

답 | 만약 무주의 법성에 의한다고 하면 여러 문이 모두 그러하다. 그렇지만 이 문에 편중된(偏增) 의미가 없지 않다. 옛글(古辭)에서 "무주의 법성에 대하여 세 문에 멀고(遠), 가깝고(近), 곧바로(卽)의 세 가지 뜻이 있다. 중문(中門 : 상입문)은 그 체體의 쓰임에 의거하여 이루는 것(能成)과 이루어지는 것(所成)을 구별하므로 먼 문(遠門)이라 부르고, 즉문(卽門 : 상즉문)은 모두 법성에 의하여 이루어진 인연의 체가 온전하게 상즉하므로 가까운 문(近門)이라 부르며, 주반문主伴門은 일으키지 않으면서 다른 모습을 일으키는 존재들 중에서 앞에 일어나는 것을 주主로 하고 뒤에 일어나는 것을 반伴으로 하니 곧 일으키지 않는 법으로서 곧바로의 문(卽門)이라고 한다."고 이야기하기 때문이다.

"지혜를 따라서 다르다."는 것에서 의탁된 현상(所託之事)이란 곧 드러나 있는 것이므로, 오직 지혜만이 알 수 있는 바이기 때문이다.

"위의 10개의 현문玄門은 모두 서로 다르다."는 것에 대하여 **어떤 사람**은 10문이 서로 다른 것이라고 하지만 **지금 해석**해 보건대 10문과 3승이 서로 다르다는 것이다.

"만약 교教와 의義의 분제分齊가 ……"는 실제로는 (교·의만이 아니라 나머지 8가지를 포함한) 10보법을 모두 들어야 하지만 임시로 첫 번째 한 쌍의 대립항을 들어서 뒤의 것들도 그러함을 보인 것이다.

"이것(10현문)과 상응하는 것을 온전히 갖추지 못한 것(與此相應而不具足)"에 대하여 **어떤 사람**은 비록 10현문과 상응하지만 만약 온전히 갖추지 못하였으면 3승이라는 뜻이라고 한다. **지금 해석**해 보건대 만약 3승의 가르침으로서 이 10현문과 상응한다고 하는 것은 있을 수 없다. 그러므로 정확하게 이야기하면 "만약 이 10현문과 상응하는 뜻을 온전히 갖추지 못하였으면 3승에 해당한다."는 것이다. 앞에서도[129] "온전히 갖춘다.(具足)"는 말이 없었으므로 지금 이 부분에서도 그러하여야 한다. 다만 10현문의 법에 상응하지 않는다는 뜻을 이야기하기 위하여 그와 같이 이야기한 것이다.

다) 관련 문헌들에 대한 해설

(연기다라니대의의 료간 중) 세 번째 자세한 설명에 미루는 부분과 관련하여 말한다.

지엄의 『행장록』에서는 "『화엄경소』(『수현기』) 5권, 『공목장』 4권, 『화엄오십요문답』 2권, 『입법계품초』 1권"이라고 하여 숫자의 많고 적은 순서에 따라 나열하고 있다. 지금 여기에서는 직접적인 것부터 간접적인 것의 차례대로 나열하였다. 즉 『화엄경』은 이 『법계도』가 의거하는 근본 가르침(本敎)이므로 가장 앞에 두었고, 논은 지어 경전을 해석하는 것이므로 그 다음에 두었으며, 소는 경전과 논서를 이해하게 하는 것이므로 그 다음에 두었다. 『입법계품초』는 전체에 대한 해석이 아니고 「입법계품」 하나의 품

129 『법계도』 중의 "若教義分齊 與此相應者 即是一乘圓教及頓教攝" 부분을 가리킨다.

을 해석한 것이지만 경전의 차례에 어긋나지 않게 해석한 것이므로 그 다음에 두었다. 『공목장』은 비록 경전의 내용을 해석한 것은 아니지만 『화엄경』 8회會와 품品의 순서에 어긋나지 않게 하여 각 장章의 순서를 세웠으므로 그 다음에 두었고, 『화엄오십요문답』은 경전의 순서에 의거하지 않고 단지 경전 중의 중요한 뜻에 대하여 질문하고 대답한 것이므로 가장 뒤에 두었다.

3) 이 책의 제목과 의거하는 경론에 대한 해설

(『법계도』 본문 해석의 마지막 부분인) 제목과 의거하는 바를 드러내는 부분에서 "일승법계도합시일인一乘法界圖合詩一印"은 제목이고, "『화엄경』 및 『십지론』"은 의거하는 바 근본 가르침이다.

4) 보충 설명을 위한 문답들에 대한 해설

마지막 부분의 여러 질문과 대답 중에서 말한다.

"연緣은 어디에서 오는가? ……"의 내용은 『유마경』의 뜻에 의거하여 이야기한 것이다. 그 경전의 「관중생품觀衆生品」에 문수보살이 유마힐 거사와 주고받는 여러 차례의 질문과 대답이 있는데 그중에 다음과 같은 문답이 있다.

(질문) : 번뇌를 없애려고 하면 어떻게 수행하여야 합니까?
(대답) : 마땅히 바른 마음으로 수행하여야 합니다.
(질문) : 어떻게 하여야 바른 마음으로 수행할 수 있습니까?

(대답) : 마땅히 생겨나지도 않고 없어지지도 않는 것으로 수행하여야 합니다.

(질문) : 어떠한 존재(法)가 생겨나지 않고, 어떠한 존재가 없어지지 않습니까?

(대답) : 착하지 않은 것은 생겨나지 않고, 착한 것은 없어지지 않습니다.

(질문) : 착한 것과 착하지 않은 것의 근본은 무엇입니까?

(대답) : 몸이 근본입니다.

(질문) : 몸의 근본은 무엇입니까?

(대답) : 탐욕이 근본입니다.

(질문) : 탐욕의 근본은 무엇입니까?

(대답) : 실제로 존재하지 않는 것을 나누어 구별하는 것(虛妄分別)이 근본입니다.

(질문) : 실제로 존재하지 않는 것을 나누어 구별하는 것(虛妄分別)의 근본은 무엇입니까?

(대답) : 전도顚倒된 생각이 근본입니다.

(질문) : 전도顚倒된 생각의 근본은 무엇입니까?

(대답) : 머무름이 없는 것(無住)이 근본입니다.

(질문) : 머무름이 없는 것(無住)의 근본은 무엇입니까?

(대답) : 머무름이 없는 것(無住)은 근본이 없습니다. 문수사리여, 머무름이 없는 것(無住)의 근본으로부터 모든 존재(法)들이 일어납니다."

이러한 뜻을 취한 것이 그것이다. 그러나 그것은 3승에 의거한 것이고, 지금은 일승의 무주無住의 법성法性에 의거한 것이므로 서로 다르다.

"여여如如는 어디에 있는가? 여여는 스스로의 법성에 있다."는 것은 부처의 있음과 없음에 관계없이 본성(性)과 모습(相)이 항상 그대로 머무르고 있는 무주無住의 법성法性을 가리켜서 스스로의 법성이라고 한 것이다.

3. 「유통분」에 대한 해설

(전체의) 세 번째 부분인 「유통분」에 대하여 말한다.

「유통분」에는 서원하는 「유통분」(誓願流通)과 내용을 정리하고 후대의 사람들에게 부탁하는 「유통분」(結屬流通)이 있는데, 지금 이 책의 「유통분」은 서원하는 「유통분」이다. 『기신론』에서 "여러 부처님들의 매우 깊고 넓고 큰 뜻을 내가 지금 분수껏 총지摠持에 따라 이야기하였다. 이 법성과 같은 공덕을 회향하여 모든 중생계에 널리 이익되기를 바랍니다."[130]라고 한 것도 서원하는 「유통분」이다.

서원에는 세 가지가 있으니 수행하기 전의 서원, 수행한 후의 서원, 수행과 동시에 하는 서원이다. 지금 여기에서의 서원은 수행한 후의 서원이다. 그러므로 서원과 회향이 하나의 뜻이다. 앞에서는 회향할 선근공덕을 이야기하고, 뒤에서는 중생 등 회향할 대상을 이야기하였다. 곧 중생衆生회향과 보리菩提회향이다. 실제實際회향은 생략하였다.[131]

일승법계도원통기 (하)

130 『대승기신론』(T32, 583b). 이는 『대승기신론』 맨 마지막에 나오는 게송이다.

131 『법계도』 회향문 중 "以斯善根"은 보리회향에, "廻施一切衆生"은 중생회향에 해당하는데, 실제회향에 해당하는 구절은 없다는 뜻이다.

간행 발문

이 글 중의 "소목所目"의 뜻과 "하나의 이름(一名)으로 외친다.", "스스로의 이름(自名)으로 외친다." 등에 관한 뜻들을 『십구장원통기』 등과 대조하면 크게 같지 않은 곳이 있다. 성사(聖師 : 균여)가 세운 이론이 때에 따라 달라졌던 것인지, 아니면 기록하는 사람의 취사선택에 있어서 차이가 있었던 것인지 알 수 없다. 감히 자세히 결정하지 못하고 뒷날에 부처와 조사의 본의를 얻는 사람이 나와서 구별하기를 기대한다.

『법계도』는 의상義相 조사께서 일승의 오묘한 뜻을 서술하신 것으로, 30구의 게송을 포함하고 있다. 그윽한 관문을 여는 신령한 열쇠이고 법의 바다의 근원이다. 옛날에 원통수좌 균여 대사께서 마하갑수摩訶岬藪의 백운방白雲房에 머무셨는데, 광종光宗 무오년(958년, 광종 9) 7월에 『법계도』의 글을 풀어서 말씀하셨다. 그때 부사副師는 영안靈眼 법사이고, 중부重副는 법응法凝 법사이시며, 기록한 사람은 국현國賢 법사이셨다. 그 후 신축년(1001년) 7월 일에 금생사金生寺의 주지인 법사 법진法璡이 그 말씀을 기록하여 사찰의 대장大藏에 넣어 두었다.

뒤에 상주尙州 승장사勝長寺의 현여玄如 법사가 비마라방장毗摩邏方丈의 문장文莊 스님이 소장하고 있던 책에 의거하여 2권으로 번역하고 "혜보惠保"라고 이름 붙였으니 바로 이 책이었다. 흥교사興敎寺 학인 혜보惠保가

베껴 적은 것이었다. 현여 법사는 균여 대사의 강의를 듣지 못하였으므로 번역에 착오가 있었다. 임인년[1]에 금생사 주지인 수좌首座 인원印元이 사찰의 옛 문헌들 중에서 법진 법사가 베꼈던 이 책의 방언본方言本 1권을 찾아내어 후학들에게 유통시켰다.

반룡사盤龍寺 비구 일당日幢이 두 책을 자세히 대조하여 상·하권으로 만들고 제목을 '법계도원통기法界圖圓通記'라고 하였다. 그 후 이 책이 전해져서 가르침의 요체가 되니 학자들이 다투어 찾았다. 그렇지만 단지 사본寫本만 있고 판본板本이 없어서 널리 유통되지 못하니 혹 오래 전해지지 못할까 걱정되었다. 지금 본강本講 사리闍梨[2]로 흥왕사興王寺 교학敎學[3]이고 해인사海印寺 주지이신 승통僧統 천기天其 스님께서 화엄華嚴 종파의 여러 스님들과 함께 이 책을 자세히 고치시고 3권으로 나누신 후 임금님의 명령을 받들어 목판에 새겨 널리 유포시키니 복을 받듦에 끝이 없을 것이다.

지원至元 24년(1287년, 충렬왕 13년) 정해년 5월 일
전前 총랑摠郎 김훤 용회金晅用晦[4]가 발문을 짓고,
금성사金城寺 주지인 삼중 대사三重大師 영담永曇이 쓴다.

1 임인년 : 1062년, 1122년, 1182년, 1242년의 가능성이 있다.

2 사리闍梨 : 승려의 높임말인 ācarya의 음역어音譯語로 화상和尙의 뜻이다.

3 흥왕사興王寺 교학敎學 : 흥왕사에서 경전을 강의하는 역할을 가리키는 것으로 생각된다.

4 김훤 용회金晅用晦 : 김훤金晅(1234~1304년)은 충렬왕 때에 활약한 인물로 불교에 많은 관심을 가지고 있었다. 수선사 제6대 사주인 원감 국사圓鑑國師 충지의 문집에도 여러 곳에 그의 이름이 보이고 있다. 用晦는 그의 자字이다.

옮긴이의 말

우리들 중생은 모두 죽음을 두려워하지만 죽음보다 더 무서운 것은 잊혀짐이 아닐까 한다. 이 세상을 살아가면서 일정한 자취를 남겼음에도 불구하고 그러한 자취가 전혀 기억되지 않고 잊혀진다면 자신이 살아온 삶이 아무런 의미 없는 것이 될 것이기 때문이다. 많은 사람들이 바위와 건물 벽에 자신의 이름을 새기는 것도 이러한 망각의 두려움에서 벗어나려는 잠재된 본능이라고 할 수 있을 것이다. 이런 점에서 시간의 장막 속에 망각되어 잊혀졌던 사람들의 행적을 발굴하고 그의 삶의 의미를 되살려내는 일은 단순히 새로운 사실의 발견에 그치는 것이 아니라 망각의 심연이라는 지옥에서 그를 구해내는 일종의 보살행이라고도 할 수 있을 것이다.

『일승법계도원통기』의 저자인 균여均如 스님 역시 오랜 세월 동안 잊혀져 있다가 20세기에 들어와 비로소 그 이름과 삶의 자취가 재발견되었다. 스님의 전기와 저술들이 차례로 발견되면서 스님의 행적과 사상이 조금씩 드러나게 되었지만 스님의 삶의 내용과 의미는 아직도 충분히 드러나지 못하고 있다. 생애에 대한 자료가 부족할 뿐 아니라 우리들 후학들의 부족함으로 인해 신라 화엄학의 전통을 계승하면서 동시에 중국 화엄학의 이론을 받아들여 부처님의 가르침을 보다 분명하고 완전하게 설명하려고 했던 스님의 생각과 노력이 갖는 의미를 아직 충분히 이해하지 못하고 있기 때문이다. 이 번역서가 스님의 삶의 의미를 이해하는 데 조금이라도 도움이 될 수 있기를 바라는 마음에서 번역을 시작하였지만, 능력과 주어진 시간의 부족으로 만족할 수 있는 번역에 미치지 못하였다. 부족하고 엉성한 내용이 읽는 사람들에게 보다 정확한 이해를 갈구하여 분발하게 하는 계기가 될 수 있기를 바랄 뿐이다.

균여 스님의 화엄사상에 대하여 박사학위 논문을 썼다는 이유로 이 책의 역주를 맡게 되었다. 박사학위 논문을 쓰는 과정에서부터 이 책을 번역할 때까지 스님의 사상을 이해하기 위하여 노력하는 과정은 또한 연구자 자신의 삶의 의미를 만들어 가는 과정이었다. 앞에 살다 간 사람의 삶의 의미를 탐구하는 과정이 연구자 본인의 삶의 의미를 찾아가는 과정이 되는 것, 그것이 바로 화엄사상에서 이야기하는 상즉상입相卽相入의 법계연기法界緣起의 세계가 아닌가 생각된다. 해석의 오류와 문장의 애매함을 성실하게 지적해 주어 그나마 책으로서의 모양을 갖출 수 있게 해준 동국대학교 불교문화연구원 한국불교전서역주 사업단 여러분들에게 감사를 드린다.

2010년 3월 31일

무안 승달산 아래에서 옮긴이

찾아보기

ㅂ

ㅅ

ㅇ

ㅈ